The Concept of Law (*lex*) in the Moral and Political Thought of the 'School of Salamanca'

Studies in Medieval and Reformation Traditions

VOLUME 203

The titles published in this series are listed at *brill.com/smrt*

The Concept of Law (*lex*) in the Moral and Political Thought of the 'School of Salamanca'

Edited by

Kirstin Bunge, Marko J. Fuchs, Danaë Simmermacher and Anselm Spindler

BRILL

LEIDEN | BOSTON

This book was supported by Institut für Theologie und Frieden.

Cover illustration: Patio of the University of Salamanca, Spain, Copyright: Punto Studio Foto, Photo agency: fotolia.

Library of Congress Cataloging-in-Publication Data

Names: Bunge, Kirstin, editor. | Fuchs, Marko J., editor. | Simmermacher, Danaë, 1982– | Spindler, Anselm, editor.
Title: The concept of law (lex) in the moral and political thought of the 'School of Salamanca' / edited by Kirstin Bunge, Marko J. Fuchs, Danaë Simmermacher, and Anselm Spindler.
Description: Leiden ; Boston : Brill, 2016. | Series: Studies in medieval and reformation traditions ; volume 203 | Includes bibliographical references and index.
Identifiers: LCCN 2016034420 (print) | LCCN 2016035430 (ebook) | ISBN 9789004322691 (hardback : alk. paper) | ISBN 9789004322707 (E-book)
Subjects: LCSH: Natural law—Spain—History—17th century. | Salamanca school (Catholic theology) | Church and social problems—Catholic Church—History—17th century. | International law—Religious aspects—Catholic Church—History—17th century.
Classification: LCC K457 .C66 2016 (print) | LCC K457 (ebook) | DDC 340/.1—dc23
LC record available at https://lccn.loc.gov/2016034420

Typeface for the Latin, Greek, and Cyrillic scripts: "Brill". See and download: brill.com/brill-typeface.

ISSN 1573-4188
ISBN 978-90-04-32269-1 (hardback)
ISBN 978-90-04-32270-7 (e-book)

This book is printed on acid-free paper and produced in a sustainable manner.

Contents

SECTION 3
The Concept of Law (lex) *in Moral Philosophy*

SECTION 4
The Concept of Law (lex), *Theory of Action, and Moral Psychology*

Notes on the Contributors

Christoph P. Haar
Dr phil. (2015) completed his Ph.D. thesis at the University of Cambridge. His publications include articles on late scholastic moral and political thought.

Matthias Kaufmann
has been a professor of philosophy since 1995 at Martin Luther University in Halle (Germany). His fields of research are political philosophy and philosophy of law, and medieval and early modern philosophy.

Mauricio Lecón
Dr phil. (2013, University of Navarra, Spain), is an assistant professor at the Faculty of Philosophy of Universidad Panamericana (Mexico). His publications include a monograph on human action and law in Francisco Suárez (EUNSA 2015) and articles on Suarezian metaphysics and causal theory.

Isabelle Mandrella
Dr phil. habil. (Dr phil. 2001, Habilitation 2010) is a professor of philosophy at the Catholic theological faculty of LMU Munich. She has published numerous monographs and articles on medieval philosophy, especially metaphysics, natural law, theories of free will, and Nicolas of Cusa.

Paula Oliveira e Silva
Dr phil. (2007) is an assistant professor in the philosophy department at the University of Porto (Portugal) and a researcher in the University of Porto's Institute of Philosophy. She has published articles and monographic studies on medieval and early modern philosophy in the fields of metaphysics, theories of the soul, and ethics.

Dominik Recknagel
Dr phil. (2009) was a coordinator of a project on European natural law theories at Halle University (Germany). His publications include a monograph on the natural law theories of Suárez and Grotius (2010) and several articles on natural law in Spanish scholasticism and in early modern, especially German, debates.

Tobias Schaffner
Ph.D. in Law (2015) Cambridge, is currently training with Baldi & Caratsch Attorneys in Zurich. In his dissertation he explored the idea of the common good of the political community, which lies at the heart of John Finnis's political and legal philosophy. He has published several articles on Hugo Grotius, including one on his eudaemonist ethics and another on his conception of the *societas humana*.

Danaë Simmermacher
Dr des. (2016) is a research assistant in the philosophy department of Martin Luther University in Halle (Germany). She has published articles on the philosophy of law and the political philosophy of Luis de Molina. Her dissertation is about law and property (*dominium*) in Molina's *De Iustitia et Iure*.

Benjamin Slingo
is a Junior Research Fellow at Clare College, Cambridge, and is in the process of finishing his Ph.D. at the University of Cambridge. He has published on late scholastic political thought in the Catholic world, and its encounter with divine right absolutism.

Anselm Spindler
Dr phil. (2013), Goethe University is a research assistant in the philosophy department of Goethe University, Frankfurt. His publications include a monograph on natural law in Vitoria (frommann-holzboog 2015) and a translation of Aquinas's commentary on *Politics* I (Herder 2015).

Alejandro G. Vigo
Dr phil. (Heidelberg 1994) is an Ordinary Professor, Department of Philosophy; and a senior researcher, Institute for Culture and Society, University of Navarra. He has published monographs and articles on ancient Greek philosophy (Plato, Aristotle), Kant and neo-kantianism, phenomenology (Husserl, Heidegger), hermeneutics (Gadamer), and classical and modern theories of practical rationality.

Introduction

Kirstin Bunge, Marco J. Fuchs, Danaë Simmermacher and Anselm Spindler

In the second section of his *Groundwork for the Metaphysics of Morals*, Kant introduces the idea of moral and pragmatic imperatives for human action by making the following, much more general claim:

> Every thing in nature works in accordance with laws. Only a rational being has the faculty to act *in accordance with the representation* of laws, i.e., in accordance with principles, or a *will*.[1]

On the one hand, this passage suggests that there is an important difference as to how natural things and rational beings are subject to laws. It echoes the claim from the preface of the *Groundwork* that natural philosophy deals with "laws in accordance with which everything happens," while moral philosophy treats laws "in accordance with which everything ought to happen."[2] But on the other hand, Kant seems to think that there is an important sense in which the term "law" (*Gesetz*) means exactly the same thing in both cases: A law is a universal and necessary rule of action.[3]

The reference to such a concept of law is often considered to be one of the defining features of modern philosophy: For one thing, it can be found not just in Kant, but in many other modern authors as well, for instance, in David Hume and his empiricist theory of causation and nature.[4] And for another, such a concept of law seems to be unavailable to ancient and medieval philosophy because it presupposes both a non-Aristotelian understanding of nature and a non-Aristotelian understanding of morality.[5]

1 Immanuel Kant, *Groundwork for the Metaphysics of Morals*, ed. and trans. Allan W. Wood (New Haven: Yale University Press, 2002), 29 (AA 4: 412).

2 Ibid., 3 (AA 4: 387f.).

3 The term "action" is used here in a broad sense, including both merely natural events and natural events that are intentional actions as well.

4 See e.g. the sections "Of the Idea of Necessary Connection" and "Of Miracles" in David Hume's *An Enquiry Concerning Human Understanding* (Oxford: Clarendon Press, 2001).

5 See e.g. Michael Hampe, *Eine kleine Geschichte des Naturgesetzbegriffs* (Frankfurt: Suhrkamp, 2007).

 | DOI 10.1163/9789004322707_002

However, while it might be true that authors like Kant and Hume employ a quite specific concept of law that has no direct predecessor in ancient or medieval philosophy, the quote from the *Groundwork* implies another, much more fundamental idea, namely that everything in the world is subject to some kind of law. And this idea clearly is present in premodern philosophy, for example in Thomas Aquinas's treatise *De lege* in *Summa Theologiae*, I–II, q. 90–108. This text has certainly been quite influential because of some particular doctrines it contains, such as Aquinas's theory of natural law. But it was even more influential because of certain basic philosophical assumptions that are expressed in its structure. According to these assumptions, there are four types of law, namely eternal law (*lex aeterna*), natural law (*lex naturalis*), human law (*lex humana*), and divine law (*lex divina*). These types of law exhaustively cover the totality of everything that exists in the world. Moreover, they refer to a general concept of law that expresses what all of the different types of law have in common. Aquinas characterises this general concept of law in a definition according to which law is "an ordinance of reason, directed at the common good, by the one who takes care of the community, and promulgated."[6] On the one hand, this concept of law differs in obvious ways from the one Kant and Hume employ—for example by considering a certain teleological orientation to be a defining characteristic of a law. But on the other hand, the overall structure of Aquinas's *De lege* suggests that one common theme that connects medieval and modern philosophy after all might be the idea that the concept of law expresses certain fundamental features common to all domains of reality.[7]

However, comparatively little work has been devoted to exploit this indication (and others) of a more continuous development of both theoretical and practical philosophy between the Middle Ages and modernity along the lines of key concepts, such as that of law. This volume aims to address this gap by focusing on a small but important fraction of this transformative process, namely on the so-called 'School of Salamanca'—more precisely, on the concept of law (*lex*) in the moral and political thought of the 'School of Salamanca'. In this tradition of 16th- and 17th-century Iberian scholarship, the conceptual scheme underlying Aquinas's *De lege* was very influential—not just for authors of the more orthodox Thomist variety, such as Francisco de

6 *Summa Theologiae*, I–II, q. 90, a. 4: "Et sic ex quatuor praedictis potest colligi definitio legis, quae nihil est aliud quam quaedam rationis ordinatio ad bonum commune, ab eo qui curam communitatis habet, promulgata."

7 For an extensive treatment not just of Aquinas's *De lege* and its reception, but of the broad medieval discourse on law, see Andreas Speer, ed., *Das Gesetz—The Law—La loi* (Berlin: de Gruyter, 2014).

Vitoria (*c.* 1483–1546) and Domingo de Soto (1494–1560), but also for authors like Luis de Molina (1535–1600) and Francisco Suárez (1548–1617), who, with respect to many particular doctrines (including the definition of law itself), are not orthodox Thomists at all. The reason seems to be that this scheme provides not just the conceptual tools to analyse particular areas of moral and political life, namely natural law (*lex naturalis*), divine law (*lex divina*), and human law (*lex humana*). It also provides an overarching general concept of law (*lex*) that is systematically connected to other key concepts in moral and political theory, such as right (*ius*), dominion (*dominium*), will (*voluntas*), and reason (*ratio*), and that connects the interdependent and yet relatively autonomous spheres of morals and politics.

This is why the articles in this volume, which originate from a conference held at Bamberg University (Germany) in 2013, examine the moral and political thought of the 'School of Salamanca' by starting from the key concept of law (*lex*). This approach allows for an in-depth analysis of a great variety of normative issues in moral and political theory, such as the constitution and justification of political domination, the nature of international law, and the justification of moral standards. Furthermore, it allows for the abandonment of the one-sided focus on questions of moral justification that has dominated much of the research on practical philosophy in the 'School of Salamanca' thus far. One of the reasons for this one-sidedness might have been the renewed interest in questions concerning the status and the scope of the concept of natural law (*ius naturale*/*lex naturalis*) and its connection with human rights and international law as it was drawn in the second half of the 20th century. As a consequence, considerably less work has been devoted to the fact that, for the authors of the 'School of Salamanca', the sphere of positive law and the process of positive legislation is a normative domain in its own right which cannot simply be reduced to some conception of natural law; a fact that is reflected in the view of many of these authors that it is not natural law but positive human law that is the paradigm case on which a general, overarching concept of law must be modelled. As a result, the contributions in this volume offer a fresh perspective on moral and political thought in the 'School of Salamanca'. This new perspective will allow the linking of scholarship on the works of the respective authors with a variety of debates in the history of modern moral, legal, and political philosophy—for instance, the debate about the origins of the doctrine of legal positivism,[8] to which the 'School of Salamanca''s take on the opposition between "rationalistic" and "voluntaristic" conceptions of law

8 See e.g. Gerald Postema, "Law as Command: The Model of Command in Modern Jurisprudence," *Philosophical Issues* 11 (2001).

certainly belongs; or the discussion about the extent to which Kant's legal philosophy has its roots in his moral thought,[9] which may be considered to have an interesting precedent in the 'School of Salamanca''s controversy about the proper relationship between natural and human law.

The volume is divided into sections that express these somewhat reversed priorities. In the introductory section on "Systematic Foundations of Law (*lex*) in the Medieval Period," *Matthias Kaufmann* first seeks to uncover important medieval sources for the discussion of law in the 'School of Salamanca'. He argues that while sources such as Thomas Aquinas, the *Decretum Gratiani*, and the Franciscan poverty controversy, being common points of reference in the 'School of Salamanca', have received quite a bit of attention in recent scholarship, Marsilius of Padua also needs to be taken into account. For despite the fact that the respective authors rarely cite him explicitly, his works can be shown to have influenced considerably the discussions of the concept of law in the 'School of Salamanca'.

The second section, "The Concept of Law (*lex*) in Political Philosophy," then turns to the 'School of Salamanca' itself, more specifically to the role of law in the political thought of the 'School of Salamanca'. *Danaë Simmermacher* opens this section with a contribution on the significance of law in the political thought of Luis de Molina. She investigates how law in Molina mediates the relationship between individuals and the state. Her central claim is that it is a moderately voluntaristic conception of law that allows Molina to systematically connect individual well-being with the common good.

Benjamin Slingo then investigates the conceptions of the origins of political power in Francisco Suárez and Juan de Salas. He argues that the discussion between the two authors marks an important break with the Aristotelian-Thomist tradition of natural law–based accounts of the origins of political power. Even if both authors ultimately fail to give convincing answers to the paradoxes of political power, their efforts pave the way for modern political thought.

In the next contribution, *Christoph Haar* is concerned with the relations of political and economic or household communities in Tomás Sánchez and other late scholastic authors. He argues for an alternative to the classical view, inspired by Hannah Arendt, that posits a firm distinction between the political and the economic sphere. According to Haar's alternative view, one must not neglect the role of household communities in later scholastic political

9 See e.g. Marcus Willaschek, "Right and Coercion: Can Kant's Conception of Right Be Derived from His Moral Theory?" *International Journal of Philosophical Studies* 17 (2009).

thought, for authors like Sánchez thought of the household as a parapolitical space in which important foundations of political life are laid.

In the final contribution to this section, *Paula Oliveira e Silva* looks into conceptions of the nature and origins of international law in the 'School of Salamanca'. She investigates how different authors determine the intermediate position of the *ius gentium* between positive and natural law. And she argues that this debate was fueled by the political controversy on the legal and moral status of the newly discovered America and its indigenous peoples.

In the third section of this volume, "The Concept of Law (*lex*) in Moral Philosophy," the attention turns to the role of the concept of law in moral thought. In the first article, *Isabelle Mandrella* examines Gabriel Vázquez's conception of natural law. She claims that once certain metaphysical presuppositions of his account are understood, he can be seen as founding natural law—i.e. the measure of moral good and bad—exclusively on reason, which makes him an important figure in moral philosophy before Immanuel Kant.

Tobias Schaffner then turns to the conception of natural law in Francisco Suárez. He proposes an alternative to traditional legalistic interpretations of natural law in Suárez. In his view, Suárez, not unlike Aquinas, defends an ethics of good, that is, a virtue-based Christian eudaimonism, which is expressed both in his definition of law in general and in his theory of natural law.

In the following contribution, *Anselm Spindler* examines how Francisco de Vitoria and Francisco Suárez both draw on Aquinas's general definition of law but nonetheless arrive at two fundamentally different accounts of the nature of natural law, understood as the law of morality. He argues that while Suárez's voluntaristic conception of law leads him to a moderate divine command theory of the moral law, it is a rationalistic understanding of law that allows Vitoria to claim that the universal moral law is the expression of the autonomy of rational agents.

In the final article of this section, *Dominik Recknagel* investigates the conception of emergency law in Hugo Grotius. He argues that Grotius's seemingly arbitrary list of exceptions from general laws in cases of emergency, already criticised by Pufendorf, becomes much more plausible if it is seen as an expression of Grotius's understanding of the scope of natural law. Also, Recknagel claims that this understanding of emergency law is not a historic novelty but rather derives from the continuous development of traditional scholastic ideas as they are present in the works of the 'School of Salamanca'.

The final section of the volume is entitled "The Concept of Law (*lex*), Theory of Action, and Moral Psychology." In this section, *Alejandro Vigo* is concerned with the theory of action of Francisco Suárez. He develops an interpretation of Suárez's notion of motivation and then shows how it is the basis of

Suárez's account of the moral evaluation of actions. Finally, he argues that this action-theoretical approach shows how Suárez's moral theory is not radically voluntaristic, but rather a quite nuanced account of the foundations of moral evaluation.

Mauricio Lecón then investigates how the details of Francisco Suárez's theory of action bear on his understanding of law. He explains how for Suárez, human actions are essentially "contingent" or free, and how human legislation, being the result of human action, has the same modal status. Lecón's claim, then, is that even though the law imposes an obligation on its subjects that in a certain sense makes actions necessary, it does not compromise the freedom of human action.

Acknowledgements

We would like to thank the Fritz Thyssen Foundation for funding the conference "Der Gesetzesbegriff zwischen Metaphysik, Theologie und politischer Philosophie: Die 'Schule von Salamanca' als ein Ort der Neubestimmung von Normativität?" which we held at the University of Bamberg (Germany) on 10–13 September 2013, and from which the articles in this volume originate. Also, we would like to thank the Katholische Friedensstiftung (Hamburg) for the generous printing subsidy, Christoph Haar for his valuable editorial help, and Andrew Gow for including this volume in the Brill series "Studies in Medieval and Renaissance Traditions."

SECTION 1

Systematic Foundations of Law (lex) *in the Medieval Period*

CHAPTER 1

Die Referenzautoren der Schule von Salamanca und andere Vorläufer im Mittelalter

Matthias Kaufmann

Wenn im Folgenden von der Schule von Salamanca die Rede ist, so soll dies nicht auf Autoren eingegrenzt werden, die tatsächlich den Großteil oder zumindest einen wesentlichen Teil ihrer akademischen Lehrtätigkeit an diesem Ort verbracht haben. Es handelt sich vielmehr um einen Diskussionskontext, der zeitlich vom frühen 16. bis ins frühe 17. Jahrhundert reicht, der seinen räumlichen Schwerpunkt auf der iberischen Halbinsel, und da vielleicht tatsächlich in erheblichem Maß an der Universität Salamanca besitzt, zu dem indessen auch Autoren gehören, die wie Luis de Molina gerade einmal ein Jahr in Salamanca studiert haben, soweit wir wissen, oder die wie Leonhard Lessius nie in Spanien gewesen sind, sondern in den spanischen Niederlanden aufwuchsen und lehrten. In anderer Redeweise spricht man auch von der Spanischen Scholastik, wenn man diesen Diskussionskontext meint. Dies wird mitunter als pejorative Klassifizierung verstanden – weshalb hier die Rede von der Schule von Salamanca bevorzugt wurde –, gibt jedoch zugleich einen deutlichen Hinweis auf den gemeinsamen Bildungshintergrund dieser Autoren, weshalb ich mitunter auch diese Bezeichnung verwenden werde.

Der angesprochene gemeinsame Hintergrund besteht trotz diverser Modifikationen durch den Einfluss des Humanismus der Renaissance in jener Verknüpfung biblischer, allgemeiner christlicher Lehren mit den Methoden und Inhalten griechischer und römischer Philosophie und römischen Rechts, die man heute als Scholastik bezeichnet. Die spezifische Herausforderung für die spanischen und portugiesischen Autoren des 16. und 17. Jahrhunderts bestand darin, dass man mit traditionellen Methoden neuen sozialen und politischen Herausforderungen zu begegnen hatte, zu denen nicht nur die Reformation gehörte, sondern insbesondere auch die Entdeckung und Eroberung Amerikas und eine bereits stark globalisierte Wirtschaft, die nicht zuletzt durch den sich entwickelnden Sklavenhandel, die massenhafte zwangsweise Deportation v.a. afrikanischer Menschen nach Amerika, getragen wurde.

Diese besondere Kombination führt dazu, dass man auf die mittelalterlichen Quellen, wie etwa das Werk des Thomas von Aquin, auf eine Weise Bezug nimmt, die einerseits die mittelalterliche Verfahrensweise aufgreift, sich auf

 | DOI 10.1163/9789004322707_003

eine Autorität zu berufen und deren Äußerungen einer möglicherweise sehr kreativen Interpretation zu unterziehen, die andererseits jedoch auch immer wieder zu offener Kritik übergeht. Wir werden uns kurz einigen Beispielen für den Gebrauch der Worte *Recht* und *Gesetz* widmen. Auch mit anderen Autoren geht man nicht übertrieben feinfühlig um; bei Gerson etwa verwendet man seine Differenzierung von *ius* und *lex* und die Verknüpfung von Rechtsanspruch und freier Verfügung über sich selbst, seine Rede vom *dominium libertatis*,[1] während seine mystischen Reflexionen, die dem unbefangenen Leser als sein zentrales Anliegen erscheinen, eher auf der Strecke bleiben.[2] Doch gibt es auch Autoren, die kaum explizit angeführt werden, auch deshalb, weil selbst das Zitieren zum Zweck der Widerlegung verboten war, die jedoch für die Entwicklung des Gesetzesbegriffs enorm wichtig sind. Ein Beispiel hierfür ist Marsilius von Padua. Wir werden uns also schwerpunktmäßig einmal mit einem in der Schule von Salamanca allgegenwärtigen und einem kaum oder nicht zitierfähigen Autor befassen. Beim einen werden wir sehen, dass man ihm keineswegs sklavisch folgt, beim anderen könnte man Ursprünge der einen oder anderen These jener Autoren vermuten. Dazwischen wird noch die eine oder andere Quelle mancher der für die Schule von Salamanca typischen theoretischen Positionen angesprochen.

1 Der Umgang der Schule von Salamanca mit Thomas von Aquin

Der Referenzautor schlechthin ist für die Schule von Salamanca natürlich Thomas von Aquin, der quasi mitten in der für uns relevanten Zeit, nämlich 1567, zum Kirchenlehrer erhoben wurde. Diese zentrale Rolle des *Divus Thomas* liegt allemal nahe bei Dominikanern wie Francisco de Vitoria und Domingo de Soto, der Kommentar zur *Summa Theologiae* trat in der akademischen Ausbildung der Theologen an die Stelle des traditionellen Sentenzenkommentars. Doch hatte auch Ignatius von Loyola den Mitgliedern des Jesuitenordens das intensive Studium des Doctor Angelicus verordnet. Die Generalkongregation der Jesuiten im Jahr 1593 erneuerte diese Forderung, hielt aber bereits explizit fest, die jesuitischen Denker müssten Thomas nicht in allen Teilen seiner Lehre folgen, sondern könnten eigene Positionen entwickeln, wo sie dies für erforderlich hielten. Allemal gab es eine gewisse Breite

1 Jussi Varkemaa, *Conrad Summenhart's Theory of Rights* (Leiden: Brill, 2012), p. 46.

2 Jean Gerson, "De vita spirituali animae" (1402), in Ders., *Joannis Gersonii Opera Omnia*, vol. 3, Sumptibus Societatis, Antwerpen, 1706, Sp. 1–72; Neudruck: Hildesheim: Olms, 1987.

unterschiedlicher Interpretationen, eine »non-exclusive attitude toward the positions of Aquinas«.[3]

Ohnehin war es seit Jahrhunderten üblich, die zur Stützung der eigenen Position angeführten Autoritäten mitunter recht frei zu interpretieren, daran hatten auch die philologischen Disziplinierungsansätze der Humanisten nur begrenzt etwas geändert. Beim Umgang mit Thomas von Aquins Texten zu Recht und Gesetz lässt sich über die Ordensgrenzen hinweg eine – wenngleich auch in diesem Punkt nicht einheitliche – Tendenz feststellen, beides gewissermaßen zu ›denaturalisieren‹, den Bedingungen menschlicher Fähigkeiten, insbesondere zur Argumentation, zur freien Entscheidung und damit zur Schuld anzupassen und für nicht-menschliche Entitäten nur eine metaphorische Verwendung zu akzeptieren.

Zwei Beispiele: Erstens verwenden die meisten, wenn nicht alle Autoren bei der Diskussion des Gesetzesbegriffs mit einiger Selbstverständlichkeit die aus dem lex-Traktat des Thomas von Aquin (ST IaIIae qu. 90ff.) überkommene Einteilung in *lex aeterna, lex naturalis, lex humana, lex divina* und beziehen sich – manchmal kritisch – auf seine Definition des Gesetzes als eine »Anordnung der Vernunft zum allgemeinen Wohl, von jenem, der für die Gemeinschaft sorgt, verkündet« (»quaedam rationis ordinatio ad bonum commune, ab eo qui curam communitatis habet, promulgata«: ST IaIIae qu. 90, art. 4, co.).

Die eben angesprochenen Differenzen werden besonders deutlich beim Umgang Molinas oder auch Suárez' mit der *lex aeterna*, dem ewigen Gesetz, das bei Thomas für Gottes Regulierung des gesamten Weltenlaufs steht. Laut Luis de Molina kann man von einem Gesetz im eigentlichen Sinne des Wortes nur dann sprechen, wenn es für Wesen mit freiem Willen gilt, nur aufgrund von Ähnlichkeiten und Übertragungen kann man daher Gottes Herrschaft über die nicht mit freiem Willen versehene Natur mittels der *lex aeterna* als Gesetz bezeichnen.[4] Molina führt damit eine Binnendifferenzierung innerhalb des ewigen und des natürlichen Gesetzes durch. Die Art, wie das ewige Gesetz in Gott selbst existiert und seine Vollkommenheit und Unfehlbarkeit zum Ausdruck bringt, unterscheidet sich von der Art, wie es die Schöpfung bestimmt.[5] Dort wiederum muss man seine Bedeutung für Wesen mit freiem Willen von der auf die kaum mit Geist versehenen Geschöpfe unterscheiden,

3 Romanus Cessario O.P., "Molina and Aquinas," in *A Companion to Luis de Molina*, Hrsg. v. Matthias Kaufmann und Alexander Aichele (Leiden: Brill, 2014), p. 299.

4 Luis de Molina, *De Iustitia et Iure*, Sumptibus haeredum Joannis Godefridi Schonwederi, Moguntiae, 1659, Tract. V, disp. 46, n. 30.

5 Ibid., V 46.16.

wo die einzelnen Ausprägungen nur metaphorisch Gesetze genannt werden können.[6]

Gesetze sind dazu da, das natürliche (vom ewigen Glück verschiedene, aber diesem untergeordnete), moralische Glück eines jeden Menschen zu bewirken (»porro leges ferre ad finem ultimum naturalem, hoc est, ad naturalem cuiusque hominis felicitatem moralem«),[7] und zwar unter den Bedingungen der menschlichen Natur nach dem Sündenfall, wenn die Menschen sich zu ihrer Erhaltung in verschiedenen Staaten zusammengefunden haben.[8] Den Führern jener Staaten obliegt es, mittels der Gesetze das tugendhafte Verhalten der Bürger in umfassender Form und damit das allgemeine Wohl des Staates zu befördern.[9] Damit die Gesetze dies bewirken können, müssen sie vorgeschrieben und verkündet werden. In einigen Staaten hat das Gesetz zudem nicht eher Verpflichtungskraft, als es vom Volk angenommen wurde.[10] Molina arbeitet hier immer wieder die Differenz zwischen der Weise, wie Gott die Welt regiert, ohne ihr das Geringste schuldig zu sein, und der keineswegs unbegrenzten Macht menschlicher Könige ein, die dem Volke Israel erst gegeben wurden, als es darum bat.[11]

Allerdings besteht er in ausdrücklicher Wendung gegen Jean Gerson[12] und in Abweichung von Thomas darauf, dass das natürliche Gesetz ein göttliches Gesetz sei, weil es ja von Gott stamme. Um Gesetz im vollen Sinn zu sein, müsse es schließlich irgendjemandes Gesetz sein, der es erlässt und den Engeln und Menschen auferlegt. Doch könne das niemand außer Gott als Urheber der Natur sein.[13] Natürlich hätte auch Thomas nicht bestritten, dass Gott der Urheber des natürlichen Gesetzes ist. Doch befindet sich die Betonung, dass Gesetz im eigentlichen Sinne nur das von einer autorisierten Instanz Befohlene ist, eher in der Tradition des Marsilius von Padua (vgl. unten), ohne dass mir ein Beleg bekannt wäre, dass Molina dessen Schriften kannte. Molina definiert das Gesetz wie folgt:

6 Vgl. Ibid., v 46.30.

7 Ibid., v 46.7.

8 Ibid.

9 Ibid., v 46.30.

10 Ibid., v 46. 9.

11 Ibid., v 46. 5; vgl. v46. 12.

12 Vgl. Gerson, "De vita spirituali animae," cols. 21–22.

13 Molina, De Iustitia et Iure· v 46. 14: »Atque cum lex naturalis lex sit, [...], certe alicuius erit lex, qui illam tulerit, dederit, ac imposuierit angelis & hominibus: hic autem non est alius, quam Deus, qui aautor et conditor est naturae [...].«

> Es ist der Befehl oder die Vorschrift, die von der höchsten dafür relevanten Macht im Staat dauerhaft erlassen und verkündet wurde und darauf abzielt, nicht dem einen oder anderen, sondern allen entweder direkt, oder den unter einer Bedingung oder nach Ort, oder Zeit, und anderen Umständen Gleichen zu nützen, und angenommen wurde, falls es für die Gültigkeit dieser Annahme bedarf.[14]

Auch Francisco Suárez meint, die Definition des heiligen Thomas sei »doch wohl zu weit und zu allgemein«.[15] Suárez hält es ebenfalls für unpassend, dass auf diese Weise zahlreiche eher metaphorische Verwendungsweisen des Wortes *Gesetz* eingeschlossen sind, solche, die sich nicht nur auf Menschen oder rationale Geschöpfe beziehen, sondern auf die regelmäßigen Verlaufsweisen der belebten und unbelebten Natur, solche, die irrationales menschliches Begehren steuern und solche, die sich an die Rationalität der Menschen richten, jedoch Regeln der Kunstfertigkeit sind. Gesetz im eigentlichen Sinn ist für ihn »ein Maßstab der sittlichen Handlungen, so dass sie bei Übereinstimmung mit ihm moralisch richtig, und bei Abweichung von ihm moralisch falsch sind«,[16] und wird »ausschließlich einem Wesen auferlegt, das frei handeln kann«.[17] Durch den Verpflichtungscharakter ist das Gesetz auch strikt vom Rat zu unterscheiden.[18] Das Gesetz wandelt sich damit von einem universalen Ordnungsprinzip, einem *style*[19] bei Thomas zu einer vernünftige Wesen moralisch verpflichtenden Regel.

---

14 »Est imperium seu praeceptio a suprema ad id potestate in republica permanenter lata ac promulgata, nun uni aut alteri, sed omnibus aut simpliciter, aut ad quos id pro eorm conditione, loco, tempore, ac aliis circumstantiis servare spectat, & acceptata, quando, ut vim habeat, acceptatione indiget.« Übersetzung von Matthias Kaufmann, "Das Verhältnis von Recht und Gesetz bei Luis de Molina," in *Lex und Ius. Beiträge zur Begründung des Rechts in der Philosophie des Mittelalters und der Frühen Neuzeit / Lex and Ius. Essays on the Foundation of Law in Medieval and Early Modern Philosophy*, Hrsg. v. Alexander Fidora, Matthias Lutz-Bachmann und Andreas Wagner (Stuttgart-Bad Cannstatt: Frommann-Holzboog, 2010), pp. 369–91, 387.

15 Francisco Suárez, *De legibus ac Deo legislatore* (Corpus Hispanorum de Pace, vol. XIss), Hrsg. v. Luciano Pereña (Madrid: 1971ss), Lib. I–III, I i 1; deutsche Übersetzung in Francisco Suárez, *Abhandlung über die Gesetze und Gott den Gesetzgeber*, Hrsg. v. Norbert Brieskorn (Freiburg [Breisgau]: Haufe, 2002), p. 28.

16 Ibid. I i 5; 31.

17 Ibid. I iii 2; 55.

18 Ibid. I I; 8.

19 Pauline Westerman, *The Disintegration of Natural Law Theory: Aquinas to Finnis* (Leiden: Brill, 1998), p. 81.

Bei genauerem Zusehen ist zweitens jedoch die Thomasrezeption des Dominikaners Francisco de Vitoria eher stilistisch als inhaltlich verschieden vom Zugriff der beiden zwei bis drei Generationen später tätigen Jesuiten, wenn es denn um die buchstabengenaue Gefolgschaft gehen sollte. Auch hier ein Beispiel: Thomas von Aquin hält im 4. Artikel der quaestio 95 der IaIIae der theologischen Summe unter *ad primum* fest, das *ius gentium* sei dem Menschen irgendwie natürlich, weil es in dem Maße vernünftig sei, wie es durch Schlussfolgerung aus dem natürlichen Gesetz abgeleitet werde, unterscheide sich aber vom natürlichen Recht vor allem dadurch, dass jenes allen Lebewesen gemeinsam sei.[20] Etwas später beantwortet er die Frage, ob das *ius gentium* dasselbe wie das *ius naturale* sei, dadurch, dass er zweierlei Bedeutung von natürlichem Recht bzw. von Natur aus Gerechtem (»ius sive iustum naturale«) im Sinne dessen, was aus seiner Natur angemessen oder einem anderen angepasst ist (»ex sui natura est adaequatum vel commensuratum alteri«), unterscheidet: Eine, wenn man die Sache aus sich selbst heraus betrachtet (»secundum absolutam sui considerationem«). Hier wird die natürliche Hinwendung des Männchens (»masculus«) zum Weibchen zum Zwecke der Zeugung und die elterliche Bemühung um Ernährung der Kinder genannt (ST IIaIIae qu. 57, art. 3, co.). Auf die zweite Weise ist etwas einem anderen natürlicherweise angemessen, wenn dies in Bezug auf etwas anderes gilt, das aus selbigem folgt. Dies ist typisch für das *ius gentium*.[21] Zum Beispiel gehört der Acker nicht von sich aus eher dem einen als dem anderen, doch muss er zum Zwecke der Bebauung und friedlichen Nutzung, also etwas, das im Begriff des Ackers enthalten ist, dem einen und nicht dem anderen gehören. Ebenso gibt es keinen natürlichen Grund, warum der eine und nicht der andere Mensch Sklave ist, es folgt vielmehr aus der Nützlichkeit, dass der eine von einem Weiseren beherrscht, der andere vom Sklaven unterstützt wird, weshalb die zum Völkerrecht gehörende Sklaverei im zweiten Sinne natürlich ist, nicht im ersten. Es bleibt aber auch hier dabei, dass das natürliche Recht erst einmal Mensch und Tier gemeinsam ist und dass das, was die natürliche

20 Thomas von Aquin, *Summa Theologiae* I–II, q. 95, a. 4, ad 1. »ius gentium est quidem aliquo modo naturale homini, secundum quod est rationalis, inquantum derivatur a lege naturali per modum conclusionis [...] Distinguitur tamen a lege naturali, maxime ab eo, quod est omnibus animalibus commune.«

21 Ibid. II–II, q. 57, a. 3, co.: »Secundo modo aliquid est naturaliter alteri commensuratum non secundum absolutam sui rationem, sed secundum aliquid quod ex ipso consequitur.«

Vernunft unter allen Menschen festlegt und was bei allen Menschen beachtet wird, Völkerrecht genannt wird.[22]

Interessant ist nun, wie sich Vitoria in seinem Kommentar zur genannten quaestio 57 der IIaIIae der *Summa Theologiae* vordergründig an die begriffliche Differenzierung des Aquinaten anlehnt, sie jedoch signifikant verändert, wie sich bei etwas näherem Zusehen zeigt: An die Stelle von Geschlechtstrieb und Brutpflege als typische Elemente des Naturrechts treten moralische Grundsätze wie die Rückgabe von Deposita und die Goldene Regel. Es findet also eine Humanisierung und Moralisierung des Naturrechts statt. Auch der zweite Modus, wie etwas einem anderen angemessen sein kann, nämlich nicht aus sich, sondern in Ausrichtung auf etwas anderes (»in ordine ad aliud«), verschiebt sich beträchtlich. Zwar bleibt es bei der Eigentumsthematik, doch verläuft das Argument wesentlich abstrakter und wird auf ein gemeinsames Ziel menschlicher Gesellschaft bezogen: Dass es Eigentumsverteilung gibt, besagt noch nichts über Gleichheit und Gerechtigkeit. Erst durch die Ausrichtung auf den Frieden und die Eintracht unter den Menschen, die nur möglich sind, wenn jeder das seine hat, kommt es zustande, dass nach dem Völkerrecht die Dinge aufgeteilt sind.[23]

Dass Naturrecht für Menschen und Tiere gilt ist aber auch deshalb falsch, weil es viele Dinge gibt, die zum Naturrecht gehören, die wir aber nicht mit den Tieren gemein haben, wie etwa das natürliche Recht, ein Feuer anzuzünden und abzubrennen.[24]

1.1 *Das* Decretum Gratiani *und seine Glossen*

Das *Decretum Gratiani* (eigentlich: *Concordantia discordantium canonum*, ca. 1140) ordnete die wirre und verwirrende Masse des Kirchenrechts, die sich über die Jahrhunderte angesammelt hatte, und wurde als erster umfassender und systematischer Rechtstraktat des Abendlandes bezeichnet, den die Autoren der Spanischen Scholastik natürlich kennen. Für unseren Kontext gibt es zwei primäre Bezugspunkte:

22 Ibid.: »quod naturalis ratio inter omnes homines constituit, id apud omnes homines custoditur, vocaturque ius gentium.« Ibid., ad 2: »[…] servitus pertinens ad ius gentium est naturalis secundo modo, sed non primo […].«

23 Francisco de Vitoria, *Comentarios a la Secunda Secundae de Santo Tomás* (T. III: De Justitia (57–66)) (Salamanca: Spartado, 1934), p. 12: »quod possessiones sint divisae non dicit aequalitatem nec justitiam, sed ordinatur ad pacem et concordiam hominum, quae non potest conservari nisi unusquisque habeat bona determinata; et ideo jus gentium est quod possessiones sint divisae.«

24 Ibid., p. 14: »jus naturale est ignem ascendere et comburere; sed hoc non est commune omnibus animantibus.«

Dort und in den dazu verfassten Glossen scheint sich erstmals eine semantische Verschiebung des Naturrechtsbegriffs zu finden, nämlich vom *ius naturale* als einer alles beherrschenden allgemeinen Ordnung im Sinne der stoischen *lex aeterna* hin zu der dem Menschen eigenen Fähigkeit, einer Kraft, richtig und falsch zu unterscheiden.[25] Generell zeigt sich die Bereitschaft, diverse Bedeutungen von *ius naturale* auseinander zu halten. So weist Huguccio zu Beginn seiner *Summa* zum *Decretum* darauf hin, dass nicht alle der dort gegebenen Beispiele von *ius naturale* sich auf dieselbe Bedeutung des Terminus bezögen, was der kluge Leser sowieso bemerke. »Damit aber nicht der Geist eines Idioten verwirrt werde, werden wir jede sorgfältig bezeichnen«.[26]

Dazu gehört die Rede vom Recht als Bereich, in dem man sich entscheiden kann, in dem es erlaubt ist, etwas zu tun oder nicht zu tun, ganz nach freier Entscheidung. Ferner werden Freiheit und Teilhabe am Gemeineigentum mehr und mehr zu einem natürlichen Anspruch. Dies beinhaltete nicht zuletzt eine Verlagerung der durch die natürliche Ordnung den Reichen auferlegten Pflicht zum Almosengeben hin zu einem natürlichen Recht der Armen auf das, was die Reichen überhaben, wenngleich es sich nicht um ein vor einem irdischen Gericht einklagbares Recht handelt. Es ist bei Huguccio »still a shadowy sort of right«,[27] doch stellt bereits Alanus um 1200 fest, der Arme begehe keinen Diebstahl, weil er nur nehme, was *iure naturali* ihm gehöre, und Hostiensis formuliert eine allgemeine Überzeugung mittelalterlicher Jurisprudenz, wenn er in seiner *Lectura in V libros Decretalium* betont, wer unter Not leide, scheine eher etwas gemäß seinem Recht zu gebrauchen als einen Diebstahl zu planen (»potius videtur is qui necessitatem patitur uti iure suo quam furti consilium inire«). Ein freigelassener Höriger hat nach Auffassung einiger Glossen keine neue Freiheit, sondern nur die ihm durch positives Recht zeitweilig vorenthaltene Freiheit zurückerhalten. Diese Deutung von *Recht* als Anspruch gelangte

25 Rufinus, 1160: »Est itaque naturale ius vis quedam humane creature a natura insita ad faciendum bonum cavendumque contrarium«. Engl. Summa, *In nomine*: »[...] dicitur ius naturale habilitas quedam qua homo statim est habilis ad discernendum inter bonum et malum«. Diese und die im folgenden Text angeführten Zitate aus Schriften und Summen der Kanonisten finden sich bei Brian Tierney, *The Idea of Natural Rights* (Grand Rapids, MI: Eerdmans, 1997), pp. 58–76; vgl. auch Rudolf Weigand, *Die Naturrechtslehre der Legisten von Irnerius bis Accurius und von Julian bis Johannes Teutonicus* (München: Hueber, 1967); Ders., *Glossatoren des Dekrets Gratians* (Goldbach: Keip, 1997); und Richard Tuck, *Natural Rights Theories: Their Origin and Development* (Cambridge: Cambridge University Press, 1979).

26 »Sed ne ydiote animus in hoc confundatur, de quolibet diligenter assignabimus.« Zitiert nach Tierney, *Idea of Natural Rights*, p. 61.

27 Ibid., p. 71.

wohl auf dem Weg über die am – gleich kurz anzusprechenden – Armutsstreit beteiligten Franziskaner, insbesondere Ockham, der diese Dekretisten intensiv zitiert,[28] zu Jean Gerson. Dieser will zwar noch allen Dingen und Lebewesen Rechte zugestehen – gemäß seiner Einordnung der Rechte als Fähigkeiten hat das Feuer dann das Recht zu wärmen und die Schwalbe das Recht zu nisten –, hält in dem bereits erwähnten Werk über das spirituelle Leben der Seele jedoch fest, dass im politischen Bereich ein engeres Verständnis von Recht üblich ist, das sich auf rationale Wesen beschränkt.[29] Gerson ist dann einer der wichtigsten Gewährsmänner für Konrad Summenhart, sowohl in Bezug auf das Recht als aktive Fähigkeit, als auch als *dominium*, insbesondere der Charakterisierung der Freiheit als *dominium* über sich selbst.[30] Auf Summenharts Bedeutung für Molina, der das Recht im Sinne eines Anspruchs zum zentralen Begriff seines umfangreichen Werkes über Recht und Gerechtigkeit macht, wurde wiederum verschiedentlich hingewiesen.[31]

Eine zweite für unseren Kontext wichtige Wirkung des *Decretum Gratiani* besteht darin, dass es eine alternative Darstellung des Verhältnisses von natürlichem Recht und göttlichem Recht gegenüber der Einteilung der entsprechenden Gesetze durch Thomas von Aquin in der quaestio 91 der IaIIae bietet, die mit ebensoviel Autorität ausgestattet ist und immer wieder herangezogen wurde. Zur Erinnerung: Für Thomas ist das natürliche Gesetz Teilhabe des ewigen Gesetzes in einem vernünftigen Geschöpf (»participatio legis aeternae in rationali creatura«) und gibt den menschlichen Gesetzen die allgemeinen Prinzipien vor (IaIIae qu. 91, art. 2, co.; art. 3, co.). *Neben* diesem natürlichen Gesetz und dem menschlichen Gesetz lässt Thomas die *lex divina* bestehen. Sie wird erstens zur Regelung der letzten, übernatürlichen Dinge benötigt, zweitens, um Rechtsunsicherheiten zu klären, drittens, um die »inneren« Motive eines Menschen mitzuberücksichtigen, an die das menschliche Gesetz nicht herankommt, und viertens, um Verbrechen zu ahnden, die vom weltlichen Richter übersehen wurden (IaIIae qu. 91, art. 4, co. und ad 1).

Das *Decretum Gratiani*, von dem Thomas hier abweicht, greift in seiner Verhältnisbestimmung von Naturrecht und göttlichem Recht eine damals

28 Ibid., pp. 101–04.

29 Gerson, "De vita spirituali animae," Lectio tertia, col. 26; vgl. Annabel Brett, *Liberty, Right and Nature: Individual Rights in Later Scholastic Thought* (Cambridge: Cambridge University Press, 1997), pp. 76–87, bes. 83–85.

30 Varkemaa, *Conrad Summenhart's Theory of Rights*, pp. 68–90.

31 Vgl. Jörg Alejandro Tellkamp, "Rights and Dominium," in Kaufmann und Aichele, *A Companion to Luis de Molina*, pp. 125–53.

bereits alte Tradition auf:[32] Die Rede vom göttlichen Recht lässt sich wohl auf die lateinischen Kirchenväter zurückführen und weist einerseits auf die römisch-rechtliche Unterscheidung von liturgischem (*fas, ius poli*) und weltlichem (*ius fori*) Recht, andererseits auf stoische, auch bei Cicero zu findende Ursprünge zurück, wenn etwa Augustinus das ewige Gesetz der Natur als »göttliche Vernunft oder Gottes Willen, der den Erhalt der natürlichen Ordnung befiehlt« (»Lex aeterna est ratio divina vel voluntas Dei ordinem naturalem conservari iubens«: *Contra Faustum* I, XXII, c. xxvii), bezeichnet. Terminologisch einflußreich wurde die entsprechende Differenzierung in Isidor von Sevillas *Etymologiarum Liber V. De legibus et temporibus* (cap. 2), wo die göttlichen Gesetze mit der Natur und menschliche Gesetze mit den Sitten identifiziert werden. Unter expliziter Berufung auf Isidor, mit leicht abgewandelter Terminologie, setzt das *Decretum Gratiani* dies fort. Wie erwähnt wird etwa bei Molina die Identifikation von göttlichem und natürlichem Recht und Gesetz explizit verteidigt, im konkreten Fall gegen Gerson.

1.2 *Der Armutsstreit und die Ordnung vor dem Sündenfall*

Der sog. theoretische Armutsstreit zwischen Teilen des Franziskanerordens und der päpstlichen Kurie, der im 13. und 14. Jahrhundert weite Teile Europas erschütterte, nicht zuletzt deshalb, weil Kaiser Ludwig der Bayer die Franziskaner als think tank in seiner Auseinandersetzung mit den Päpsten in Avignon benutzte, hat diverse Auswirkungen in den Debatten des 16. Jahrhunderts.[33]

Als die seit Mitte des 13. Jahrhunderts geführte Auseinandersetzung um die von den sog. Pauperisten oder Spiritualen innerhalb des Franziskanerordens geforderte absolute Armut – auch des Ordens selbst – sich zu einem Machtkampf zwischen dem als Finanzgenie berühmten Papst Johannes XXII. und der Führung des mächtigen Franziskanerordens auswuchs,[34] spitzte sich die theoretische Frage wesentlich auf die Diskussion darüber zu, ob das Eigentum im Sinne des *dominium* unverzichtbarer Bestandteil des Menschseins sei – oder

---

32 Vgl. Matthias Kaufmann, “Göttliches Recht,” in *Handwörterbuch der deutschen Rechtsgeschichte* (Berlin: Erich Schmidt Verlag, 2009).

33 Virpi Mäkinen, “The Franciscan Background of Early Modern Rights Discussion: Rights of Property and Subsistence,” in *Moral Philosophy on the Threshold of Modernity*, Hrsg. v. Jill Kraye und Risto Saarinen (Dordrecht: Springer, 2004).

34 Vgl. Jürgen Miethke, *Ockhams Weg zur Sozialphilosophie* (Berlin: De Gruyter, 1969), pp. 348–427. Ders., “Paradiesischer Zustand – Apostolisches Zeitalter – Franziskanische Armut. Religiöses Selbstverständnis, Zeitkritik und Gesellschaftstheorie im 14. Jahrhundert,” in *Vita Religiosa im Mittelalter. Festschrift für Kaspar Elm zum 70. Geburtstag*, Hrsg. v. Franz J. Felten und Nikolas Jaspert (Berlin: Duncker & Humblot, 1999), pp. 503–22.

aber eine menschliche Konstruktion. Dabei entwickelte man eine in den folgenden Jahrhunderten gerne benutzte Diskursstrategie. So weisen sowohl der franziskanische Jurist Bonagratia von Bergamo[35] als auch Papst Johannes in der Bulle *Quia vir reprobus* dem Zustand im Paradies vor dem Sündenfall eine normgebende Funktion zu, allerdings in entgegengesetzter Richtung: Bonagratia von Bergamo fügt sich zunächst mit seinem Traktat *Über die Armut Christi und der Apostel*[36] in die allgemeine Tendenz der Franziskaner ein, aus der Tatsache, dass des Franziskus' Leben für seine Anhänger eine vollkommene Wiedergabe des Lebens Christi war, (rückwärts) zu schließen, Christus und seine Jünger müssten ebenso wie Franziskus gelebt haben, also in völliger Armut. Das theoretische Argument beruht auf dem Gedanken, dass im paradiesischen Zustand der Unschuld jedes Wesen zwar notwendigerweise für seine Erhaltung sorgen musste, dass dazu aber keine Besitzrechte erforderlich waren, diese seien allesamt Menschenwerk. Der Zustand der Unschuld wurde durch Adam zwar beendet, doch war dies kein notwendiger Vorgang. Deshalb besitze der Zustand der Unschuld nach wie vor gewisse normative Geltung und sei von Jesus und seinen Jüngern wiederbelebt worden.

Johannes reagierte auf die Wiederholung dieser Argumente durch Michael von Cesena, dem Generalminister des Franziskanerordens, indem er einen eigenen Zustand der Unschuld entwickelte.[37] Er bezieht sich dabei auf die Passage aus *Genesis* I 28, wo Adam ein *dominium* über Fische im Meer, die Vögel in der Luft und die anderen Tiere zugesprochen wird. Dies deutet er unter Ausnutzung der Doppelbedeutung von *dominium* als *Herrschaft* und *Eigentum* als erste Form des Eigentums und legt anhand einer Passage aus dem Buch *Jesus Sirach* (*Ecclesiasticus*) 17.1–5 besonderen Wert darauf, dass dieses Eigentum vor Evas Entstehung bereits Adam gehörte, so dass die ursprüngliche Form des Eigentums im Stande der Unschuld nicht etwa Gemeinbesitz, sondern das individuelle Eigentum war. Dieses Eigentum habe es vor aller menschlichen Gesetzgebung gegeben. Wenn Gott zu Adam sagt, er solle sein Brot fortan im Schweiße seines Angesichts essen, so sei das ja offenbar

35 Vgl. Eva Luise Wittneben, *Bonagratia von Bergamo. Franziskanerjurist und Wortführer seines Ordens im Streit mit Johannes XXII* (Leiden: Brill, 2003).

36 Livarius Oliger, "Fr. Bonagratia de Bergamo et eius Tracatus de Christi et apostolorum paupertate," *Archivum Franciscanum historicum* 22 (1929), 292–335, 487–511.

37 Der Text von *Quia vir reprobus* findet sich im *Bullarium Franciscanum V*, Rom, 1898; eine englische Übersetzung von J. Kilcullen und J. Scott anhand der wörtlichen Wiedergabe in Wilhelm von Ockhams *Opus nonaginta dierum* (Opera Politica I & II) (Manchester, 1940 und 1963) findet sich unter http://www.mq.edu.au/about_us/faculties_and_departments/faculty_of_arts/mhpir/politics_and_international_relations/staff/john_kilcullen/john_xxii_quia_vir_reprobus/ (zuletzt: 19.8.2014).

sein Brot, und nach der Heiligen Schrift habe es Eigentum vor allen Königen gegeben. Außerdem könne Eigentum den Menschen nur von Gott als dem ursprünglichen Herrn aller Dinge gegeben werden.[38] Ockhams Satz-für-Satz-Widerlegung der päpstlichen Argumentation kann hier nicht wiedergegeben werden. Sie beruht wesentlich auf einer genauen Differenzierung der zentralen Begriffe, also Recht, *dominium*, Gebrauch etc., um zu zeigen, dass Johannes seine Argumente auf Äquivokationen gründet. So kann man auf ein natürliches Recht zum Gebrauch des unmittelbar Lebensnotwendigen auch als Franziskaner nicht verzichten,[39] doch verleiht dies ebenso wenig Rechte wie die einem Gast erteilte Erlaubnis zum Verzehr des Angebotenen ihm Rechte auf künftige Mahlzeiten eröffnet.[40] Während es im Paradies dem Menschen möglich war, die anderen Wesen »ohne deren Widerstand« zu leiten, gibt es nach dem Sündenfall von Natur lediglich eine Erlaubnis für den Menschen, sich das zum Leben Nötige anzueignen, Eigentum ist nur das, was vor einem irdischen Gericht eingeklagt werden kann.[41] Ockhams zu diesem Zweck verwendete Rede von einem Recht als *licita potestas* führte Michel Villey zu der Ansicht, hier habe eine »semantische Revolution« im mittelalterlichen Rechtsdenken stattgefunden, sei Recht von einer objektiv gerechten Regelung zur Sache von Ansprüchen geworden, durch diese von seiner nominalistischen Metaphysik geleiteten Definition habe Ockham die Frage nach der Richtigkeit des Rechts in die Bahnen von Macht und Durchsetzung gelenkt.[42] Luis de Molina widmet diesem Armutsstreit eine eigene Disputation, worin er formal Johannes einige Zugeständnisse macht, weil sich ja nun einmal bei einem verzehrten Gegenstand kein davon getrenntes *dominium* mehr ausmachen lasse, so dass dieses gewissermaßen am verzehrten Gegenstand verbleibe, übernimmt in der Sache jedoch im Wesentlichen die Position der Franziskaner.[43] Die Nähe zu franziskanischen Positionen zeigt sich auch darin, dass Molina die franziskanische Behauptung einer ursprünglichen Gleichheit und Besitzlosigkeit der Menschen akzeptiert, Hierarchien und Eigentum dem – vom Naturrecht erlaubten – Völkerrecht zuweist, während beispielsweise Diego de Covarrubias

38 Vgl. Tierney, *Idea of Natural Rights*, p. 154ff.

39 Ockham, *Opus nonaginta dierum* (Opera Politica I), p. 561.

40 Ockham, *Opus nonaginta dierum* (Opera Politica II), p. 560.

41 Ockham, *Opus nonaginta dierum* (Opera Politica II), pp. 432–36, 484.

42 Michel Villey, *La formation de la pensée juridique moderne* (Paris: PUF, 1968), pp. 261, 267. Kritisch dazu Tierney, *Idea of Natural Rights*, p. 13ff.

43 Molina, *De Iustitia et Iure*, Tract. II, disp. 6.

im Anschluss an Thomas von Aquin auch vor dem Sündenfall eine Hierarchie anzunehmen bereit ist, die freilich von Allen gerne akzeptiert werde.[44]

2 Marsilius von Padua

Dass Marsilius von Padua bei den Autoren der Schule von Salamanca sehr viel weniger oder oftmals auch gar keine Erwähnung findet als die bisher genannten mittelalterlichen Gewährsleute, hat auch mit seiner besonderen Biographie zu tun.[45] Marsiglio dei Mainardini wurde zwischen 1270 und 1290 in Padua geboren, studierte u. a. Medizin, war *magister artium* und – dies ist das erste gesicherte Datum – von Dezember 1312 bis März 1313 Rektor der Universität Paris. Der mit ihm befreundete Dichter Albertino Mussato erwähnt sein politisches Engagement, das ihn mehr und mehr auf die Seite der Ghibellinen und damit zu den Verfechtern der kaiserlichen Sache bringt. Wann er mit der Arbeit am *Defensor Pacis* begann ist ungewiss, abgeschlossen wurde er am 24. Juni 1324. Ob Marsilius im Jahre 1326 zusammen mit Johann von Jandun aus Paris floh, weil er als Verfasser des anonym erschienenen Werkes bekannt wurde, oder ob er sich sogleich nach der Abfassung auf den Weg machte und es einige Zeit dauerte, eine Verbindung zum deutschen König – dem es gewidmet war – herzustellen, wie eine Bulle von Papst Johannes XXII. nahezulegen scheint,[46] wird noch diskutiert. Jedenfalls floh Marsilius von Paris nach Nürnberg, wo sich Ludwig der Bayer aufhielt, und wurde nach einigen Anfangsschwierigkeiten zum Berater des Königs. Er nahm am 1327 beginnenden Italienfeldzug teil, war vermutlich einer der Initiatoren der Krönung Ludwigs zum Kaiser, die anstelle der Segnung durch den Papst mit der Zustimmung des römischen Volkes legitimiert wurde und im Jahre 1328 ebenso in Rom stattfand wie die Ernennung des Minoriten Peter von Corbara zum Gegenpapst. Ludwig nannte Marsilius seinen *vicarius in spiritualibus*. Papst Clemens VI. kommentierte im Jahre 1343 den Tod des Marsilius mit der Bemerkung, ihm sei nie ein schlimmerer Ketzer

44 Merio Scattola, "Sklaverei, Krieg und Recht. Die Vorlesung über die *Regula 'Peccatum'* von Diego de Covarrubias y Leyva," in *Politische Metaphysik*, Hrsg.v. Matthias Kaufmann und Robert Schnepf (Frankfurt am Main: Peter Lang, 2004), pp. 303–55, 329–31.

45 Vgl. z.B. Frank Godthardt, "The Life of Marsilius of Padua," in *A Companion to Marsilius of Padua*, Hrsg. v. Gerson Moreno-Riaño und Cary Nederman (Leiden: Brill, 2012), pp. 13–56; Vasileios Syros, *Die Rezeption der aristotelischen politischen Philosophie bei Marsilius von Padua. Eine Untersuchung zur ersten Diktion des Defensor Pacis* (Leiden: Brill, 2007), pp. 18–42; Carlo Dolcini, *Introduzione a Marsilio da Padova* (Roma: Laterza, 1995), pp. 3–23.

46 Godthart, "Life of Marsilius," p. 24.

untergekommen. Die Verdammung ging so weit, dass Marsilius nicht einmal mehr zum Zwecke der Widerlegung zitiert werden durfte.

2.1 *Wer gibt das Gesetz und zu welchem Zweck?*

Den inneren Frieden einer Stadt oder eines Reiches, durch welchen die Bewohner in die Lage versetzt werden, ein befriedigendes Leben zu führen, sieht Marsilius als das Beste für ein menschliches Gemeinwesen an (DP I. i 1).[47] Der Streit, der solch ein Leben unmöglich macht, ist dagegen das Schlimmste, was einer menschlichen Gemeinschaft zustoßen kann (DP I. i 2). Sie sind vergleichbar mit Gesundheit und Krankheit eines Organismus (DP I. i 3). Einen Großteil der Ursachen inneren Streites hat Aristoteles bereits angeführt, daher beschränkt sich der ›Nachkomme Antenors‹ auf die Entschleierung der in seiner Zeit so bedeutsamen Ursache sozialer Spannungen, die Aristoteles noch nicht kennen konnte (DP I. i 3,7), die aber das *imperium Romanum* schwerstens belastet. Es wird noch immer darüber diskutiert, ob mit *imperium Romanum* nun einfach das ganze römische Reich gemeint ist oder tatsächlich nur das *regnum italicum*, was Marsilius zu einem frühen Repräsentanten der italienischen Einigungsbemühungen machen würde.

Das Buch, durchaus als politisches Lehrbuch konzipiert, das es in die Tat umzusetzen gilt, ist eingeteilt in drei ›dicciones‹ (Scholz korrigiert zu ›Dictio‹), deren erste das von Marsilius Angestrebte mittels vom menschlichen Geist gefundener Methode durch selbstevidente Sätze beweist, wogegen die zweite, etwa dreimal so lange, das Bewiesene auf theologischem Weg, d.h. durch »im Ewigen gegründete Sätze der Wahrheit«, Verweis auf kirchliche Autoritäten etc. stützt und die dritte, nur ein paar Seiten umfassende, Schlussfolgerungen aus den zwei anderen Dictiones zieht (DP I. i 8).

Nach der in weiten Teilen an der aristotelischen Politik ausgerichteten Darlegung dessen, wie ein Gemeinwesen organisiert sein sollte, wobei sich sowohl durch die lateinische Übersetzung Moerbekes, als auch durch theoretische Positionen bedingte Abweichungen feststellen lassen,[48] deckt Marsilius

47 Der Text des *Defensor Pacis* findet sich in der Ausgabe von Richard Scholz (Hannover: Hahnsche Buchhandlung, 1932); eine deutsche Übersetzung *Der Verteidiger des Friedens* von Walter Kunzmann erschien mit Einleitung und Bearbeitung von Horst Kusch 1958 in Berlin (Ost) bei Rütten & Loening, eine gekürzte Fassung dieser Ausgabe mit einem Nachwort von Heinz Rausch 1985 bei Reclam in Stuttgart, eine neuere englische Übersetzung stammt von Annabel Brett, *The Defender of Peace* (Cambridge: Cambridge University Press, 2005). Hier wird im Text jeweils die *diccio* und das Kapitel in römischen Zahlen (groß und klein) und der Absatz bzw. Paragraph mit arabischen Zahlen angegeben.

48 Syros, *Die Rezeption*, pp. 45–60, 137–41 u.a.

im letzten Kapitel der ersten *Dictio* auf, welches die von ihm bekämpfte Ursache des inneren Streites ist. Es handelt sich um das weltliche Machtstreben der römischen Bischöfe, um ihren Anspruch auf *plenitudo potestatis* (DP I. xix 12). Marsilius lässt keinen Zweifel daran, wie man diese *perniciosa pestis* (DP I. xix 13) zurückdrängen kann, indem man nämlich die Vertreter der geistlichen Gewalt, Bischöfe, Priester etc. der weltlichen Rechtssprechung unterstellt (DP II. viii 9). Die Priester bilden innerhalb der *civitas seu regnum* durchaus einen der führenden Stände, dessen Aufgabe die Predigt des göttlichen Gesetzes ist (DP I. vi 10). Innerhalb einer Stadt oder eines Reiches kann es aber stets nur eine Regierung geben, welche die oberste ist und der etwa in einem Reich, wo es ja mehrere Regierungen gibt, die anderen untergeordnet sind (DP I. xvii 1–3). Diese Regierung ist die weltliche Regierung, bis dahin, dass die Entscheidung strittiger Glaubensfragen zwar Aufgabe eines Konzils ist, dessen Einberufung und Zusammensetzung jedoch wesentlich vom obersten menschlichen Gesetzgeber abhängt (DP II. xx 2,3; DP II. xxi 1).

Ohne die Autorität des weltlichen Gesetzgebers besitzen die Dekrete des Papstes und der Bischöfe keine verpflichtende oder gar zwingende Wirkung (DP I. xii; DP II. xxviii). Selbst ketzerische Äußerungen können nur dann als solche verfolgt werden, wenn sie von der weltlichen Macht ausdrücklich unter Strafe gestellt werden.

Gemäß den Evangelien kann auch niemand durch weltliche Strafe dazu gezwungen werden, das göttliche Gesetz (*lex divina*) zu beachten (DP II. ix 11; DP II. x 7), es besitzt allein moralische Verpflichtungskraft. Zum ewigen Seelenheil hat man allein an die Heilige Schrift zu glauben, zusammen mit den Interpretationen, die in der Gemeinschaft der Gläubigen diskutiert werden.

Nur das allgemeine Konzil aller Gläubigen hat ferner das Recht, die Bischöfe zu bestimmen, die dann vom weltlichen Gesetzgeber ernannt werden, der auch die Gerichtsbarkeit über sie ausübt (DP I. xv, DP II. xvii). Dieses Konzil aller Gläubigen hat auch das Recht zur Heiligsprechung (DP II. xxi). Es gibt so etwas wie eine Selbstregierung der Gläubigen.[49]

Man kann also sehr deutlich bereits das bei Marsilius von Padua diagnostizieren, was Carl Schmitt die vollendete Reformation nennt und was er erst bei Thomas Hobbes realisiert glaubt: Die vollständige Umkehr des von Aegidius Romanus propagierten Unterordnungsverhältnisses von Staat und Kirche.[50] Dieses Programm taucht nun nicht etwa bei Marsilius erstmals auf. Es gab vergleichbare Ansätze spätestens in der Publizistik am Hofe Philipps des Schönen

49 Vgl. Bettina Koch, "Marsilius on Church and State," in Moreno-Riaño und Nederman, *A Companion to Marsilius of Padua*, pp. 139–80.

50 Carl Schmitt, "Die vollendete Reformation," *Der Staat* 4 (1965), 51–69.

in Frankreich. Doch ist das Neue eben die strikt und stringent durchargumentierte Präsentation dieser Position, die sie für den klerikalen Gegner zur echten Herausforderung, ja zur eminenten intellektuellen und politischen Bedrohung macht.

Während dazu in der Sekundärliteratur allenfalls noch diskutiert wird, welches Gewicht der theologischen Argumentation innerhalb des marsilianischen Denkgebäudes zukommt,[51] gibt es erheblich weniger Einmütigkeit bei der Frage, ob Marsilius ein Vorläufer oder gar Verfechter der Volkssouveränität ist,[52] ob man ihn als Gesetzespositivisten ansehen kann und welche Rolle die italienischen Stadtrepubliken für seine Lehre spielen.[53] Ich werde im Folgenden kurz skizzieren, wie diese Bereiche, die gewöhnlich getrennt diskutiert werden, miteinander verknüpft sind.

Für eine Untersuchung, inwieweit sich irgendeine Art Souverän bei Marsilius findet, wird man wohl weniger auf Carl Schmitts Definition »Souverän ist, wer über den Ausnahmezustand entscheidet«[54] zurückgreifen können, sondern vielmehr die auf Hobbes zurückgehende und von John Austin systematisierte Interpretation des Souveräns als einer Instanz, die keinen rechtlichen Anweisungen unterworfen ist, deren Anweisungen jedoch bestimmen, was als Recht zu gelten hat, benutzen müssen. Da sich, wie H.L.A. Hart illustriert hat, auch in einem heutigen staatlichen Rechtssystem der Begriff des Rechts nur schwerlich durch die Befehle einer solchen Instanz definieren lässt,[55] scheint es bei der Analyse eines Autors wie Marsilius ratsam, die Definition dahingehend weiter abzuschwächen, dass man nach einer Instanz sucht, die rechtlich an keine Anweisungen gebunden ist, jedoch zu einem erheblichen Teil entscheidet, was als Recht zu gelten hat. Die Frage, was als Recht zu gelten hat, wie also die Begriffe von Recht und Gesetz zu verstehen sind, entscheidet auch, ob es sinnvoll ist, Marsilius als Gesetzespositivisten zu bezeichnen.

---

51 Während sich Vasileios Syros ausdrücklich auf die erste *Dictio* bezieht, behandelt z.B. Jeannine Quillet, *La philosophie politique de Marsile de Padoue* (Paris: Vrin, 1970) beide Teile etwa gleichrangig.

52 Quillet, *La philosophie politique*, pp. 83–91; vgl. zur Geschichte dieser Lesart im Deutschland des 19. Jahrhunderts Hasso Hofmann, *Repräsentation: Studien zur Wort- und Begriffsgeschichte von der Antike bis ins 19. Jahrhundert* (Berlin: Duncker & Humblot, 1975), pp. 192–95.

53 Alan Gewirth, *Marsilius of Padua: The Defender of Peace*, vol. 1: *Marsilius of Padua and Medieval Political Philosophy* (New York: Columbia University Press, 1951), pp. 28, 134–36. Quillet, *La philosophie politique*, pp. 105–11, 125–33. Dolf Sternberger, *Die Stadt und das Reich in der Verfassungslehre des Marsilius von Padua* (Wiesbaden: Franz Steiner, 1981).

54 Carl Schmitt, *Politische Theologie* (Berlin: Duncker & Humblot, [3]1979), p. 11.

55 Matthias Kaufmann, *Rechtsphilosophie* (Freiburg: Karl Alber, 1996), pp. 164–71, 224–28.

2.2 *Recht und Gesetz*

Marsilius unterscheidet im zehnten Kapitel der ersten *Dictio* verschiedene Bedeutungen von »Gesetz«, darunter auch das religiöse Gesetz, um schließlich als davon verschiedene und bekannteste Bedeutung »das Wissen oder die Lehre oder die Gesamtanschauung vom Gerechten und Nützlichen im staatlichen Leben und deren Gegenteil« herauszuarbeiten (DP I. x 3). Diese Bedeutung wird sogleich dahingehend weiter differenziert, dass es sich dabei generell um das Wissen darüber handeln kann, was nützlich und schädlich, gerecht und ungerecht ist, oder um eine Vorschrift, »die durch Strafe oder Belohnung in der gegenwärtigen Welt zwingend ist«, und erst hier »heißt und ist es eigentlich Gesetz« (DP I. x 4). Da man nun erst von Gesetz in diesem engsten Sinne sprechen kann, wenn es von einer Instanz erlassen wurde, die die Fähigkeit zu strafen besitzt, »muss gesagt werden, wem die Befugnis zusteht, eine solche Vorschrift zu erlassen und deren Übertreter zu strafen. Das heißt forschen nach dem Gesetzgeber oder Gesetzesschöpfer.« (DP I. xii 2)

Vergleicht man diesen Ansatz mit der Lehre Thomas von Aquins, wonach das menschliche Gesetz sich durch die Erkenntnis des natürlichen Gesetzes im Sinne einer Anzahl allgemeiner Prinzipien und deren Anwendung auf die konkreten Bedingungen findet, welches wiederum durch die Teilhabe des Menschen am ewigen Gesetz bestimmt ist (*Summa Theologiae* IaIIae qu. 91, art. 1–3), so fällt auf, dass Marsilius zwar ein göttliches Gesetz kennt, ihm jedoch nicht per se Maßstabcharakter für menschliche Gesetzgebung zuerkennt, schon deshalb, weil auch bei den Anhängern Mohammeds, bei den Persern und bei anderen die Religion benutzt wird, um die Gesetze mythisch zu begründen, auch wenn natürlich nur das mosaische Gesetz und das Gesetz Christi die Wahrheit enthalten (DP I. x 3). Da das evangelische Gesetz sich um die Fragen kümmert, die das Leben nach dem Tod betreffen, können mit ihm auch nicht die menschlichen Handlungen in diesem Leben gemessen werden (DP II. ix 12).[56] Auch natürliches Recht bietet nicht die allgemeinsten Prinzipien jeder Rechtssetzung, sondern besteht aus urtümlichen Billigkeitserwägungen, die dort zum Tragen kommen, wo die Gesellschaften noch nicht zur Etablierung eines richtigen positiven Rechtsystems in der Lage sind und über deren Anwendung die Ältesten oder Familienoberhäupter entscheiden. Billigkeit, Epikeia, findet auch im etablierten Rechtssystem ihre Anwendung, allerdings eher in ergänzender Funktion (DP II. xii 6).

56 »Non ergo per evangelicam legem commensurari possent sufficienter actus humani pro fine presentis seculi.« Vgl. Gewirth, *Marsilius of Padua*, pp. 132–34. Quillet, *La philosophie politique*, pp. 138–51.

Daher lässt sich sehr wohl sagen, dass Marsilius die Frage nach der Richtigkeit des Gesetzes in erheblichem Maße zugunsten der Frage nach dem legitimen Gesetzgeber zurückdrängt. Genau dies war jedoch das Merkmal für eine Entwicklung der Moderne, die sich in bestimmten Varianten des Rechtspositivismus, insbesondere dem Gesetzespositivismus am klarsten zur Geltung bringt.[57] In diesem Sinne, nicht im Sinne einer Willkürlichkeit des Gesetzes, besitzt Alan Gewirths Kennzeichnung von Marsilius' Rechtstheorie als »legal positivism« einige Berechtigung. Dies zeigt auch ein Vergleich der von Marsilius propagierten *Entscheidung* offener Glaubensfragen durch Konzilien (DP II. xx 1,2) mit der Auffassung Ockhams, der diese Entscheidung vollständig in den kognitiven Prozess der Wahrheitsgewinnung auflöst.[58]

Cary Nederman[59] hat einige Mühe auf den Nachweis verwandt, dass Marsilius' Naturrecht Prinzipien verfolge, die zur Kontrolle menschlicher Gesetze tauglich seien. Daran ist richtig, dass Marsilius keine Trennungsthese im Sinne des moderneren Positivismus vertritt.[60] Entgegen einer landläufigen Unterstellung, die Nedermann offenbar teilt, nimmt jedoch auch kein ernstzunehmender Positivist an, dass Gesetzgebung und Recht etwas der Beliebigkeit Unterworfenes seien. Marsilius betont in der Tat, dass die wahrhaft richtigen Erkenntnisse über das Recht Gegenstand menschlicher Forschung sind und dass sie zur Kritik faktisch erlassener Zwangsgesetze herangezogen werden können und sollen. Doch macht Marsilius immer wieder deutlich, dass die mit Zwang bewehrten Gesetze solche im engsten Sinne des Wortes sind. Gewiss räumt Marsilius ein, dass das Wort *ius naturale* gemäß Aristoteles für das verwendet werde, was von allen Völkern akzeptiert wird (DP II. xii 7) – also in dem Sinne, wie man später *ius gentium* verwendet –, und dass es einige gibt, die es mit dem Gebot der rechten Vernunft identifizieren, das man dem göttlichen Recht unterordnet (DP II. xii 8). Wenn sich menschliches und göttliches Recht widersprechen, sollte man eher auf Letzteres hören (DP II. xii 9). Aber das geschieht eben bei der Auflistung diverser Weisen der Wortverwendung

---

57 Hasso Hofmann, *Legitimität und Rechtsgeltung* (Berlin: Duncker & Humblot, 1977), p. 50; Tilman Struve, "Die Rolle des Gesetzes im ›Defensor Pacis‹ des Marsilius von Padua," *Medioevo* 6 (1980), 335–78.

58 Wilhelm von Ockham, *Dialogus* I 4 xx, in *Monarchia S. Romani Imperii* (Tom. II), Hrsg. v. Melchior Goldast (Nachdruck Graz: Akademische Druck- und Verlagsanstalt, 1960). Arthur Sthephen McGrade, *The Political Thought of William of Ockham* (Cambridge: Cambridge University Press, 1974), p. 61.

59 Cary Nederman, *Community and Consent: The Secular Political Theory of Marsiglio of Padua's Defensor Pacis* (Boston: Rowman & Littlefield, 1995), pp. 81–84.

60 Kaufmann, *Rechtsphilosophie*, pp. 138, 200–15.

und sagt am Ende nur, dass Recht für Marsilius sich auch moralisch (im heutigen Sinne) qualifizieren muss.

Bei der Frage nach dem legitimen Gesetzgeber nun liefert Marsilius den Nachweis, »dass die menschliche Befugnis zur Gesetzgebung allein der Gesamtheit der Bürger oder deren Mehrheit zukommt« (»legumlacionis auctoritatem humanam ad solam civium universitatem aut eius valenciorem partem pertinere«: DP I. xii 5). Den lateinischen Text habe ich hier gleich beigefügt, weil die Übersetzung der »valentior pars« durch »Mehrheit« nur den einen, quantitativen Aspekt dieses Begriffes berücksichtigt, während bei er Marsilius zusätzlich noch eine qualitative Komponente besitzt. Schließlich hat die *valentior pars* ein Vertretungsrecht für alle Bürger, welches dadurch gerechtfertigt wird, dass es immer einige gibt, die mit Blindheit geschlagen sind.

Carlo Dolcini plädiert nach wie vor für die demokratische Interpretation der *valentior pars*.[61] Doch gilt es zu beachten, dass in jedem Fall ein jeder nur »secundum suum gradum« berücksichtigt wird (DP I. xii 4), also eine ständisch hierarchisierte Gesellschaft vorausgesetzt ist. Es ist zwar Aufgabe des Gesetzgebers, die verschiedenen Stände im Gemeinwesen aufzubauen (DP I. xv 8), doch bezieht sich dies eher auf Details der ständischen Ordnung, bestreitet nicht die selbstverständliche Existenz einer solchen. So erweist sich nicht der zunächst anachronistische Begriff der Souveränität als die problematische Seite einer angeblichen Volkssouveränität des Marsilius, sondern das auf den ersten Blick harmlose ›Volk‹. Das Volk ist nämlich nicht eine Ansammlung rechtlich gleicher Menschen, sondern ein straff geordnetes System von Korporationen. Dennoch kann man – unter Berücksichtigung dieser Unterschiede – insofern von einer Volkssouveränitätslehre des Marsilius sprechen, als sie – ganz wie die heutige Volkssouveränitätsauffassung – eine Zurückweisung anderer Rechtfertigungen staatlicher Macht enthält, als die durch das Einverständnis der Betroffenen. Hinsichtlich der Art und Weise, dieses Einverständnis festzustellen, gibt es natürlich merkliche Differenzen. Jeannine Quillet argumentiert für die Annahme, dass es sich bei den Abstimmenden auch um die – als mit den von ihnen vertretenen Bürgern identisch gesetzten – Repräsentanten einer bestimmten Korporation von Bürgern handeln kann, etwa um die sieben Kurfürsten, welche den deutschen König wählen.[62]

Wie auch immer man die Rede von der Repräsentation des Volkes bei Marsilius interpretieren möchte, es bleibt der Gedanke der Rechtssetzung

61 Dolcini, *Introduzione*, p. 31.

62 Quillet, *La philosophie politique*, pp. 94–96.

durch einen »legislator humanus«, ja mehr noch der Begriff des Gesetzes selbst in auffälliger Weise bestimmend. An dieser Stelle, bei der Frage, was Recht sei, scheint es auch berechtigt, die Rolle Italiens, insbesondere die der Stadtrepubliken herauszuheben. Hier liegt nämlich der Punkt, an welchem der von Sternberger versuchte Nachweis, die angeblich ›italienischen‹ Elemente in Marsilius' Werk seien nichts als guter Aristotelismus, ins Stocken gerät.[63] Wenngleich Aristoteles betont, wie wichtig eine Regierung innerhalb der Gesetze sei, auch hier wird er von Marsilius zitiert, so bleibt doch die Rolle des Gesetzgebers weitgehend unbeachtet, spielt Gesetzgebung generell eine geringere Rolle innerhalb des Rechtssystems als heute. Auch für das im Reich noch immer bestimmende Lehensrecht ist die Gesetzgebung eher von untergeordneter Bedeutung, im römischen Recht der Kaiserzeit wiederum ist Gesetzgebung ein eher unbeliebtes Instrument der Rechtsschöpfung, die Legitimität des Gesetzgebers kaum ein Thema.[64]

Somit liegt es nahe, dieses Element in Marsilius' Position an seiner städtischen Herkunft festzumachen, da sich in den Städten, insbesondere in Oberitalien, die Rechtssituation am ehesten der eines Territorialstaates mit zentralisierter Gesetzgebungsbefugnis angenähert hatte.[65] Mitunter wird auch die relativ demokratische Struktur der Universitätsverwaltung in Paris als Vorbild geltend gemacht. Doch dürfte die Struktur der Stadtrepubliken besser mit dem von Marsilius Dargestellten zusammenstimmen. Problematisch ist eben, dass er sie auf das völlig anders strukturierte Reich übertragen will.

Die Bedingungen für ein vom Gedanken des allgemeinen Gesetzes getragenes Rechtsverständnis sind dreihundert Jahre später offenbar deutlich günstiger. Molina z.B. vertritt es noch nicht, ebenso wenig eine allgemeine Rechtsgleichheit – wohl aber im Kern Francisco Suárez. Doch nimmt es wenig Wunder, wenn Marsilius mit seiner – in heutigem Vokabular – dezidiert etatistischen Position das exakte Gegenstück zu den papistisch ausgerichteten Jesuiten darstellt. Suárez etwa kritisiert Marsilius auf das Heftigste, weil er die Immunität der Kirche gegen staatliches Recht ebenso wenig akzeptierte wie die Überordnung der Geistlichkeit, weil er die angesprochene Einsetzung des Gegenpapstes durch Ludwig den Bayern betrieben hatte und weil er ihn letztlich verantwortlich macht für die Trennung Heinrichs VIII. von der römischen Kirche und für die falschen Ansichten Jakobs I. In der Tat hatte es bereits –

---

63 Sternberger, *Die Stadt und das Reich*, pp. 34–36; vgl. die differenzierte Untersuchung bei Syros, *Die Rezeption*, *passim*.

64 Alfred Söllner, *Einführung in die römische Rechtsgeschichte* (München: C.H. Beck, [4]1989), p. 99.

65 Hofmann, *Repräsentation*, pp. 202–05.

nach noch älteren, verlorengegangenen Übersetzungen ins Englische und Deutsche – bereits 1535 eine englische Übersetzung gegeben, bei der freilich die in Richtung ›Volkssouveränität‹ weisenden, die Autorität Heinrichs VIII. potentiell gefährdenden Elemente eliminiert wurden. Suárez' Kritik lässt erkennen, dass er dem verfemten Ketzer einen sehr beachtlichen politischen Einfluss zuspricht. Generell taucht Marsilius' Name eher dann auf, wenn vermeintlichen oder tatsächlichen Gegnern des Papstes, von den Konziliaristen über Luther zu den englischen Monarchisten, ein schlimmer häretischer Einfluss unterstellt werden soll, während konkrete inhaltliche Anlehnungen deutlich schwieriger zu belegen sind. Schwerpunkt der Kritik ist *naturgemäß* die Unterordnung der klerikalen, insbesondere päpstlichen Macht unter die weltliche Herrschaft bzw. die Nicht-Anerkennung von Immunitäten der Kleriker, so auch in Francisco de Vitorias erster *Relectio de potestate ecclesiastica*, bei der sich Vitoria wie die meisten Marsilius-Gegner der Zeit an den 1498 verstorbenen ersten spanischen Großinquisitor Tomás de Torquemada anlehnt, der sich wiederum direkt auf Johannes XXII. beruft.[66] Man erkennt hier wieder einmal, wie eng die Bindung der Schule von Salamanca an das theoretische Instrumentarium der mittelalterlichen Tradition, jedenfalls an einige markante Autoren, nach wie vor ist, sei es nur in der Form der Kritik. Man sieht aber auch, mit welcher Selbstverständlichkeit man die Bezüge zu den Streitfragen der Gegenwart herstellt und so die überkommenen Argumente in neue Kontexte transferiert.

Bibliographie

Brett, Annabel. *The Defender of Peace* (Cambridge: Cambridge University Press, 2005).

———. *Liberty, Right and Nature* (Cambridge: Cambridge University Press, 1997).

Cessario, Romanus O.P. "Molina and Aquinas," in *A Companion to Luis de Molina*, Hrsg. v. Matthias Kaufmann und Alexander Aichele (Leiden: Brill, 2014).

Dolcini, Carlo. *Introduzione a Marsilio da Padova* (Roma: Laterza, 1995).

Gerson, Jean. "De vita spirituali animae" (1402), in *Joannis Gersonii Opera Omnia*, vol. 3, Sumptibus Societatis, Antwerpen, 1706; Neudruck: Hildesheim: Olms, 1987.

Gewirth, Alan. *Marsilius of Padua: The Defender of Peace*, vol. 1: *Marsilius of Padua and Medieval Political Philosophy* (New York: Columbia University Press, 1951).

66 F. Suárez, *Defensio fidei* III, vol. 1, eds. E. Elorduy und L. Pereña (Madrid: 1965); vgl. hierzu ausführlich Thomas M. Izbicki, "The Reception of Marsilius," in Moreno-Riaño und Nederman, *A Companion to Marsilius of Padua*, pp. 305–36.

Godthardt, Frank. "The Life of Marsilius of Padua," in *A Companion to Marsilius of Padua*, Hrsg. v. Gerson Moreno-Riaño und Cary Nederman (Leiden: Brill, 2012).

Hofmann, Hasso. *Legitimität und Rechtsgeltung* (Berlin: Duncker & Humblot, 1977).

———. *Repräsentation. Studien zur Wort- und Begriffsgeschichte von der Antike bis ins 19. Jahrhundert* (Berlin: Duncker & Humblot, 1975).

Izbicki, Thomas M. "The Reception of Marsilius," in *A Companion to Marsilius of Padua*, Hrsg. v. Gerson Moreno-Riaño und Cary Nederman (Leiden: Brill, 2012), pp. 305–36.

Kaufmann, Matthias. "Göttliches Recht," in *Handwörterbuch der deutschen Rechtsgeschichte* (Berlin: Erich Schmidt Verlag, 2009).

———. *Rechtsphilosophie* (Freiburg: Karl Alber, 1996).

Koch, Bettina. "Marsilius on Church and State," in *A Companion to Marsilius of Padua*, Hrsg. v. Gerson Moreno-Riaño und Cary Nederman (Leiden: Brill, 2012).

Mäkinen, Virpi. "The Franciscan Background of Early Modern Rights Discussion: Rights of Property and Subsistence," in *Moral Philosophy on the Threshold of Modernity*, Hrsg. v. Jill Kraye und Risto Saarinen (Dordrecht: Springer, 2004).

McGrade, Arthur Stephen. *The Political Thought of William of Ockham* (Cambridge: Cambridge University Press, 1974).

Miethke, Jürgen. *Ockhams Weg zur Sozialphilosophie* (Berlin: De Gruyter, 1969).

———. "Paradiesischer Zustand – Apostolisches Zeitalter – Franziskanische Armut. Religiöses Selbstverständnis, Zeitkritik und Gesellschaftstheorie im 14. Jahrhundert," in *Vita Religiosa im Mittelalter. Festschrift für Kaspar Elm zum 70. Geburtstag*, Hrsg. v. Franz J. Felten und Nikolas Jaspert (Berlin: Duncker & Humblot, 1999).

Nederman, Cary. *Community and Consent: The Secular Political Theory of Marsiglio of Padua's Defensor Pacis* (Boston: Rowman & Littlefield, 1995).

Oliger, Livarius. "Fr. Bonagratia de Bergamo et eius Tracatus de Christi et apostolorum paupertate," *Archivum Franciscanum historicum* 22 (1929).

Quillet, Jeannine. *La philosophie politique de Marsile de Padoue* (Paris: Vrin – Vrin Reprise, 1970).

Scattola, Merio. "Sklaverei, Krieg und Recht. Die Vorlesung über die *Regula ‚Peccatum'* von Diego de Covarrubias y Leyva," in *Politische Metaphysik*, Hrsg. v. Matthias Kaufmann und Robert Schnepf (Frankfurt am Main: Peter Lang, 2004).

Schmitt, Carl. "Die vollendete Reformation," *Der Staat* 4 (1965), 51–69.

———. *Politische Theologie* (Berlin: Duncker & Humblot, 1979).

Söllner, Alfred. *Einführung in die römische Rechtsgeschichte* (München: C.H. Beck, ^{4}1989).

Sternberger, Dolf. *Die Stadt und das Reich in der Verfassungslehre des Marsilius von Padua* (Wiesbaden: Franz Steiner, 1981).

Struve, Tilman. "Die Rolle des Gesetzes im ›Defensor Pacis‹ des Marsilius von Padua," *Medioevo* 6 (1980), 335–78.

Syros, Vasileios. *Die Rezeption der aristotelischen politischen Philosophie bei Marsilius von Padua. Eine Untersuchung zur ersten Diktion des Defensor Pacis* (Leiden: Brill Academic Pub, 2008).

Tellkamp, Jörg Alejandro. "Rights and Dominium," in *A Companion to Luis de Molina*, Hrsg. v. Matthias Kaufmann und Alexander Aichele (Leiden: Brill, 2014).

Tierney, Brian. *The Idea of Natural Rights* (Grand Rapids, MI: Eerdmans, 1997).

Tuck, Richard. *Natural Rights Theories: Their Origin and Development* (Cambridge: Cambridge University Press, 1979).

Varkemaa, Jussi. *Conrad Summenhart's Theory of Rights* (Leiden: Brill, 2012).

Villey, Michel. *La formation de la pensée juridique moderne* (Paris: PUF, 1968).

Weigand, Rudolf. *Die Naturrechtslehre der Legisten von Irnerius bis Accurius und von Julian bis Johannes Teutonicus* (München: Hueber, 1967).

———. *Glossatoren des Dekrets Gratians* (Goldbach: Keip, 1997).

Westerman, Pauline. *The Disintegration of Natural Law Theory: Aquinas to Finnis* (Leiden: Brill, 1998).

Wittneben, Eva Luise. *Bonagratia von Bergamo. Franziskanerjurist und Wortführer seines Ordens im Streit mit Johannes XXII* (Leiden: Brill, 2003).

SECTION 2

The Concept of Law (lex) *in Political Philosophy*

CHAPTER 2

The Significance of the Law (*lex*) for the Relationship between Individual and State in Luis de Molina (1535–1600)*

Danaë Simmermacher

Introduction

When Luis de Molina[1] explained in the fifth tractate of his book *De Iustitia et Iure* that the task of the law (*lex*) is to obtain the natural moral happiness of every human being, he placed his doctrine of law upon a moral normative foundation, the principles of which are derived from natural law (*ius naturale*). As a result of original sin, mankind had lost the gift of original justice.[2] In order

* I would like to thank Christoph Haar and James Thompson for the linguistic correction of my article.

1 Luis de Molina was born in Cuenca (Spain) in 1535. He studied jurisprudence, theology, and philosophy at the universities of Salamanca, Alcalá, and Coimbra (Portugal). Molina entered the Jesuit order in 1553 and taught theology in Evora and Lisbon. Besides his extensive work in legal theory—*De Iustitia et Iure*, six books of justice and law (1593–1609), upon which this article is based—his most well-known book should be mentioned, *Liberi arbitrii cum gratiae donis, divina praescientia, providentia, praedestinatione et reprobatione concordia* (1588). In the *Concordia* Molina agreed upon divine providence with human free will. This book led to serious disputes between Jesuits and Dominicans, and the "Molinism wars" were only shut down by a decree from the pope. When Molina was appointed to a chair of moral theology in Madrid, he died there in 1600. For more biographical information, see: Friedrich Stegmüller, *Geschichte des Molinismus I: Neue Molinaschriften* (Münster: Aschendorff, 1935), pp. 1–80; Bernice Hamilton, *Political Thought in Sixteenth-Century Spain: A Study of the Political Ideas of Vitoria, De Soto, Suárez, and Molina* (Oxford: Clarendon Press, 1963), pp. 180–84; Frank B. Costello, *The Political Philosophy of Luis de Molina S.J. (1535–1600)* (Rome: Gonzaga University Press Spokane, 1974), pp. 3–22. That the "Molinism wars" are not yet settled today is shown in Ken Perszyk, ed., *Molinism: The Contemporary Debate* (Oxford: Oxford University Press, 2011). In his introduction to this volume, Perszyk offers a good explanation of the topics of the "Molinism wars" (an expression I have taken from him), see pp. 1–24.

2 Luis de Molina, *De Iustitia et Iure*, ed. Novissima, Mainz (Moguntiae), 1659, Tractatus V, Disputatio 46, Column 1671 (henceforth DIEI V 46, 1671): "Dissoluta vero natura per peccatum, amissoque iustitiae originalis dono, [...]" (All translations are mine unless stated otherwise.) Tractatus V of *De Iustitia et Iure* was first published in Antwerp in 1609. I have used the 1659

 | DOI 10.1163/9789004322707_004

to find a way back to original justice, and eventually happiness (*felicitas*) as the final natural end of man, God not only authored the *lex naturalis* for mankind, but also granted human rulers a *dominium iurisdictionis temporalis*, thus endowing them with a concern for the common good of a political community. According to Molina, "to make laws for the natural moral happiness of every person relates in part to God as author of nature, in part to the leading figures of each state."[3]

In order to distinguish whether something belongs to natural law or positive law, Molina provides the following rule:

> If the liability (*obligatio*) is produced from the nature of a thing (*natura rei*), which is commanded or forbidden, because it is in itself necessary to do [...], or because it is illegal and evil in itself [...], then the commandment or prohibition belongs to natural law. But if the liability does not arise from the nature of a thing that is commanded or prohibited, but from the commandment and will of the one who forbids [...], then the commandment or prohibition belongs to positive law.[4]

Mainz edition. When I refer to Tractatus I and Tractatus II of Molina's *De Iustitia et Iure*, I quote from the first edition of *De Iustitia et Iure*, which was published in Cuenca in 1593 (without Tractatus V).

3 Ibid.: "Porro leges ferre ad finem ultimum naturalem, hoc est, ad naturalem cuiusque hominis felicitatem moralem, quae simul conducant ad naturalem contemplativam ulteriorem felicitatem, et ut homo, dissoluta humana natura per peccatum, quatenus est sociale animal, bonus fit civis, beneque sese habeat ad rempublicam, cuius est pars, totiusque eius reipublicae commune bonum coalescat ac conservetur, partim ad Deum optimum maximum tanquam ad naturae autorem, et partim ad supremos rei publicae cuiusque moderatores spectat. Deus enim, ut naturae autor, legem naturalem condidit, eamque hominum mentibus indidit ac impressit, qua quid vitare quidque efficere tenerentur, quin et quid conduceret ac expediret magis ad naturalem felicitatem moralem, et subinde etiam ad contemplativam, comparandam ac conservandam facile agnoscerent maxime in statu naturae integrae, in quo hominem condere ac collocare statuit."

4 Luis de Molina, *De Iustitia et Iure*, Cuenca (Conchae), 1593, Tractatus I, Disputatio 4, Column 14f. (henceforth DIEI I 4, 14f.): "Regula ergo generalis ad dignoscendum, num aliquid ad ius naturale, an ad positivum pertineat, haec est. Si obligatio oritur a natura rei quae praecipitur aut prohibetur, quia videlicet in se est necessaria ut fiat, ut est subvenire extreme indigenti, vel quia in se est illicita et mala, ut furari, adulterari, mentiri, tunc praeceptio aut prohibitio pertinet ad ius naturale: si vero obligatio non oritur a natura rei quae praecipitur aut prohibetur, sed a praecepto et voluntate prohibentis, esto ex parte rei sit congruitas et exigentia quaedam ut praecipiatur aut prohibeatur, pertinent ad ius positivum."

Despite this distinction, natural and positive laws nevertheless have a common purpose: the *bonum commune*.

The common good, which Molina also refers to as *bonum morale*,[5] seems to be the individual well-being and happiness of every citizen and should not be seen as a compromise in which individual interests give way to those of state welfare. This becomes even more evident in Molina's definition of law (*lex*):

> It is a command or precept of the supreme power in a state permanently enacted and promulgated; not for one or another member, but for all, either without qualification, or for all those for whom, by reason of their status, place, time, and other circumstances, its observance is intended; and accepted by them when, to have any effect, it needs their consent.[6]

This definition refers to the *lex humana*,[7] which is also the focus of my considerations, but according to Molina it is transferable to all other elements of the Thomist hierarchy of laws (*lex aeterna*, *lex naturalis*, *lex humana*, and *lex divina*).[8] In this context, for Molina, *lex* can refer to an individual law, a collection of laws, or even a constitution.[9]

---

5 DIEI V 46, 1691: "[...] vel in scientiis moralibus pro collectione [multarum legum] assensuum ac habituum multarum conclusionum ad eundem finem boni moralis attinentium, puta felicitatis cuiusque moralis ac virtutum, quae ad eam spectant, boni ac finis oeconomicum, aut boni ac finis politici, quo pacto Ethica, oeconomica, et politica scientia inter se distinguuntur [...]".

6 Ibid., 1698: "*Est imperium seu praeceptio* a suprema ad id potestate in republica *permanenter lata ac promulgata, non uni aut alteri, sed omnibus aut simpliciter, aut ad quos id pro eorum conditione, loco, tempore, ac aliis circumstantiis servare spectat, et acceptata, quando, ut vim habeat, acceptatione indiget.*" (Emphasis in original.) With some exceptions, here I have taken the translation from Costello, *Political Philosophy*, p. 202.

7 When I stress at the beginning of my article that the task of law (*lex*) is to obtain the natural moral happiness of every human being, *strictly* I mean the natural law. But the human civil law also may be understood in the sense that it is directed to this end, according to Annabel Brett, "Luis de Molina on Law and Power," in *A Companion to Luis de Molina*, eds. Matthias Kaufmann and Alexander Aichele (Leiden: Brill, 2014), pp. 155–81, at p. 177: "Human civil law [...] has for its aim 'the end and the political good of human life together.' This is different both from the natural felicity of each individual, to which natural law is directed, and the supernatural felicity of the individual, to which the divine law of the various statuses of mankind, as well as canon law is directed. But these laws are not entirely separate [!] from each other, legislating for separate domains with separate ends [!]."

8 DIEI V 46, 1698.

9 Diego Alonso-Lasheras, *Luis De Molina's De Iustitia et Iure: Justice as Virtue in an Economic Context* (Leiden: Brill, 2011), p. 73: "When it is used collectively, it is because what collects them is the fact that the individual *leges* point to a common end."

Against this background, I want to examine firstly how the relationship between the individual and the state could be understood by Molina's definition of law. In this context, it should be noted that in his best-known book, *Concordia*, Molina propounds human self-determination via his doctrine of free will. He introduces a *scientia media* as a part of a threefold division of divine knowledge.[10] The first kind is God's natural knowledge (*scientia naturalis*) of the nature of God's created creatures. With this form of divine omniscience, God already knows, prior to creation, his own nature through natural knowledge, and therefore he knows all possible potentialities that are embedded in his nature and according to which he could create different worlds and, correspondingly, different creatures. Herein lies the foundation of the *natura rei* doctrine, which is essential for the understanding of Molina's thought: As a consequence of the *scientia naturalis*, not even God can change the substantial nature of a creature, because this is already fixed prior to creation and is independent of God's will. That means that if something is good, it is good by its very nature (*ex natura rei*) and nothing (not even God) can change its goodness.

For human self-determination, the second form of divine omniscience is of great significance: middle knowledge, *scientia media*. God knows by his providence how the human beings created by him would decide freely in any given circumstance, and God creates these circumstances. However, God does not in this process have any control over human decisions and actions.[11] And finally, Molina indicates God's free knowledge (*scientia libera*), by which God knows what is actually going to result from his free decision to create particular creatures and a particular world, and from exposing these beings to a certain set of circumstances. Anton Pegis once summarised the threefold division of God's omniscience very aptly: God knows what can be through *scientia naturalis*, he knows what would be through *scientia media*, and he knows what will be through *scientia libera*.[12]

Against the background of Molina's highlighting of human self-determination arises the following question with regard to general welfare:

---

10 Luis de Molina, *Liberi arbitrii cum gratiae donis, divina praescientia, providentia, praedestinatione et reprobatione concordia* (1588). Crit. ed. by Johannes Rabeneck, S.J., Oña/Madrid: Soc. Edit. "Sapientia," 1953, Pars IV: De praescientia Dei, Disputatio 52 (henceforth *Concordia*).

11 Alfred J. Freddoso, *Luis de Molina: On Divine Foreknowledge (Part IV of the Concordia)* (Ithaca, NY: Cornell University Press, 1988), Introduction, p. 47.

12 Anton C. Pegis, "Molina and Human Liberty," in *Jesuit Thinkers of the Renaissance*, ed. Gerard Smith (Milwaukee: Marquette University Press, 1939), pp. 76–131, at p. 121.

Does Molina succeed in considering each individual *bonum morale* within his conception of the *bonum commune* using the law as a normative instrument,[13] or does the *bonum commune* merely represent a paternalistic interpretation of individual well-being? Moreover, what exactly is meant by the *bonum commune*?

Secondly, I will attempt to assess above all with respect to the requirements and responsibilities of the legislature, whether Molina follows in his doctrine of law a more rationalist or more voluntarist tradition, which is not an entirely straightforward matter: Although he declares human law to be a "civic act of political prudence,"[14] this prudence precedes an act of free will.[15] In turn, in the *Concordia* Molina developed a concept of free will, according to which the will is qualified as free by a rational judgement (this means it is not determined by nature), and therefore necessarily something good, namely that it desires moral acts.[16] Already the first part of the *Concordia* is entitled *De liberi arbitrii viribus ad opera bona eiusque libertate* (about free will as an ability of the people to do good deeds through freedom). Hence, the question of whether for Molina the law is based on reason or will is crucial for the task of obtaining natural moral happiness: Here we can see whether it is possible within Molina's teaching to pursue individual moral happiness by means of law.

---

13 Cf. Hamilton, *Political Thought*, p. 30: "Soto [...] while stressing the common good, always returns to the ultimate good of the individual, as *any Christian political theory is perhaps bound to do*" (my emphasis).

14 DIEI V 46, 1675: "Ex dictis satis patet, legem humanam civilem actum esse prudentiae politicae, [...]".

15 Ibid.: "Dubium vero est, utrum imperium, quo eiusmodi leges, ita intellectu per politicam prudentiam fabricatae ac confectae, subditis imperantur, fit ulterior actus intellectus ab eadem politica prudentia ulterius elicitus, in quo ratio legis consistat; eaque ratione lex ad intellectum pertinere dicatur praevio actu voluntatis libero, quo id intellectus imperium eliciatur: [...]".

16 *Concordia*, Pars I, Disputatio 2.3: "[...] Quo pacto illud agens liberum dicitur quod positis omnibus requisitis ad agendum potest agere et non agere aut ita agere unum et contrarium etiam agere possit. Atque ab hac libertate facultas qua tale agens potest ita operari dicitur libera. Quoniam vero non ita operatur nisi praevio arbitrio iudicioque rationis, inde est, quod quatenus ita praeexigit iudicium rationis, *liberum* appelletur *arbitrium*. Quo fit ut liberum arbitrium (si alicubi concedendum sit) non sit aliud quam voluntas, in qua formaliter sit libertas explicata praevio iudicio rationis. Agens liberum in hac significatione distinguitur contra agens naturale in cuius potestate non est agere et non agere, sed positis omnibus requisitis ad agendum necessario agit et ita agit unum ut non possit contrarium efficere."

In the following sections I will first discuss in more detail legal justice (*iustitia legalis*) as a virtue, which is directed toward the common good, and then I will try to clarify what Molina meant by *bonum commune*. Furthermore, I will address the question of whether the virtue of the ruler is different from that of the citizen. This will be followed by reflections on the legitimacy of the *potestas* in the state with an analysis of the relationship of state community and the law, in which the formation of law and the conditions for the effectiveness of the law will be considered. Thus, the question of whether Molina's doctrine of law is influenced more by rationalistic or voluntaristic theories will be taken up.

1 *Iustitia Legalis*: Legal Virtue Serving the Beauty and Perfection of the Community

As I mentioned at the beginning of this article, the basis for the happiness of people involves the recovery of justice lost in original sin. Molina opens *De Iustitia et Iure* with an examination of justice and makes a distinction within the Aristotelian-Thomistic tradition[17] between legal justice (*iustitia legalis*) and particular justice (*iustitia particularis*) in the sense of a cardinal virtue, according to which the just is identical to the equal. He determines justice as *iustitia legalis*, "insofar as it is directed toward the common good of the whole, to which the one who performs the action is a part of."[18] The just in the sense of *iustitia legalis* is the same as what is legitimate, "that is the one [...] which is prescribed by the law or is in conformity with the law."[19] It guides the individual as part of a community (*pars Reipublicae*) to respond "through such an action to her or his whole and the common good in an optimal way,"[20] and as a virtue is itself directed toward the common good and the community.[21] Accordingly, its opposite, illegal injustice (*illegalis iniustitia*), is characterised by disobedience to the law and contempt for the common good.[22]

17 For a more detailed representation of the Aristotelian-Thomistic foundation of justice in Molina, see Brett, "Luis de Molina on Law and Power," pp. 156–64.

18 DIEI I 1, 2: "Uno, pro actu cuiuscunque virtutis, non qua talis est, sed quatenus ordinatur ad commune bonum multitudinis, cuius pars est ille, qui eum exercet."

19 DIEI I 1,4: "[...] sed ut est idem, quod legitimum, hoc est, quod lege est praeceptum, legive consonat, [...]".

20 DIEI I 1, 2f.: "[...], sed ut est pars Reipublicae, quae eo modo operando optime se habet ad suum totum, bonumque commune."

21 DIEI I 1, 4: "Eius modi ergo virtus, [...] est [...] nempe ad bonum commune Rempublicamque ipsam, [...]".

22 DIEI I 9, 27: "Posita autem est in legum inobedientia, despectioneque boni communis."

Just as Aristotle outlines in Book v of the *Nicomachean Ethics*, Molina generally takes two forms of prudence as a basis for justice, which can be observed both in the citizen (*in cive*) and in the leaders or regents of the political community. The first is monastic prudence, which, according to Thomas Aquinas, represents the prudence of the individual life, and which is differentiated from political prudence. Molina describes political prudence as a kind of prudence that "dictates to individuals what must be done for the common good, so that the whole of which they are a part is in an optimal condition."[23] Political prudence occurs in regents and subordinates in two different forms—in the first case, as a *prudentia architectonica* from which the laws emerge and which dictates to the subordinates what is to be done. In the second case, political prudence in the narrower sense is directed at the subordinates and enables them to realise what the individual is required to do in the interest of public welfare. What both forms share is their orientation toward the *bonum commune*.[24] In other words, both forms guide or direct human actions toward the common good.

23 DIEI I 1, 3: "Itaque quemadmodum [...] Aristoteles 5. Ethicorum cap. 8 tam in cive, quam in principe ac rectore multitudinis, duplicem prudentiam distinxit, monasticam scilicet, quae praescribit singulis, ut privatae quaedam personae sunt, quid faciendum sit, et politicam, quae ea, quae in bonum commune debent dirigi, ut optime se habeat totum, cuius sunt partes, singulis praescribit; hancque subdivi sit, in regnativam, quae est in principe, Reipublicaeque rectoribus, ad praescribendum subditis quid cuique iuxta suum munus, statum et conditionem sit faciendum, ut totum bene se habeat, quam proinde architectonicam appellavit, legesque ab ea emanare docuit, et in politicam presse sumptam, quae est in subditis, praescribitque unicuique eorum quid sibi, ut pars est Reipublicae, faciendum sit, ut ad suum totum communeque bonum bene se se habeat: [...]".

24 Thus Molina further develops the political prudence of Aquinas, as Brett has shown: "[Aquinas] had not directly connected political prudence with legal justice; the two virtues remain separate. Molina, however, offered an ingenious account of the link between them. Thus he distinguishes between the kind of prudence involved in conducting oneself virtuously as an individual, 'monastic prudence', and that involved in virtuous conduct undertaken not as an individual but as a part of the whole, and as regards the common good, which is 'political prudence'. An act of virtue, insofar as it is enacted by a particular person through monastic prudence, is the act of a particular virtue, for example fortitude, or temperance, or commutative justice. But if enacted by a person through political prudence, with respect to the common good, then it is an act of justice in the broader, 'legal', sense. On this understanding, political prudence is involved in legal justice, bringing the two virtues very close together." Brett, "Luis de Molina on Law and Power," p. 163.

What consequences arise for the community from the distinction between two forms of political prudence in rulers and subordinates? Do different variants of justice result from the various forms of political prudence as a virtue for subordinates and rulers? Francisco de Vitoria maintained in *quaestio* 92 of *De lege*, his commentary on Aquinas's *lex* tractate, that for Aquinas, the common good may well be in good condition if the rulers are good, but the citizens themselves are only characterised as good citizens by their obedience toward the rulers and may be bad people otherwise because they act (so to speak in private) non-virtuously. It is indeed the task of the regent to direct the citizens to virtue via the law; therefore, it is not important for the common good if the citizens are bad people, as long as they obey the law as good citizens. In other words, the concept of *iustitia legalis* makes it possible to grasp obedience to the law as a virtue, as Peter Landau once put it.[25] Vitoria claims that *according to Aquinas*, someone could therefore be a good citizen despite not being a good person, without negative consequences for the common good, as long as that individual is obedient to the virtuous ruler.[26]

Vitoria clearly contradicts Thomas Aquinas on this point: The common good to which the law is *primarily* directed consists in happiness (*beatitudo*), as Vitoria emphasises.[27] For him, therefore, the *bonum commune* apparently is not only a way to happiness, but is equivalent to it.[28] In equating the *bonum*

25 Peter Landau, "Spanische Spätscholastik und kanonistische Lehrbuchliteratur," in *Die Ordnung der Praxis. Neue Studien zur Spanischen Spätscholastik*, eds. Frank Grunert and Kurt Seelmann (Tübingen: Max Niemeyer, 2001), pp. 403–25, see p. 411.

26 Francisco de Vitoria, *De lege*, ed. and trans. Joachim Stüben (Stuttgart-Bad Cannstatt: Frommann-Holzboog, 2010), Qu. 92.3, 28: "[Sanctus Thomas] Dicit enim, quod potest bene se habere bonum commune, saltem si principes sint boni. Unde videtur concedere, quod etsi alii sint mali, potest se habere bene bonum commune, quia potest esse, quod sit bonus civis et non bonus vir."

27 Ibid.: "Intentio legislatoris, ut supra dixit Doctor et probavit q. 90, a. 2, quod ultimus finis legis est bonum commune. Unde oportet, quod lex maxime respiciat bonum commune, quod est beatitudo."

28 It should be noted that the *bonum commune* is only equivalent with human happiness in this world, and not with the eternal bliss of the vision of God, which can be achieved only in the hereafter. For according to Molina, to achieve eternal bliss it is not enough to fulfil the natural law, and moreover, it requires the grace and love of God. But it is important to note that the natural and the supernatural bliss represent to a certain extent a continuous process, and love and justice for Molina in no way can be opposed to one another. DIEI I 1, 7: "His si adiungas, ad finem supernaturalem satis non esse impletionem legis naturalis, sed simul etiam require impletionem supernaturalium praeceptorum, ad quam gratia et caritas est necessaria: imo impletionem legis naturalis nullius esse fructus, valoris ac meriti ad eum finem, nisi ex gratia et caritate fiat, ut in Concordia [...] Pars 1

commune with bliss, Vitoria follows Aristotle, who had assimilated the desirable goal of the individual with the community in Book I of the *Nicomachean Ethics*, adding that "the good of the city is a greater and more complete thing both to achieve and to preserve; for while to do so for one person on his own is satisfactory enough, to do it for a nation or for cities is finer and more godlike."[29] However, since the community cannot achieve this goal if its various parts are not motivated to do so, Vitoria states: "Thus, since the main part of happiness is based on virtue, there cannot be good citizens, regardless of how rich they may be, if they are not moved to be virtuous."[30] Ultimately, a good house cannot be constructed with poor individual components.

It should be noted that Vitoria misinterprets Aquinas in *quaestio* 92 when he assumes that regarding the common good, everything depends on virtuous rulers. Rather, it seems that what Aquinas wanted to express is that things look bad for the common good if even the rulers are not virtuous. A true *bonum commune*, however, could only be guaranteed if every citizen endeavoured to obtain virtue: "[...] nor can the whole be well made up unless its parts be proportioned to it. Consequently the common good of the state cannot flourish unless the citizens be virtuous, at least those whose business it is to govern."[31]

q.14 art. 13 late ostendimus, invenies, qua nam ratione gratia et caritas iustitia, qua coram Deo iusti formaliter sumus, merito dicatur, hominemque tunc iustificari, quando illam recipit. Etenim cum gratia et caritas lethalia omnia peccata deleat, principiumque sit legem supernaturaliter ac meritorie implendi, atque adeo accommodate ad vitam aeternam, sane illa est, quae nos iustos facit ac rectos coram Deo, ut pote quae, non solum obliquitates omnes contra legem ipsius tollit, sed etiam habiles ac promptos nos reddit ad legem totam meritorie, et ut ad salutem oportet implendam. Verum de hac re alibi latius. Alia quoque ratione gratia et caritas iustitia potest appellari, quatenus videlicet nos adaequat, commensuratosque reddit fini supernaturali." In accordance with this, see also Alonso-Lasheras, *De Iustitia et Iure*, p. 189: "In Molina they [charity and justice, D.S.] appear in continuity, not only in the brief and preliminary treatment of them, but also in the specific development of particular cases. They are both linked to the organic conception of society. They both work for the common good, what can help distinguishing them is the need for restitution when a sin against justice is committed, something not due in the case of sins against charity."

29 Cf. Aristotle, *Nicomachean Ethics*, Book I, chapter 2, 1094b8–11. Ed. and trans. Sarah Broadie and Christopher Rowe (Oxford: Oxford University Press, 2002), p. 96.

30 Cf. Vitoria, *De lege*, q. 92, 28: "Ergo cum maxima pars felicitatis consistat in virtute, non possunt esse boni cives quantumcumque divites, nisi sint studiosi virtutis."

31 Thomas Aquinas, *Summa Theologiae*, I–II, q. 92, art. 1, ad tertium: "nec totum potest bene consistere nisi ex partibus sibi proportionatis. Unde impossibile est quod bonum commune civitatis bene se habeat, nisi cives sint virtuosi, ad minus illi quibus convenit principari." I have used the translation by the Fathers of the English Dominican Province,

Thus, Molina uses Aquinas to justify why in the polity, generally speaking, there can be talk about a *legal* justice: According to Molina, Aquinas emphasises "that the subordinates have the same virtue" if they obey the laws, as if they had determined those laws themselves, "because they use the laws to adjust to precisely this goal. And for this reason, this virtue is called legal justice, [...] insofar as someone [...] is adjusted by the laws that are required for the beauty and perfection of the community."[32]

To punish internal acts is not granted to the secular rulers, but reserved for God alone. These could do no harm to the state[33] and are only of importance for the supernatural end, on the condition that they are not opposed to the goal of the *bonum commune*. Here it should be noted that according to Molina, the laws must consider more than just the virtue of justice as a cardinal virtue; they should also consider other virtues, such as fortitude, temperance, etc.[34] If it turns out that a law is unjust, one should neither obey nor accept it, a position that was out of the question not only for Vitoria and Molina, but also for Aquinas (following St Augustine): *non videtur esse lex, quae iusta non fuerit*.[35] As Molina stresses, if a human law is unjust, it is not derived via the *lex naturalis* of the *lex aeterna*, and it cannot be deemed a law.[36] Only when a human law is not unjust does it confer obligation via the conscience.[37] Now it

---

"The Summa Theologica of Saint Thomas Aquinas," vol. 2, in *Great Books of the Western World*, vol. 19: *The Summa Theologica of Saint Thomas Aquinas*, eds. Robert Maynard Hutchins and Daniel J. Sullivan (Chicago: Encyclopedia Britannica, 1977), p. 214.

32 DIEI I 1, 4: "Addit D. Thomas, subditis inesse eandem virtutem tanquam mandantibus exequutioni, quae per recto res constituta sunt, dum legibus ad eundem finem se accommodant: eaque de causa virtus haec, iustitia legalis appellatur. [...] Eius modi ergo virtus, et est ad alterum, nempe ad bonum commune Rempublicamque ipsam, et iustitia dicitur, quatenus, qui ductum illius sequitur, eique se accommodat, legibus, quas Reipublicae decus et perfectio postulat, ad aequatur."

33 DIEI V 46, 1690: "quoniam punire internos actus non ad rempublicam saecularem, sed ad Deum, qui illorum est agnitor, pertinet; neque actus interni ita reipublicae saeculari nocent, ut eos punire debeat, hominum praesertim multitudine ac fragilitate attenta."

34 DIEI I 1, 4f.: "Ex dictis infero, ad legislatores Reipublicaeque administratores pertinere constituere, non eas solum leges quae ad iustitiam virtutem cardinalem, sed etiam easque ad alias virtutes, fortitudinem scilicet, temperantiam, et caeteras spectant: id quod Aristoteles 5. Ethicorum capit. 1 etiam affirmavit."

35 Thomas Aquinas, *Summa Theologiae*, q. 95, art. 2.

36 Cf. DIEI V 46, 1692.

37 Cf. Matthias Kaufmann, "Das Verhältnis von Recht und Gesetz bei Luis de Molina," in *Lex und Ius. Beiträge zur Begründung des Rechts in der Philosophie des Mittelalters und der Frühen Neuzeit / Lex and Ius. Essays on the Foundation of Law in Medieval and Early Modern Philosophy*, eds. Alexander Fidora, Matthias Lutz-Bachmann, and Andreas

should be clear that what is just according to *iustitia legalis*, which has been formally determined to be legitimate, is not arbitrarily to be filled with content, but rather to be understood as all of the virtues important for the community, which is why Aristotle referred to legal justice as "excellence as a whole."[38] This can only unfold within a political community, and the laws represent the normative instruments.

Diego Alonso-Lasheras discusses this in his book on Molina's *De Iustitia et Iure*: "Justice was not only granting good laws, but also establishing what fostered the virtues that the common good required."[39] Isabelle Mandrella also points out that Molina emphasises "the necessity of moral values"—on the basis of his determination of natural law—even more so than Vitoria.[40] Annabel Brett would probably agree with Mandrella's assessment, for she states that in the *Concordia*, Molina, through his localisation of human freedom in the will "[...] pushed Vitoria's ideas about *libera voluntas* to their limit and beyond."[41]

Thus, as an interim summary: according to Molina, rulers and subordinates equally need to strive toward a virtuous life in order to preserve the *bonum commune*. Only the prudence that precedes *iustitia legalis* differs with respect to rulers and subordinates in the manner shown above.

Wagner (Stuttgart-Bad Cannstatt: Frommann-Holzboog, 2010), pp. 369–91, see p. 388 (with reference to DIEI V 73).

38 Cf. Aristotle, *Nicomachean Ethics*, Book V, chapter 1, 1130a9–10; p. 160: "This justice, then, is not a part of excellence but excellence as a whole, and the injustice that is its contrary is not a part of badness but badness as a whole."

39 Cf. Alonso-Lasheras, *De Iustitia et Iure*, p. 188.

40 Cf. Isabelle Mandrella, *Das Isaak-Opfer. Historisch-systematische Untersuchung zu Rationalität und Wandelbarkeit des Naturrechts in der mittelalterlichen Lehre vom natürlichen Gesetz* (Münster: Aschendorff, 2002), p. 211: "Noch extremer ausgeprägt findet er [i.e. der Einfluß der scotischen Lehre des 'formaliter ex se', D.S.] sich in der Konzeption des Jesuiten Luis de Molina (1535–1600), der—stärker als Vitoria—auf die Notwendigkeit *moralischer* Werte abhebt und diese auch für Gott als ebenso verpflichtend einfordert [...]".

41 Cf. Annabel Brett, *Changes of State: Nature and the Limits of the City in Early Modern Natural Law* (Princeton: Princeton University Press, 2011), p. 43: "However, the corollary of *scientia media* [...] was a thesis on the liberty of the human will, even in acts of spiritual merit. Molina posited that the will of God works 'with' rather than 'in' the will of man, thus giving the human will an independent causal role in respect of grace. Human freedom, therefore, is rooted in the will rather than in the intellect as it was for the Thomists, and it is in developing this position that Molina pushed Vitoria's ideas about *libera voluntas* to their limit and beyond."

2 The Commonwealth and the Law

Like a compass, the laws guide the citizens to *iustitia legalis*, so that the pursuit of each individual's well-being and the *bonum commune* seem to go hand in hand in providing guidance toward the virtuous life. But if the virtue of legal justice is present in rulers and subordinates equally, can the power of the state, then, be justified solely by the different forms of political prudence in rulers and subordinates?

Molina's definition of the law (*lex*) should be recalled briefly:

> It is a command or precept of the supreme power in a state permanently enacted and promulgated; not for one or another member, but for all, either without qualification, or for all those for whom, by reason of their status, place, time, and other circumstances, its observance is intended; and accepted by them when, to have any effect, it needs their consent.[42]

The law is determined by Molina as a command or a precept which is valid for *all members* of a state. In this respect, they are considered as a community of equals (analogous to Aristotle's *polis*) because their different social positions, professions, or places of residence are irrelevant for them with regard to the significance of the law: As citizens of a state they have to comply with the law, i.e. they all have to obey the command of the supreme power in a state. But some questions arise from this definition of law: How does it happen that all members within a civil community come to recognise and adhere to a supreme legislative power? How does legislation take place, that is, how are laws made and what is necessary for their validity or effectiveness? The last part of the definition seems to be especially confusing: How could it be understood that if the law is determined as a command or precept, a law's acceptance by the citizens could be necessary for its validity?[43] Molina stresses the consent and acceptance of the citizens (*populi acceptatio*) not only in this definition, but

42 DIEI V 46, 1698: "*Est imperium seu praeceptio* a suprema ad id potestate in republica *permanenter lata ac promulgata, non uni aut alteri, sed omnibus aut simpliciter, aut ad quos id pro eorum conditione, loco, tempore, ac aliis circumstantiis servare spectat, et acceptata, quando, ut vim habeat, acceptatione indiget.*" (Emphasis in original.) As already mentioned, with some exceptions I have taken the translation from Costello, *Political Philosophy*, p. 202.

43 For the excitation to these considerations, I would like to thank Andreas Niederberger.

also at other places in disputation 46.[44] For instance, when the legislator creates laws to govern the *res publica* for the purpose of the *bonum commune*, he is "dependent on the consent and acceptance of the people."[45] An interesting exception is the occupation of the victors after a just war (probably due to purely pragmatic reasons): According to Molina, in this case the laws are not unequal, i.e. they are just (*non iniquas*)—or at least non-unjust—and thus valid, although the acceptance of the people is missing, as long as they are subjected to the new ruler and his laws because of a *just* war.[46]

In order to discuss these questions it first needs to be shown how Molina legitimates power in a state community. Following Aristotle's lead, Molina views man as an *animal civile et politicum*.[47] In tractate II, disputation 22, of *De Iustitia et Iure*, Molina takes over Aristotle (*Politics*, Book I) in his classification of communities and the resulting relations of domination: (1) family (husband and wife, parents and children), (2) household/*oikos* (family, including slaves, the relationship between masters and slaves),

44 DIEI V 46, 1669; 1674: "Quin, si ab approbatione et acceptatione populi vis illarum obligandi pro more reipublicae pendeat, et pro iure quod ea in re sibi reservavit, tunc sane non prius rationem legis obligantis earum unaquaeque habet, quam a populo acceptentur."; 1675.

45 DIEI V 46, 1669: "Condere legem, qua respublica in commune ipsius bonum gubernetur, ad eum vel ad eos pertinere, quibus a republica ipsa in sui regiminis constitutione, aut postea temporis progressu, fuit concessum, iuxta varia rerumpublicarum regimina [...], et quatenus illis fuerit concessum, dependenter ab approbatione seu acceptatione populi [...]".

46 DIEI V 46, 1669–1670: "[...] quando respublica aliqua iure belli alteri principive alterius ob suam culpam fuit subiecta, tunc maiorem potestatem esse in republica, aut in principe, qui illam iure belli subiecit, ad illi, etiam invitae, constituendum leges non iniquas, quas voluerit, quam si is princeps, aut rectores reipublicae, quae ita bello iusto illam alteram sibi subiecit, potestatem suam ab ea republica accepissent." For a detailed discussion of "The Legitimacy of War" and "The Problem of Just War and Just War on Both Sides" in Molina, see sections VII and VIII in João Manuel A.A. Fernandes, "Luis de Molina: On War," in Kaufmann and Aichele, *A Companion to Luis de Molina*, pp. 228–55, see pp. 246–53. According to Fernandes on p. 250, the just war on both sides seems to be a development of Molina: "Beyond this meaning [of the just war], Molina develops a second point of view, according to which a war can be said to be just on both sides—only with even greater and decisive justice on one of them. To explain this idea, Molina distinguishes two kinds of committed injustice, which can bring the other side to the position of beginning an offensive just war: material and formal injustice."

47 DIEI II 22, 170: "Praeter societatem, aut societates explicates, maiori quadam indiget homo, ad quam suaptenatura propendet, naturali lumine intellectus eam docente, et ad illam hominem instigante, a qua civile et politicum animal nuncupatur."

(3) village communities (association of smaller communities), and (4) state (a community of equals to enable the best possible life). On her or his own, a person cannot survive, and family cohesion is not able to secure basic needs, so for socio-economic reasons people necessarily become involved in the formation of states. Hence, for Molina man naturally[48] strives to live together with others in a community, and the state is therefore legitimised by natural law. Because this article is about the relations between the individual and the state, I will not dwell on the other communities. However, I must point to a certain matter: Molina deviates from Aristotle because for Molina slavery is not by nature.[49] Frank Costello has rightly emphasised "Molina's conclusion is that only the paternal and conjugal societies are natural. Here, of course, he departs from Aristotle and follows St. Thomas."[50] For Molina, slavery is a consequence of war captivity, self-sale or the sale of one's own children due to extreme poverty, punishment for serious crime, or the result of being born as a child of a slave (according to Roman law, *partus sequitur ventrem*).[51] Molina considers slavery as justified only under these circumstances, and thus he discusses only legal slavery and rejects natural slavery.

But I should turn back to the consideration of the state: Costello has clearly highlighted (in contrast to J.N. Figgis and Otto Gierke) that the political community for Molina is not simply the result of original sin, but is justified in *three* ways: in human neediness (*indigentia*), sociability (*socialitas*), and, according to Johann Kleinhappl, *also* the fall of man from his condition of original justice (*eventus peccati*).[52] According to Kleinhappl, Molina treats the reason of the *eventus peccati* last, and the fall of man is not an exclusive cause of the existence of political society.[53] All of these things represent the origin of political society, and there is no hierarchy among the various reasons for the existence of political society. This is a further indication for the fusion of the Aristotelian tradition and the Christian political tradition in Molina's political thought.[54]

48 Ibid.

49 For a detailed analysis of Molina's "Justifications of Slavery and the Titles of 'Just' Enslavement," see section II in Matthias Kaufmann, "Slavery between Law, Morality, and Economy," in Kaufmann and Aichele, *A Companion to Luis de Molina*, pp. 183–225, see pp. 190–201.

50 Cf. Costello, *Political Philosophy*, p. 25.

51 DIEI II 32, and see Disputatio 33 for detailed arrangements for the purchase and sale of slaves.

52 Cf. Costello, *Political Philosophy*, p. 31.

53 Cf. Johann Kleinhappl, *Der Staat bei Ludwig Molina* (Innsbruck: Rauch, 1935), p. 11.

54 From this discussion results, that I cannot agree with Harro Höpfl, who seems to make Molina a predecessor of Thomas Hobbes in this regard: "Molina seemed to reckon security of families or individuals against each other as the principal incentive to associate in

So that peace, security, and justice can be maintained among the people, it is necessary that the *res publica* is stable and perfect.[55] This can, for Molina, in a *classic late scholastic*[56] way be best guaranteed in a monarchy;[57] however, the extent of the king's power should be "a matter of negotiation, as Matthias Kaufmann emphasises.[58] How far the extent of the king's power is conceded by the political community—unlimited power is reserved only for God: *dominium iurisdictionis* is given to the rulers by God, and the rulers are determined by God. For this reason, to disobey the king is always disobedience to God.[59] But the extent of the king's power has a certain end and may not be understood as an arbitrary rule. For this reason the political community is not at the king's mercy, as Annabel Brett also points out:

> It is far more likely, according to Molina, that kings have seized too much power for themselves. Although the commonwealth cannot alter the terms of royal power after the initial concession, it can nevertheless resist a king if he assumes for himself powers that were not conceded by the commonwealth and thus becomes a tyrant.[60]

Here we can find an answer to the question of why, for Molina, the acceptance of the citizens is necessary for the validity of a law as a command or precept: the king's power is given by God, but for Molina the *extent* of his power seems to involve a *right to a say* of the people. For this reason, if a *lex* should be valid, the command of the king must be accepted by the people—although this seems to contradict the semantics of the command. But only with regard to the laws and the constitution it is possible for the citizens to implement the power of the king as a *matter of negotiation*. According to Brett, Molina's theory

---

a commonwealth." Harro Höpfl, *Jesuit Political Thought: The Society of Jesus and the State, c. 1540–1630* (Cambridge: Cambridge University Press, 2004), p. 203.

55 DIEI II 22, 172: "[...] indiget homo vita non solum in communitate plurimum amiliarum, sed etiam integrae perfectaeque reipublicae, ut pax, securitas et iustitia inter homines conservetur."

56 Hamilton, *Political Thought*, p. 40: "The theory of kingship in Vitoria, Suárez, Molina, and De Soto is practically identical."

57 DIEI II 23.

58 Cf. Kaufmann, "Das Verhältnis von Recht und Gesetz," p. 382: "Trotz der Ablehnung der Vertragstheorie und der Präferenz für die Monarchie bleibt die Machtfülle, welche dem Monarchen zusteht, Verhandlungssache. Der König darf sich der und nur der Macht bedienen, welche ihm von der politischen Gemeinschaft—etwa auf dem Wege des Gewohnheitsrechts—zugestanden wurde."

59 DIEI V 46, 1670f.

60 Brett, "Luis de Molina on Law and Power," p. 170.

of political power generally draws on a dual analysis: With regard to power and law, for Molina political power is "held by the commonwealth, and [...] by rulers of various kinds."[61]

Herein can be noticed an analogy to the *scientia media* in the *Concordia*: Molina seems to transfer human self-determination into his political philosophy. The *dominium iurisdictionis* of the rulers is given by God, and kings are selected by God. Congruent with the doctrine of *scientia media*, the people are not at the mercy of the king's decisions as concerns the *bonum commune*; instead, the king (chosen by God) must consider the interests and "the will" of the people when formulating laws. Thus, Molina's theory of political authority could be assigned to the interpretive scheme of those who gather from the writings of the Jesuits the idea of sovereignty of the people and democracy.[62] In addition, one can agree with Annabel Brett's assessment: "Molina [...] places the commonwealth in a far stronger position vis-à-vis its rulers than had Vitoria and Soto, his chief sources in formulating his theory of civil power."[63] And thus, the idea of human self-determination in the *Concordia* can be rediscovered: God knows by his providence how the human beings created by him would decide *freely in any given circumstance*, and God creates these circumstances. With regard to the *lex aeterna*, Molina also emphasises God's providence in *De Iustitia et Iure*.[64]

However, along with Francisco de Vitoria and Domingo de Soto, Molina now concludes that it is evident to the people qua the natural light of the intellect in virtue of their decision to live with each other in a *res publica*, that "according to the natural law the power of the body of the whole Republic arises, indeed the power to govern the individual parts, to impose upon them the laws, to dispense justice about them and to punish them"[65]—which is prohibited by

61 Ibid., p. 174 and elsewhere.

62 Costello points out that "it was Harold Laski [*A Grammar of Politics*, London: George Allen and Unwin, 1925] who warned that democratic government is less a matter for eulogy than exploration" to relativise the thesis "that there was no general theory of popular rights before the Jesuits," such as Leopold Ranke had claimed. Costello, *Political Philosophy*, p. 37, notes 1 and 2.

63 Brett, "Luis de Molina on Law and Power," p. 174.

64 DIEI V 46, 1688: "[...] sicut omnia universim divinae providentiae subduntur, quia dum unum divinae providentiae ordinem egrediuntur, in aliud eiusdem divinae providentiae relabuntur [...]: ita omnia subiici aeternae et incommutabili legi Dei: [...]".

65 DIEI II 22, 173: "Vitoria in relectione de potestate civili a num. 6 et Sotus 4 de iustitia quaest. 4 art. 1 asseverant, eo ipso, quod homines ad integrandum unum reipublicae corpus conveniunt, iure naturali oriri potestatem corporis totius reipublicae in singulas partes ad eas gubernandum, ad leges illis ferendum, iusque illis dicendum, et ad eas puniendum."

natural law for the individual as a "private person."[66] By postlapsarian loss of natural justice, many conflicts result which could be ordered in a "much easier, safer and fairer way by the authority of *res publica*, than if the individual had to serve as judge in her or his own affairs," because an individual's judgement can easily be influenced by her or his own interests.[67] The *potestas* in the state is thus constituted in the community and not in individuals—namely by natural law, thus directly legitimated by God. Molina determines power (*potestas*) as "a faculty of someone who has authority and eminence over others for their rule and government."[68] The individuals can only hold a collection of particular powers within the state,[69] which are granted to them by positive law but which the natural law–legitimised *potestas* of the state itself does not alter—otherwise it would be necessary to ask "from each newborn or anyone who newly entered the *res publica*, whether he agreed to the authority of *res publica*, and wait for their approval—which is ridiculous,"[70] according to Molina. The power of the state is therefore not granted by a contract, but rather by God.[71]

However, the *res publica* can transfer power to individuals or groups, in accordance with natural law and selected by free will (*suo arbitratu*), "because the entire *res publica* cannot completely execute this power with a view of themselves."[72] But this does not mean that a collision between the power

66 Cf. Costello, *Political Philosophy*, p. 45: "Political authority, then, includes the right to kill and the right to punish. Private persons are forbidden to do this by natural law."

67 DIEI II 22, 172: "Item, cum amissa originali iustitia per peccatum, necesse sit plures oriri controversias ac difficultates, sane facilius multo, securius ac rectius reipublicae autoritate componentur, quam si unusquisque in causa propria iudex esse debeat."

68 DIEI II 21, 158: "Est facultas alicuius autoritatem et eminentiam super alios habentis ad eorum regimen et gubernationem." I have taken the translation of Brett, "Luis de Molina on Law and Power," p. 166. As Brett and Molina himself mention, Molina borrows this definition from Vitoria and from Martín de Azpilcueta.

69 DIEI II 22, 173f.: "cum ergo reipublicae id liceat, ut ex ipsomet usu, et ex scripturis constat, postulatque natura rei; efficitur, ut longe diversa sit potestas, quae ex natura rei consurgit in republica, a collectione particularium potestatem singulorum, ac proinde ut eam non habeat respublica autoritate singulorum, sed immediate a Deo."

70 DIEI II 22, 175: "Confirmatur, quoniam si autoritas reipublicae non esset a Deo immediate, sed a concessione partium, sane tunc, si aliquis de cohabitantibus suum ad id non vellet praebere assensum; respublica nullam in eum autoritatem haberet: quippe cum singuli alii non habeant ius et autoritatem in hunc, ac proinde nec possent tribuere reipublicae autoritatem in ipsum. Quare ac quocumquae, qui de novo nasceretur, aut de novo veniret in rempublicam, interrogandum esset, an consentiret in autoritatem reipublicae supra se, exspectandusque esset illius consensus: quod est ridiculum."

71 Cf. Kaufmann, "Das Verhältnis von Recht und Gesetz," p. 381.

72 DIEI II 26, 188: "[...] non sola potestas Reipublicae oritur ex iure naturali, sed etiam, quod eam alicui vel aliquibus committat, proficiscitur a lumine ipso, iureque naturali;

of *res publica* and the power of the rulers is to be feared, because the power of the regent is part of the positive law and the *res publica* cannot lose its power, which is legitimised by natural law, even if the power is transferred to single or multiple authorities in the state.[73] Molina determines the *res publica* as "the small neighboring towns, villages, and outlying farms which surround a larger city and are necessary to its agricultural and other support."[74] Again, the analogy to Aristotle is clear: Like the *polis*, the *res publica* is the unit of social life which is capable of covering all of the necessities of self-sufficient life.

It remains to be clarified how legislation takes place: How are laws made and what guarantees their validity or effectiveness? Molina treats the law in disputation 46 of the fifth tractate of his *De Iustitia et Iure*, which is titled *De legibus et constitutionibus* and at the end of which the already mentioned definition of the law occurs. On the way there he determines human civil law to be an "act of political prudence [...] [to which] the free will of the legislature [is added]."[75] At first glance it seems as if the law for Molina is to be understood primarily as an act of the intellect, and for this reason Frank Costello sees Molina's definition of law as analogous to that of Aquinas.[76] With regard to the first definition of law (*lex*) given by Aquinas I would agree with Costello's assertion: "Law is a rule and measure of acts, by which man is induced to act or is restrained from acting; for *lex* (law) is derived from *ligare* (to bind), because it obliges (*obligare*) one to act."[77] Also, as shown above, for Molina the laws, like a compass, guide the citizens to *iustitia legalis*, which is, according to Aristotle, *excellence as a whole*. However, Costello seems to refer to the second definition of *lex*, given by Thomas Aquinas as "nothing other than an ordinance of

eo quod Respublica tota nequaquam, secundum se totam, possit illam exercere: ergo sive Respublica sibi eligat regium regimen, sive Aristocratium, sive Democratium, sane suprema a civilis potestas, quam pro suo arbitratu elegerit, semper erit de iure naturali."

73 DIEI II 26.

74 DIEI II 22, 171: "Nomine reipublicae, ac civitatis, hoc loco intellige, etiam oppida vicina, pagos, ac villas circuniacentes, quibus praecipua communitas, quae caput est, ad agriculturam, aliaque subsidia indiget." Here I follow the translation of Costello, *Political Philosophy*, p. 26.

75 DIEI V 46, 1675: "[...] legem humanam civilem actum esse prudentiae politicae, [...] concurrente ad illum voluntate legislatoris libera per actum virtutis legalis, quae in eo architectonice refidet."

76 Cf. Costello, *Political Philosophy*, p. 203: "Law is primarly an act of the intellect and Molina expressly states that he understands the terms in the same sense which St. Thomas does in his definition of law."

77 Thomas Aquinas, *Summa Theologiae*, I–II, q. 90, art. 1. I have used the translation by the Fathers of the English Dominican Province.

reason for the common good, made by him who has care of the community, and promulgated."[78] But with regard to Molina it seems that both faculties, reason and will, act on the law, and as Molina notes in general, those skills are excluded from the concept of law (*ius*), which has a "lack of reason and free will, according to their nature."[79] In principle, reason and free will are the prerequisites for being legal entities and owners.[80] Now, I mentioned that the legislature recognises through its *prudentia architectonica* how it has to determine the laws so that they are just. But Molina attributes justice in itself not to reason but to will (with reference to the Roman law): "Justice is the constant and perpetual will, which is a habitus, by that we are inclined to want with constancy and perseverance that every man gets his right."[81]

It seems that reason, in form of political prudence, determines the laws in accordance with justice, and thus the will. In this sense, reason draws on the will. When it comes to the formation of laws, there is no way to determine which faculty plays a more important role. To be effective, the laws require a command, as shown in the definition, and in considering this command, Molina's views become even more relevant to our question: The command by which those laws, made by reason, are given to the subordinates through political prudence, is beyond an act of the intellect. Moreover, the *ratio* of law is produced by the same prudence, which is political prudence.[82] The command is an expression of the will of the regent. To be effective, the will must be in the form of a command added to an act of reason which has determined the law. This interaction is brought about by the political prudence which is attributable to both reason and will. Thus, from the will, which is in this

78 Ibid. q. 90, art. 4. Again, I have used the translation of the Fathers of the English Dominican Province.

79 DIEI II 1, 41: "Per eandem partem definitionis reiiciuntur a ratione iuris facultates, quibus, quacunque ratione contraveniatur, nulla habentibus eas facultates iniuria infertur: cuiusmodi sunt facultates rerum omnium ratione et libero arbitrio suapte natura carentium, ut brutorum ad pastum, et ad utendum propriis membris, lapidum ad descendendum deorsum, et caeterae aliae. Cum enim eiusmodi res eo ipso, quod libero arbitrio praeditae non sint, iniuriae non sint capaces, sane ut in eo, quod earum facultatibus quacunque ratione contraveniatur, nulla eis fit iniuria; sic nec facultates illae iuris rationem habent."

80 For a closer examination with regard to Vitoria and Molina, see Christoph Haar and Danaë Simmermacher, "The Foundation of the Human Being Regarded as a Legal Entity in the 'School of Salamanca'—Dominium and Ius in the Thought of Vitoria and Molina," *Jahrbuch für Recht und Ethik / Annual Review of Law and Ethics* 22 (2014), 445–83.

81 DIEI I 8, 26: "[…] iustitia est constans et perpetua voluntas, idest, est habitus quo inclinamur cum constantia et firmitate ad volendum ius suum unicuique."

82 DIEI V 46, 1675.

context justice, reason determines the law. This becomes effective because, according to the definition of law, a law without effect is not a law, and thus the will is necessary here. Although reason is not insignificant, overall the will seems to play a more prominent role in law. Hence Molina's theory of law might be described as *moderately* voluntaristic, for without reason, no law can be formed.

In order to support this thesis, finally, I will briefly outline how the relationship of will and reason in Molina can be determined generally, and not only in terms of his theory of law. For this I would like to refer again to the *Concordia*: Even if, in Molina's approach, free will is dependent on rational judgement to produce good actions,[83] he must not be understood as a representative of the Thomistic view that man only has free will in his ability for reasonable judgement. Regarding this issue Molina is much closer to John Duns Scotus, who grants free will to man, the perfection of which is not to be found in free will's decision, but in the decision for the moral good.[84] Following Duns Scotus, Molina ascribes to man in principle the capability of free will, which perfects itself in the decision for moral good. However, following Thomas Aquinas, free will must be preceded by a rational judgement, and thus actions brought forth by free will can be regarded as free and good. The difference from Aquinas is that for Molina reason cannot *command* free will and dictate what it should desire. Instead, it can quasi merely make a suggestion, and then the will decides whether to accept this advice or not. So, the primary force is ascribed to the will; the will is dependent on *good* advice from the *recta ratio*, but the will does not have to follow this advice. In short: Because the decision of whether or not to follow rational judgement rests with the will, yet this cannot be qualified as free without the counsel of reason, I would describe Molina as a moderate Scotist, who is with respect to Thomas Aquinas quite open-minded.

This also seems to apply to law: Reason is derived from the virtue of justice, and thus from a habitual attitude to the will the relevant laws to the *bonum commune*. These laws, in turn, only become effective via an act of the will in the form of a command by the regent. Furthermore, for Molina, in the doctrine of the law the will stands in the foreground, which can finally be determined

83 *Concordia*, Pars I, Disputatio 2.3.

84 Cf. John Duns Scotus, *Lectura II*, distinctio 25, qu. un., and John Duns Scotus, *Ordinatio II*, distinctio 7. See for *Lectura II*: John Duns Scotus, *Opera Omnia*, studio et cura Commissionis Scotisticae (Civitas Vaticana: Typis Polyglottis Vaticanis, 1950ff.), vol. 19; see for *Ordinatio II*: Allan B. Wolter, *Duns Scotus on the Will and Morality: Selected and Translated with an Introduction* (Washington, D.C.: The Catholic University of America Press, 1986).

even for natural laws: According to Molina even the *lex naturalis*, which is recognised by the *lumen naturalis* in the form of reason, has, without a commanding will, no effect and therefore would not, strictly speaking, be a law.[85] Only God could be the commander of the natural law, and therefore the natural law, according to Molina, is a divine law.[86]

3 Conclusion

The laws guide, like a compass, the citizens toward *iustitia legalis*, which includes the *bonum commune* and aims at the natural moral happiness of every man. The common good and individual well-being are mutually dependent because, according to Molina, the subordinates by means of the laws assimilate themselves to the virtuous content of the *bonum commune*, as if they had determined the laws themselves. Individual well-being must be included in the *iustitia legalis*, as it is, according to Aristotle, *excellence as a whole*. Concerning her or his personal fortune, the individual is dependent on the *bonum commune*, for this perfect worthiness can only be developed in a political community.

Molina's doctrine of law can be described as moderately voluntaristic because the will plays a significant role overall, but nevertheless no law can be formed without reason. Reason derives laws from justice, which Molina determined to be the consistent will by means of which the individual is granted her or his right. As such, the fulfilment of individual well-being is addressed, and it is matter of law for Molina.

85 DIEI V 46, 1681.

86 Cf. Kaufmann, "Das Verhältnis von Recht und Gesetz," p. 385: "Molina benutzt für seine Diskussion des Gesetzesbegriffs mit einiger Selbstverständlichkeit die aus dem Lex-Traktat des Thomas von Aquin überkommene Einteilung in *lex aeterna, lex naturalis, lex humana, lex divina*. Allerdings besteht er in ausdrücklicher Wendung gegen Jean Gerson und in Abweichung von Thomas darauf, dass das natürliche Gesetz ein göttliches Gesetz sei, weil es ja von Gott stamme." Cf. DIEI V 46, 1681: "[...] quare lex naturalis lex est Dei. Illud quidem darem Gersoni, si per impossibile non esset Deus, solumque a nobis ipsis haberemus lumen naturale intellectus, quo intelligimus, quae bona sint facienda, et quae mala fugienda, ut in officio nos contineremus, virtutesque conservaremus, et in vitia et mala non incideremus, dictamina illa intellectus non haberent tunc rationem legis prorie, quoniam non essent alicuius superioris, nec proinde essent culpae, et peccata adversus Deum: at vero eo ipso, quod Dei facturae sumus, et quod agnoscimus, et agnoscere debemus, contraria legi naturali esse contra Dei voluntatem [...]".

Bibliography

Alonso-Lasheras, Diego. *Luis de Molina's De Iustitia et Iure: Justice as Virtue in an Economic Context* (Leiden: Brill, 2011).

Aquinas, Thomas. "The Summa Theologica of Saint Thomas Aquinas," trans. Fathers of the English Dominican Province, in *Great Books of the Western World*, vol. 19: *The Summa Theologica of Saint Thomas Aquinas*, eds. Robert Maynard Hutchins and Daniel J. Sullivan (Chicago: Encyclopedia Britannica, 1977).

Aristotle. *Nicomachean Ethics*, ed. and trans. Sarah Broadie and Christopher Rowe (Oxford: Oxford University Press, 2002).

Brett, Annabel. *Changes of State: Nature and the Limits of the City in Early Modern Natural Law* (Princeton: Princeton University Press, 2011).

———. "Luis de Molina on Law and Power," in *A Companion to Luis de Molina*, eds. Matthias Kaufmann and Alexander Aichele (Leiden: Brill, 2014), pp. 155–81.

Costello, Frank B. *The Political Philosophy of Luis de Molina S.J. (1535–1600)* (Rome: Gonzaga University Press Spokane, 1974).

Fernandes, João Manuel A.A. "Luis de Molina: On War," in *A Companion to Luis de Molina*, eds. Matthias Kaufmann and Alexander Aichele (Leiden: Brill, 2014), pp. 228–55.

Freddoso, Alfred J. *Luis de Molina: On Divine Foreknowledge (Part IV of the Concordia)* (Ithaca, NY: Cornell University Press, 1988).

Haar, Christoph, and Danaë Simmermacher. "The Foundation of the Human Being Regarded as a Legal Entity in the 'School of Salamanca'—Dominium and Ius in the Thought of Vitoria and Molina," in *Jahrbuch für Recht und Ethik/Annual Review of Law and Ethics*, 22 (2014), 445–83.

Hamilton, Bernice. *Political Thought in Sixteenth-Century Spain: A Study of the Political Ideas of Vitoria, De Soto, Suárez, and Molina* (Oxford: Clarendon Press, 1963).

Höpfl, Harro, *Jesuit Political Thought: The Society of Jesus and the State, c. 1540–1630* (Cambridge: Cambridge University Press, 2004).

John Duns Scotus. *Opera Omnia*, studio et cura Commissionis Scotisticae (Civitas Vaticana: Typis Polyglottis Vaticanis, 1950ff).

Kaufmann, Matthias. "Das Verhältnis von Recht und Gesetz bei Luis de Molina," in *Lex und Ius. Beiträge zur Begründung des Rechts in der Philosophie des Mittelalters und der Frühen Neuzeit / Lex and Ius. Essays on the Foundation of Law in Medieval and Early Modern Philosophy*, eds. Alexander Fidora, Matthias Lutz-Bachmann, and Andreas Wagner (Stuttgart-Bad Cannstatt: Frommann-Holzboog, 2010), pp. 369–91.

———. "Slavery between Law, Morality, and Economy," in *A Companion to Luis de Molina*, eds. Matthias Kaufmann and Alexander Aichele (Leiden: Brill, 2014), pp. 183–225.

Kleinhappl, Johann. *Der Staat bei Ludwig Molina* (Innsbruck: Rauch, 1935).

Landau, Peter. "Spanische Spätscholastik und kanonistische Lehrbuchliteratur," in *Die Ordnung der Praxis. Neue Studien zur Spanischen Spätscholastik*, eds. Frank Grunert and Kurt Seelmann (Tübingen: Max Niemeyer, 2001), pp. 403–25.

Mandrella, Isabelle. *Das Isaak-Opfer. Historisch-semantische Untersuchung zu Rationalität und Wandelbarkeit des Naturrechts in der mittelalterlichen Lehre vom natürlichen Gesetz* (Münster: Aschendorff, 2002).

de Molina, Luis. *De Iustitia et Iure*, Cuenca (Conchae), 1593.

———. *De Iustitia et Iure*, ed. Novissima, Mainz (Moguntiae), 1659.

———. *Liberi arbitrii cum gratiae donis, divina praescientia, providentia, praedestinatione et reprobatione concordia* (1588), crit. ed. Johannes Rabeneck, S.J. (Oña/Madrid: Soc. Edit. "Sapientia," 1953).

Pegis, Anton C. "Molina and Human Liberty," in *Jesuit Thinkers of the Renaissance*, ed. Gerard Smith (Milwaukee: Marquette University Press, 1939), pp. 76–131.

Perszyk, Ken, ed. *Molinism: The Contemporary Debate* (Oxford: Oxford University Press, 2011).

Stegmüller, Friedrich. *Geschichte des Molinismus I: Neue Molinaschriften* (Münster: Aschendorff, 1935).

de Vitoria, Francisco. *De lege*, ed. and trans. Joachim Stüben (Stuttgart-Bad Cannstatt: Frommann-Holzboog, 2010).

Wolter, Allan B. *Duns Scotus on the Will and Morality: Selected and Translated with an Introduction* (Washington, D.C.: The Catholic University of America Press, 1986).

CHAPTER 3

Salas *contra* Suárez on the Origins of Political Power

Benjamin Slingo

This essay treats political life at the moment of its origin, as it is explained—or never quite explained—by Francisco Suárez and Juan de Salas. How, and from where, does political power emerge? What binds the political community together and distinguishes it from other forms of human association? Suárez and Salas inherit a tradition of scholastic thinking on these questions that stretches back to Aquinas, but they confront them with a rigour none of their Jesuit contemporaries or predecessors—Robert Bellarmine, Gregorio de Valentia, Gabriel Vázquez, even Luis de Molina—approached.[1] They constitute a meaningful pair, moreover, since Salas's account of political origins contains and arguably springs from a critique of Suárez, in which the victim is never named but is quoted lengthily and verbatim.[2] I want to suggest that in their work, and specifically this critical encounter between them, we can trace a development in late scholastic political thought.

The development is a break with the whole framework of Aristotelian bodies politic regulated by natural law, with the account sketched by Aquinas and elaborated by his followers during the Second Scholastic. The tradition approaches a crisis in the work of Suárez and Salas, and that crisis centres on the moment at which a community takes shape. In elucidating the origins of our civic life the Jesuit writers have to meet several theoretical needs and respond to the starkly political threat posed by the pope's enemies and their notion of divine right kingship.[3] Under Suárez and Salas's scrutiny these

1 On the Jesuit political thought of this period, including all of the authors mentioned, see Höpfl, *Jesuit Political Thought*, especially chapters 9–12.

2 The intimacy of the dialogue between Salas and Suárez is noted in Annabel Brett, "Later Scholastic Philosophy of Law," in *A History of the Philosophy of Law from the Ancient Greeks to the Scholastics*, vol. 6, ed. Fred Miller (New York: Springer, 2015); and Annabel Brett, *Changes of State: Nature and the Limits of the City in Early Modern Natural Law* (Princeton: Princeton University Press, 2011), p. 219.

3 For an excellent treatment of this theologico-political context, as manifested in, for example, the Allegiance Controversy, the Venetian Interdict, and the assassination of Henri IV, see

 | DOI 10.1163/9789004322707_005

imperatives are shown to be incompatible. Suárez comes up against the limits of the customary way of thinking, pushing it to exhaustion in his analysis of how it needs to work. No one limns more ingeniously the relationship, in the making of a commonwealth, between free human choice and God as the author of nature, between the aspects of political power beyond the ken of natural men and the central role of such men in establishing the community that wields power.[4] Yet by the time Suárez has finished a tension has emerged, and the whole approach he tries to strengthen has become untenable.

It is this virtuosic but doomed effort that Salas attacks. He devises an account that cuts through the complexities Suárez becomes entangled in, drawing out exactly the problem we have just gestured at and conjuring with other resources of scholastic political philosophy—particularly the idea of the *ius gentium*—to do something new. In Salas the formation of the civil community sheds all elaborate theoretical trappings, for the community itself is no longer a moral body, a *corpus mysticum*, a metaphysically structured union of any kind. It is established straightforwardly through an agreement between individual men, as in the social contract theories of very different writers later in the 17th century.[5] Salas preserves the scholastic idea of political power as something special and imbued by God—but he does it by other, novel means. Yet this account, like Suárez's, rests on an equivocation; the whole problem is reworked, but it is by no means adequately resolved. The paradoxes of political power as the Jesuits understand it—as something that comes out of prepolitical nature but adds something new, that implies a political community but also helps constitute one, that is definitively human but beyond man's natural capacity—persist.

Stefania Tutino, *Empire of Souls: Robert Bellarmine and the Christian Commonwealth* (Oxford: Oxford University Press, 2010).

4 On Suárez's account, see Quentin Skinner, *The Foundations of Modern Political Thought*, vol. 2 (Cambridge: Cambridge University Press, 1978), chapter 5; Thomas S. Schrock, "'Anachronism all around': Quentin Skinner on Francisco Suarez," *Interpretation* 25 (1997), 91–123; Brett, *Changes of State*, chapter 5, and idem, "Individual and Community in the 'Second Scholastic': Subjective Rights in Domingo de Soto and Francisco Suárez," in *Philosophy in the Sixteenth and Seventeenth Centuries: Conversations with Aristotle*, eds. Constance Blackwell and Sachiko Kusukawa (Farnham: Ashgate, 1999); Daniel Schwartz, "Francisco Suárez on Consent and Political Obligation," *Vivarium* 46 (2008), 59–81, and Schwartz's bibliographical footnotes, notes 3 and 5.

5 For Salas's account, and particularly his emphasis on place, see Brett, *Changes of State*, chapter 8.

1

Let us start with Suárez—with how he explains the founding of the political community and the emergence of its power. His account is an attempt to manoeuvre between several forbidden conclusions. That it founders, and competing demands crowd in, will be our first claim and point of interest.

Suárez treats the whole question at the beginning of Book III of his *De legibus*. He establishes first that the political community and its power are needful and legitimate, however much the "errors of the heretics" suggest otherwise.[6] The "prior" community of the household, while "the most natural and as it were fundamental," is imperfect, ill-suited to sustain the whole of human life: "from the nature of the matter a further, political community is necessary."[7] It cannot survive or be understood, moreover, without the power that rules it. "Just as the perfect community is consonant with natural right and reason, so is its governing power, without which there would be the utmost confusion in the community," and without which the community could not "conserve" itself.[8] Following Aquinas, Suárez draws an analogy between the mystical body of the commonwealth and any natural body: neither can persist without "a certain principle responsible for procuring and directing the common good."[9]

All this, of course, is routine—no Thomist author would tell us otherwise. Things become trickier when Suárez seeks the source of the community's power. He denies that power originates with any particular human beings, "for there is no reason," "from the nature of the thing, why some should have this power more than others."[10] And like his colleagues, Suárez withholds power from individual men as such outside the political community: the true *potestas politica* lets one do things mere private persons cannot, such as punish by death and oblige others in conscience by civil law. Men lack these capacities outside of the political sphere, and they "cannot give what they do not have."[11] Political power resides in them, at most, only "as if in its roots," *quasi radicaliter*—which is not enough.[12] That the formation of the *respublica* brings

6 Francisco Suárez, *De legibus ac Deo legislatore* [1612] (Madrid: CSIC, 1971–81), lib. 3, cap. 1, n. 2. On the refutation of Lutheran heresy as a context for the political thought of the Second Scholastic, see in particular Skinner, *Foundations*, vol. 2, chapter 5.

7 Suárez, *De legibus*, lib. 3, cap. 1, n. 3.

8 Ibid., lib. 3, cap. 1, n. 4; lib. 3, cap. 1, n. 5.

9 Ibid., lib. 3, cap. 1, n. 5.

10 Ibid., lib. 3, cap. 2, n. 1.

11 Ibid., lib. 3, cap. 2, n. 1.

12 Ibid., lib. 3, cap. 2, n. 4.

something new, that the power sustaining it is not simply an agglomeration of what its members had before, is a basic principle of the tradition Suárez follows in—and one his fraught and elaborate account is very concerned to uphold.

As he goes on to explain, "because political power entails several acts which exceed the human faculty as it exists in individual men, it is therefore clear that such power comes not from them but from God."[13] Dominion over our lives and consciences "seems most of all to pertain to the divine power."[14] But there are shoals to navigate here too. One of Suárez's anxieties—the polemical thrust of his academic treatise, insofar as it has one—is to discredit the divine right theory of James I and other Protestant and *politique* writers. The *De legibus* was published as the controversy over James's Oath of Allegiance raged, and Suárez himself joined the struggle more explicitly the next year in his *Defensio fidei*.[15] Although political power must come from God, it must not do so by means of a "special action or concession," for that would insulate its recipient from all human challenge in just the way Suárez's anti-papal enemies intended.[16] No human being, even a deposing pope, could take away what God had given so directly. The pontiff himself does get his power by these means, and as such "it necessarily endures in his successors, and cannot be changed by men."[17] A particular divine gift "ought to be made clear through revelation," and of course Peter's was at Matthew 16:18.[18] But Suárez's aim is exactly to distinguish between papal and secular power, to deny princes the immunity from interference that the pope enjoys; the supernatural connotations of the papal role and of the ecclesiastical commonwealth warrant such a discrepancy.

If Suárez imposes, then, strict constraints on how he can explain the emergence of political power, he also specifies quite narrowly what the political community it governs must look like. It cannot be "an aggregation without any order or union, physical or moral," because such a multitude of men "are not one political body properly speaking."[19] We must envision, instead,

13 Ibid., lib. 3, cap. 3, n. 3.

14 Ibid.

15 The most thorough treatment of the controversy remains J.P. Sommerville, "Jacobean Political Thought and the Controversy over the Oath of Allegiance," unpublished Ph.D. dissertation, University of Cambridge, 1981.

16 Suárez, *De legibus*, lib. 3, cap. 3, n. 5.

17 Ibid., lib. 3, cap. 2, n. 1.

18 Ibid., lib. 3, cap. 3, n. 5.

19 Ibid., lib. 3, cap. 2, n. 4. Schrock, "Anachronism all around," is particularly emphatic about this aspect of Suárez's account.

"a mystical body which can be said to be morally one *per se*."[20] The Thomist analogy between the commonwealth and the body, the idea of the commonwealth as an organic whole, is thus sharpened by the Jesuit language of the physical and the moral. Suárez insists that politics requires unity, that to be truly political the commonwealth must be a union.

So political power cannot come straightforwardly from men, and it cannot come positively from God, while the community it rules must *be* a unity in the moral sense. Suárez means to satisfy these conditions, and he tries to do so with a forensic rigour unprecedented in earlier and sketchier scholastic treatments of the problem of political origins. He also attends closely to a further point acknowledged but rarely worked through in those earlier treatments. While political life is fitting to men, natural in the sense of fulfilling the needs and ends of their nature, this fact alone is not enough; we need some mechanism to explain how the happy upshot is achieved. By unembellished natural right we are politically free, though that juridical fact can be changed; the change must therefore be accomplished, and by an act of will on the part of the human beings doing the changing. The implication is not novel in itself, but Suárez does plunge deeper than his predecessors in exploring how our human choice to associate interacts with God's grant of political power to form the mystical body he insists must cohere as such.

Having signalled what he cannot say and what he has to prove, Suárez goes on to elaborate his own account. Human beings without a commonwealth would, he claims, respond to their nature and their circumstances by agreeing to form a political body, to make themselves morally one. "The community itself coalesces by means of the will and the consent of individuals."[21] Yet it precisely does not follow that "political power emanates, for this reason, from those same wills."[22] "With the community posited, the power ensues," but it is God who sweeps in to supply it.[23] He does so not as the specially intervening God of the *ius divinum positivum* but as "God the author of nature": "once we suppose the consent of the men to form a political community, it is not in their power to impede that jurisdiction," the *potestas politica*, which the new *respublica* needs to survive. Because a self-conserving power is appropriate for a commonwealth under natural law, God as the author of that law is responsible for its invariable and irresistible emergence. When the aspiring citizens gather, in short, they spring a mechanism which they do not themselves

20 Suárez, *De legibus*, lib. 3, cap. 3, n. 1.

21 Ibid.

22 Ibid.

23 Ibid.

control.[24] Consent is crucial but not enough, while God's indispensable contribution to civil power is safely distinguished from His ecclesiastical grant to Peter. What Suárez's intricate analysis points up is a close and subtle relationship between the union formed by consent and the power infused by God as the author of nature.

2

It is this relationship which does not make sense. The account just sketched sounds like a single, coherent one which ought to work smoothly, but on closer inspection there are two rival versions of what Suárez wants to say—versions which alternate and get entangled with one another in the early chapters of Book III of *De legibus*. He introduces the first version, so to speak, in the following passage: individual men

> congregate by [...] common consent, into one political body, with one bond of society and in order to help one another in their ordination to one political end, in such a way that they make one mystical body, which morally can be said to be one; consequently that body needs one head. Therefore in such a community, so conceived, this [political] power exists from the nature of the thing, so that it is not in the power of men to be congregated and to impede this power.[25]

24 Schwartz, in "Consent and Political Obligation," argues instead that the community's power over itself as a moral whole stems from God, and its power over its members from the contracting individuals. Yet in his analogy between the newly formed community's power and that of a created human being with a corresponding double power over himself and his faculties, Suárez indicates that the two powers come from the same place: "Quocirca sicut homo eo ipso quod creatur et habet usum rationis, habet potestatem in seipsum et [NB] in suas facultates et membra ad eorum usum et ea ratione est naturaliter liber, id est, non servus sed dominus suarum actionum, ita corpus politicum hominum, eo ipso quod suo modo producitur, habet potestatem et regimen sui ipsius et consequenter habet etiam potestatem super membra sua et peculiare dominium in illa. Atque eadem proportione, sicut libertas data est unicuique homini ab auctore naturae, non tamen sine interventu causae proximae seu parentis a quo producitur, ita haec potestas datur communitati hominum ab auctore naturae, non tamen sine interventu voluntatum et consensuum hominum ex quibus talis communitas perfecta congregata est." (Suárez, *De legibus*, lib. 3, cap. 3, n. 6.) Schwartz fleetingly acknowledges this objection to his case, and he dismisses it on the grounds that without his interpretation Suárez's account cannot make sense (Schwartz, "Consent and Political Obligation," p. 75).

25 Suárez, *De legibus*, lib. 3, cap. 2, n. 4. "Communi consensu in unum corpus politicum congregantur uno societatis vinculo et ut mutuo se iuvent in ordine ad unum finem

It seems clear what is going on. Individuals form a political body, a moral union, by consenting with each other to do so—the *corpus mysticum* is an artefact of human will. "Consequently," it needs a head, that is to say, a governing power. The community here comes first, logically if not chronologically, and it is just because a community has been founded that the power arrives to preserve it. It would not "need" a head were it not already a body. Suárez confirms this point when writing, by way of contrast, about the mere "aggregation" of men we touched on earlier: it "is not properly speaking a single political body" and therefore "does not need a head or ruler."[26] As we learn a few pages later, political power presupposes the commonwealth it serves: "The will of the men coming together in one political community having been supposed, it is not in their power to impede political jurisdiction."[27] "Power does not result until men are collected together in a perfect community and are politically united."[28] The formation of that perfect community, the achievement of that political union, seem here purely a matter of human will: we gather together and thereby qualify for political power. There is no sense that forging a commonwealth may be a task for exactly the political power that is meant to come afterward. As Suárez writes at his most sweeping, "a political body is constituted before a [political] power is in men, because the subject of a power should exist before the power itself, at least in the order of nature."[29]

Suárez has strong motives for saying all this.[30] He must tell apart the origins of papal and civil power, and to do that he must prove that civil power is conferred by God as the author of nature, rather than by any special concession. This argument depends, as we have seen, on the commonwealth's

---

politicum quomodo efficiunt unum corpus mysticum, quod moraliter dici potest per se unum; illudque consequenter indiget uno capite. In tali ergo communitate, ut sic, est haec potestas ex natura rei, ita ut non sit in hominum potestate ita congregari et impedire hanc potestatem."

26 Ibid.

27 Ibid., lib. 3, cap. 3. n. 2.

28 Ibid., lib. 3, cap. 3, n. 6.

29 Ibid.

30 Some readers of Suárez have taken this version of his argument to be the whole story. See, for instance, D. Recknagel, *Einheit des Denkens trotz konfessioneller Spaltung. Parallelen zwischen den Rechtslehren von Francisco Suárez und Hugo Grotius* (Frankfurt am Main: Peter Lang, 2010), p. 112. "Der Konsens über diesen Willen und der gemeinsame Willensakt begründet die Staatsperson, das *corpus politicum mysticum*. Dieser Staatsperson nun gesteht Suárez eine Macht von besonderer Qualität zu, die nur ihr zukommt, die Gesetzgebungs- und Zwangsgewalt [...] Aus dieser Konstruktion wird die grundsätzliche Konstellation in der politischen Gemeinschaft nach Suárez deutlich."

need for power springing the natural mechanism which then supplies it automatically—it must be the case that "the nature of the matter" necessitates the emergence of a *potestas politica*. Only if a moral union is formed is the mechanism sprung, since only then is the perfect community, being perfect, appropriately in need of power. If the community is not perfect when it receives its natural supplement, after all, what distinguishes it from all those disordered multitudes that are precisely barred from legislating and punishing and the rest of it? As this question in turn makes vivid, the account we have traced does just as much work distinguishing political power from the mere amalgamated capacities of pre-political individuals. The *potestas politica* can be distinctive itself because it corresponds to a distinctive human assembly, that mystical body we have treated; and so something distinctive must have happened to what before was just a crowd, given that it now wields these new and startling rights to kill and punish and oblige. So, the act of human will must forge a political unity because the commonwealth has to *need* its power—this lack prompts a natural remedy quite different from a particular and positive divine gift. Yet the commonwealth must also be *eligible* for its power, because the special privileges of the *potestas politica* cannot be granted to any old crowd of human individuals.

These imperatives seem to sit oddly together, and the discomfort only intensifies when we consider some of Suárez's other comments—comments interwoven with those we have quoted thus far. "A single political body cannot be understood," he tells us, "unless it has political government or ordination to that government."[31] Here, things become more complicated. How can the commonwealth logically precede the power it holds if it cannot be understood apart from that power? And can the moral union that constitutes such a commonwealth be accomplished by human will, given that individual human beings do not arrive at their gathering with the ingredients of political power? "The *civitas*," the perfect political community, "in great part arises from subjection to the same regime and to a certain common and superior power"; how, then, can it be a condition of that power's emergence? Suárez goes on to reiterate his point in a way that makes these questions pressing. In one place he conjures with metaphysical language, explaining that when a commonwealth is founded, what happens is this: "According to the common view political power is given immediately by God as the author of nature"—as we would expect—"in such a way that men arrange the matter, as it were, and construct a subject capable of bearing this power, but God as it were contributes the form

31 Suárez, *De legibus*, lib. 3, cap. 2, n. 4.

by giving the power."[32] We have seen Suárez speak of the "subject" of power already.[33] In that passage, the subject of power, the human institution formed by our wills, simply was the "*corpus politicum*" itself, the perfect community thereby qualified to hold power. Under this new dispensation the case is subtly different. Here, the human contractors make only the material for the commonwealth, to which God then gives both power and form—and form only because of power. Political power is no longer just a consequence of a political union forged by men, but has become instead constitutive of it. Without its form it is hard to see the mere matter of human contrivance as a fully-fledged perfect community.

To capture the ambivalence that runs through Suárez's treatment of this whole question, we might quote the objection to which the "common view" just discussed is meant as answer. This potentially subversive argument holds that the gathering individuals can do everything themselves: "with the community posited, the power follows," because "he who gives the form gives the consequence to the form." The fact of community, with the mystical cohesion it implies, is here the *forma* to the power's *consequentia*, and it is provided by the collective act of will; when Suárez claims that the form comes instead from God, he must surely mean that this form/unity is from God as well. Yet he does not admit it, contrasting instead the subject "capable of power"—despite being formless matter—and the form that power brings. The idea of mystical *union* vanishes somewhere in between. Suárez seems just as torn, and less evasively so, when he sums up his story later in the text: "Individual men have from the nature of the thing," he concludes, "the aptitude *partially* to make or put together a perfect community."[34]

So we have two dubiously compatible stories. Do individuals generate a real *corpus politicum* as an artefact of their wills, to which God adds political power as a necessary but not constitutive supplement? Or is that power a central and defining part of the community, without which it cannot exist as a body or be understood as one? To put it in the terms we introduced earlier, the community's need for political power cannot coexist other than paradoxically with its fully-fledged eligibility to hold such power. This is not mere hair-splitting, but an especially notable symptom or instance of a broader problem late

32 Ibid., lib. 3, cap. 3, n. 2. "In hac re communis sententia videtur esse hanc potestatem dari immediate a Deo ut auctore naturae, ita ut homines quasi disponant materiam et efficiant subiectum capax huius potestatis, Deus autem quasi tribuat formam dando hanc potestatem."

33 See n. 29.

34 Suárez, *De legibus*, lib. 3, cap. 4, n. 1.

scholastic writers faced—not least in contending with royalist arguments toxic to papal authority. Like Soto and Bellarmine and others before him, Suárez wants to give the political body, the *respublica* as such, some substance which does not depend on the prince who governs it. The commonwealth's status as a commonwealth, its unity and cohesion, cannot be entirely defined and constituted by the power wielded over it, for Suárez reserves for the pope a right to depose the wielder. When that happens, the commonwealth cannot simply collapse, its members hurled back into their pre-political condition.

One can draw a parallel between Suárez's project here and a second, equally problematic and more widely discussed moment or stage in scholastic accounts of political origins. As is well known, Molina, Bellarmine, and others insist that a particular regime gets its power from the whole community by human right, even though God initially grants the *potestas politica* to the community by divine natural right. The argument turns on the subsequent surrender of political power to a prince, not the instant the power first emerges, but the thrust is the same: there is a version or residual dimension of the commonwealth, of our shared political life, that does not depend on our particular ruler to hold it together and keep it in being. This distinction between political power and the governing regime comes under withering attack from James's *iure divino* polemicists, and in the *Defensio fidei* Suárez breaks from it.[35] How can political power exist or make sense, the critics ask, when severed from the enterprise of governing? And if it does not, then the regime as well as the *potestas politica* must come from the same source—that is, directly from God. Yet if it is hard to understand a political community with political power in the abstract but no particular form of government, Suárez struggles to explain how one can think of a *corpus mysticum* as yet without power but ready to receive it. Just as there can be no power without a regime, there can be no political union without the power that is actually needed to unify it—the natural mechanism Suárez devises does not work, and he reproduces the problem at an earlier phase in our transition from being naturally free to fully subject. In each case

35 On the relationship between the two moments of political formation and the transfer of power in Suárez, see Brett, *Changes of State*, pp. 125–28; Höpfl, *Jesuit Political Thought*, p. 251; Manfred Walther, "*Potestas multitudinis* bei Suárez und *potentia multitudinis* bei Spinoza. Zur Transformation der Demokratietheorie zu Beginn der Neuzeit," in *Die Ordnung der Praxis. Neue Studien zur Spanischen Spätscholastik*, eds. Frank Grunert and Kurt Seelmann (Tübingen: Niemeyer Verlag Imprint von de Gruyter, 2001); and Markus Kremer, *Den Frieden verantworten. Politische Ethik bei Francisco Suárez (1548–1617)* (Stuttgart: Kohlhammer, 2008). It seems to me that in the *Defensio* Suárez argues that the original acquisition of power turns the community itself into a fully-fledged regime, an original democracy.

it is difficult to theorise a divine grant of power to human beings without the sort of special gift enjoyed by Peter and his successors, the gift that Suárez seeks to avoid in the secular sphere and that his royalist opponents insist on. And if this is so, is there any way out? Only, perhaps, by veering to the other extreme Suárez wishes to reject—that of individual human beings doing all the formative work themselves.

3

With these considerations in mind we can turn to Juan de Salas. Salas quotes at length from Suárez's then-unpublished treatment, under the guise of reporting on "certain recent" commentators. Drawing mainly on chapter 2, section 4 of Book III of Suárez's *De legibus*, Salas reproduces many of the passages and insights we have discussed, including the contrast between a mere aggregation and a moral body, the act of will that helps transform one into the other, and the irresistible subjection to political power that follows.[36] His response to what he cites is striking. We have stressed that Suárez seeks explicitly and resourcefully to distinguish himself from the apologists for divine right kingship, to prove that his natural law mechanism does not involve a positive grant of power from God. It is these efforts that Salas sweeps aside. Suárez's account, he insists, lapses into the error it strains to avoid, and leaves those forming a commonwealth dependent on God's special intervention.

Salas claims to inherit two accounts of political origins, each of which he hopes to correct to some degree or another. One he associates with Bellarmine, with Soto—indeed with the whole lineage of scholastic thought all the way from Molina and Valentia back to Vitoria, Cajetan, and Thomas himself.[37] These authors admit that "the principal author of political power is God" in that He "sufficiently provides for the human race, and gave it all power necessary for its

36 Juan de Salas, *Tractatus de legibus, in Primam secundae S. Thomae*, Lyon, 1611, disp. 7, s. 2, n. 19. To indicate just how verbatim Salas's relaying is: "Fundamentum illorum est, quia multitudo hominum sine ullo ordine, vel unione physica, vel morali, non efficit proprie unum corpus politicum, ac proinde non indiget una potestate politica, nec in tali communitate pondenda est proprie, et formaliter: sed ad summum quasi radicaliter, et virtute: quatenus vero speciali voluntate, et consensu in unum corpus politicum congregantur, uno societatis vinculo, et ut mutuo se iuvent in ordine ad unum finem politicum, efficiunt unum corpus politicum, quod moraliter per se unum, et consequenter indigent una potestate politica." Cf. Suárez, *De legibus*, lib. 3, cap. 2, n. 4.

37 Salas, *De legibus*, disp. 7, s. 2, n. 22.

conservation and good government."[38] Yet they also stress that "political power is only given [by God] to the whole community, with the qualification that it depends on the will of men," whether that power goes on to lie "in one man or in another." "The way men confer power depends on their wills," and as such more hangs on their decision than "merely the disposing of the *materia*."[39] This way of thinking is quite right, Salas argues, in that "political power is not from God as if by way of a commission, or a communication"—that is, "a special commission, and delegation."[40] Bellarmine and his predecessors only mean to say that power "is from God, as the author of nature, through creation."[41] They therefore successfully dissociate themselves from those who would make the secular prince a pope in his own commonwealth, for by this scruple they establish "the difference between [civil] power and the spiritual power."[42] The adherents of this tradition reach, in short, the very political objective Suárez aims for; but according to Salas, Suárez is not one of them. There are unnamed "others" who "assert" something allegedly quite remote. "They" say that "if we suppose, in men, a will of assembling in the same political community, then it is not in their power to impede [the emergence of] political jurisdiction"—that men "make a subject capable of political power, which is the community," and God contributes the power itself.[43] Salas insists that this argument, which is pure and verbatim Suárez, means its author thinks that "there is no power in the human community, except by divine commission"—that fateful "special" grant Bellarmine and the others do so well in avoiding.[44]

What to make of this reading? At first glance it seems extravagantly unfair, as if Salas has misunderstood his colleague's whole line of argument. Suárez states outright that according to his system "God does not give political power through a special action or concession distinct from creation," distinct from

38 Ibid.

39 Ibid.: "Deinde haec potestas non ita datur totae communitati, quin a voluntate hominum pendeat in illo, vel in aliquo alio esse: ergo pendet a voluntatibus hominum, ut eam aliquomodo conferentibus, et non tantum quasi disponentibus materiam."

40 Ibid., disp. 7, s. 2, n. 23: "Verum est tamen, quod [...] modus dicit hanc potestatem non esse a Deo, quasi ex commissione, et communicatione [...] non per specialem commissionem, et delegationem."

41 Ibid.

42 Ibid., disp. 7, s. 2, n. 22.

43 Ibid., disp. 7, s. 2, n. 21: "Efficiunt subjectum capax huius potestatis, quod est communitas. Deus autem tribuit [...] hanc potestatem moralem [...] supposita in hominibus voluntate conveniendi in eadem communitate politica, non est in eorum potestate impedire hanc iurisdictionem."

44 Ibid.

the originating act Salas wants to confine Him to.[45] We have read Suárez stress again and again that the divine agent in his natural mechanism is precisely God the "author of nature": that is the whole point. Salas's contrast between the two "ways of speaking" is moreover tendentious, for he does not compare like with like. In praising Bellarmine he treats the transfer of political power from the community to a prince, the establishment of a regime; the decisive role of human will is confined to choosing a ruler. Yet the attack on Suárez quotes Suárez's account of the earlier episode, the grant of power to the community itself at the moment of its formation. About that juncture in what he considers the orthodox account, Salas reports only vague commonplaces about God "providing for humankind," giving us the power so "necessary" for our communities' preservation. It is precisely to go beyond such thinking, or the lack of it, that Suárez devises the more elaborate exploration for which he is here being disparaged. Salas just seems to be wrong.

Yet might there not be something more interesting going on? Let us attend more closely to the particular Suárezian language Salas quotes in levelling his charge. In the passage which claims to demonstrate Suárez's affinity with divine right thought, Salas glosses his fellow Jesuit as follows. Suárez thinks that

> political power is in no human community except by divine commission, or communication of that community's formal power, which God formally and explicitly willed to communicate to men on the supposition that those men have, by their proper will, constituted a community by way of making a material disposition. By this means they make a subject capable of political power, which is a community. God, however, contributed the form, namely the moral power.[46]

This draws on a remark by Suárez which we quoted above, one with troublesome implications.[47] When he says the assembling human beings just prepare the material, the formless matter, for a divinely granted power which itself

45 Suárez, *De legibus*, lib. 3, cap. 3, n. 5.

46 Salas, *De legibus*, disp. 7, s. 2, n. 21: "Asserentes, hanc potestatem in nulla esse humana communitate, nisi ex commissione divina, vel communicatione suae potestatis formalis, quam formaliter, et explicite voluerit hominibus communicare, supposito, per modum dispositionis materialis, quod illi propria voluntate communitatem constituant: per hoc enim efficiunt subiectum capax huius posteatis, quod est communitas. Deus autem tribuit quasi formam, scilicet, hanc potestatem moralem."

47 See n. 32 above.

supplies the form, Suárez comes closest to stating that the *potestas politica* is what really constitutes the community's unity, its status as a moral whole. It is this acknowledgement that in turn upsets his natural mechanism and leaves a mere "aggregation" of men waiting to be unified by a God-given power—the arrival of which their disordered state does not seem naturally to prompt. So Salas directs us to the point at which Suárez is most vulnerable, at which he really does veer towards a much more active divine role. And by glossing the power Suárez's God gives as the "moral" element in the equation, Salas seems to make a version of our point. What makes the community a moral body is, for Salas's Suárez here, the power that governs it, even if in forging a "subject" for power human beings do assemble in a "community." To put it another way, Salas indicates that the metaphysical heft of this Suárezian account is all on the side of God and the power he grants. That is what gives form, next to which the human contribution is merely material.

Salas is evidently taken with this distinction, and he puts it to ingenious work. The rather puzzling phrase in his précis of Bellarmine—that in choosing a prince the community does something more than "disposing the *materia*"—now makes sense: it has pointed reference to Suárez's comment.[48] A more striking verbal pirouette comes, however, in the passage on Suárez's divine right affinities quoted in the last paragraph. Because the *potestas* gives the community its form, that power is itself—according to Suárez, on Salas's reading—"formal"; and crucially God "communicates" it to men "formally," rather than simply "materially." Salas insists that the truth is just the reverse. To act as "author of nature, through creation" alone, "and not through special commission," God must transmit power "materially and *per accidens*."[49] Salas thus equates a divine grant of power that is purely material, that does not confer form, with one that is accomplished at the point of man's creation; and he equates both of these with a grant that is only *per accidens* from God. This is a complex argument, inspired by a thought experiment newly popular in Jesuit treatments of natural law as well as the human realm of politics. Salas imagines a suite of scenarios he stresses are impossible: "If men were not created by God, or if God was the agent of natural necessity, and did not have the power of making laws: then nonetheless," Salas insists, human political communities would have a "public power," since it would be "germane to them from the nature of the thing."[50]

48 See n. 39 above.

49 Salas, *De legibus*, disp. 7, s. 2, n. 23.

50 Ibid.: "Si homines non essent creati a Deo, vel Deus esset agens de necessitate naturae, ac proinde non haberet potestatem per se leges ferendi: tamen homines possent eas ferre

The point here is drawn from Aristotle's observation that naturally right things are prescribed because they are right per se, independent of their prescription. God ordained the precepts of natural law because they were good, as it were, "already"; Salas and his fellow Jesuit Gabriel Vázquez draw a further implication, namely that the natural law would have a moral necessity even if God did not exist.[51] With that acknowledged, His role in its moral operation can only be to create the rational beings—us—capable of being subject to it. It accounts for its own purchase all by itself. As we have seen, the need for a political community and for the power that rules it are among the human affairs governed by the natural law. God cannot be said to meddle in them beyond the act of creation. In criticising Suárez in this vein, then, Salas is saying that Suárez's God interferes too late in the process of the commonwealth's formation; in borrowing and subverting the language of form and matter, from that dubious passage of Suárez's, he ties his charge to the further complaint that Suárez's God helps too much when He does eventually get involved.

So Salas's critique is not merely unfair, for he focuses his attention on the most delicate and problematic moment in Suárez's analysis. But we might start to ponder where this new line of thought will lead us. If God's gift of political power, like his enactment of natural law, must be identified with his creation of human beings, then we are left with a troubling implication. Must the power not originally reside in the *creatures* themselves—even before and outside the commonwealth? And do we not thereby veer towards the other conclusion that Suárez and the whole scholastic tradition were determined to avoid?

4

Salas offers his own account of how political life gets started that is as elliptical and suggestive as his comments on Suárez. One can read it as, among other things, a response to the pressures just indicated. Salas may note where Suárez is wrong and everyone else is right, but this does not mean he simply perpetuates the tradition of Thomas and Cajetan and Soto and Bellarmine:

[...] requirit [...] potestatem publicam, et politicam, quae ex ipsa naturae rei competit communitatibus."

51 The conceptual issues here are ferociously complicated and are well discussed elsewhere in this volume. See Salas, *De legibus*, disp. 1, s. 6, and disp. 5 *passim*; Gabriel Vázquez, *Commentarii in primam secundae Sancti Thomae*, Lyon, 1631, disp. 151, *passim*; Suárez, *De legibus*, lib. 2, caps. 5–6. For an overview, see Brett, "Later Scholastic Philosophy of Law."

"each way of speaking"—theirs and Suárez's—"is deficient."[52] Against all his predecessors, Salas proposes that political power originates not in any *civitas*, by whatever mechanism, but rather "in the whole community of the human race."[53] "For there is no reason, why from the beginning the whole human race could not have come together explicitly, or implicitly, so as to submit to some law [passed] generally and perpetually over themselves, that also bound their successors."[54] Indeed, Salas points out that this gathering was not just possible but *necessary*. In passing their universal law, humankind by definition exercised a certain "legislative power": "Clearly this power was needful in the human race: for it could not be well conserved in justice and peace, except by certain common laws [*iura*] established for all kings, princes, commonwealths, and private men [...] and these laws"—here is Salas's masterstroke—"are the laws of nations."[55] All his fellow authors acknowledge this *ius gentium*, the law common to all peoples expounded in the *Digest* of the Roman law and endorsed at several points in the *Summa*; but none of them account for it satisfactorily. Aquinas had equivocated over whether it was natural or merely human, and for a long time his commentators considered it to be an intermediary between the natural law and the civil law of particular commonwealths. Salas's Jesuit colleagues, and most of all Salas himself, sharpen the problem with ever more rigorous definitions and distinctions. If the *ius gentium* is not natural, as had come generally to be agreed, then it must be not only human but also positive; and it encounters, as such, the same Aristotelian distinction that drives natural law beyond the legislative enactment of God into a sphere of intrinsic moral necessity. Just as natural law is only prescribed because it is already right, all positive law is only made right through being prescribed. And to prescribe implies legislative *potestas*. No one apart from Salas dares to specify what *potestas* could possibly make the *ius gentium*, given that no one prince rules the whole world; only Salas pursues the implications of a positive and human *ius gentium* almost with abandon.

Once positive prescription becomes the *ius gentium*'s defining feature, it drifts close to civil law: both have to impose a moral necessity by means of legislative power. This is exactly the thrust of Salas's argument. He writes of the whole human race in the same vocabulary—self-conservation, the

52 Salas, *De legibus*, disp. 7, s. 2, n. 23.

53 Ibid., disp. 7, s. 2, n. 19; see also disp. 7, s. 2, n. 23.

54 Ibid., disp. 7, s. 2, n. 19.

55 Ibid.: "Sane potestas haec necessaria fuit in genere humano: non enim bene potuisset in iustitia et pace conservari, nisi aliqua communia iura pro omnibus Regibus, Principibus, Rebuspublicis et privatis hominibus statuisset [...] et haec iura sunt ius gentium."

maintenance of peace and justice—that he and others apply to the civil commonwealth. And he acknowledges the affinity in even more forthright terms: although the "legislative and governing power" behind the *ius gentium* is not "strictly speaking called political or civil, since it is not the power of a *civitas*: broadly speaking on the other hand it is called civil, just like that of a kingdom, or an empire, or of any *civitas* or college not having the name of *civitas*."[56] Civil power in the narrow sense is here the power of a city state, and it must be extended to cover even bona fide commonwealths like kingdoms or empires; the world governed by Salas's law of nations is as much subject to a "civil" power as any of them. He distinguishes not between the political sphere and that of the *ius gentium*, but between the very technically "civic" and a version of the "political" that stretches to the whole human race.

Salas's argument is novel and striking, but how does it relate to the theme we have explored throughout? To the twin perils, that is, of political power as a special gift from God and as a property of individual men outside politics? When Salas claims, as we quoted him doing, that "the whole human race could have gathered together" to legislate during its still tiny and local "beginning," he seems to be reproducing the old problematic. Suárez's great question was how power emerges at the moment of such an assembly, and after Salas's criticisms it is not a question with much prospect of a coherent answer. Devising a congregation composed of a nominally broader group of people does not of itself supply one. This may not, in any case, be what Salas wants to do. With his legislating community of humankind, is he not simply determined to take the *ius gentium* seriously? And what need that determination have to do with the delicacies of founding a more familiar local commonwealth? Perhaps Salas discards Suárez's account precisely to clear the way for a wider, indeed more global perspective.

Yet I want to suggest we can persist with our original preoccupation, and that Salas is radical in more ways than we have so far indicated. When he talks of Suárez and the others' "deficiency," he goes on to explain where it lies. His predecessors fail "in that they unanimously think, that political power in itself originates in the community in a manner dependent on human will."[57] "[He himself] has said," by contrast, "that power is in the whole human race independently of human will." That primordial gathering of the *gentes*

56 Ibid.: "Retinet ergo potestatem legislativam, et gubernativam [...] quam tamen non proprie admodum vocabimus politicam seu civilem, cum non sit potestas civitatis: late autem civilis vocatur, sicut illa, quae est regni, vel imperii, vel cuiuscumque civitatis, vel collegii non habentis nomen civitatis."

57 Ibid., disp. 7, s. 2, n. 23.

must therefore be different from a Suárezian association enacted by human choice—we are not simply dealing with the same arrangement, but on a worldwide scale. Different how? Does Salas mean that the *potestas politica* is implanted in the individual men who compose the human race, and that they cannot avoid bringing their power with them when they convene? Does he, that is, simply veer to the other extreme from the one at which he locates Suárez? Surely not, for he faithfully endorses the old contention that power "pertains to a multitude, or to a public"—never a private—"person", and that it does so *ex natura rei*.[58] So what is going on? The following passage seems crucial. Humankind's original "legislative power is sufficiently granted by God," Salas writes, "through His sole will of producing the community, in which by the nature of the thing it immediately resides."[59]

This is ingenious, for it seems to solve the very problem we have been getting at. The community of all humankind, ruled by the *ius gentium*, is a community from the moment God creates its members—He, as Salas says, "produces" it: this is why "no other union," or "conjunction," is needed, and hence no complicating further intervention by God after the moment of creation.[60] It is enough for individual human beings, already members of the community of the human race, to gather in a universal "aggregation" to take a majority vote on the laws they want to pass.[61] Salas's insight is that Suárez needs his elaborate metaphysics of political formation because his original commonwealth, the original holder of political power, is something artificial carved out of the broader world of humankind; Suárez needs something more than an "aggregation" because he needs to distinguish those within his *communitas* from those outside it. By contrast, all human beings are part of Salas's community of the human race. On his account, we need not choose between endowing prepolitical men with political power, and having God swoop in a later stage; the political community and its power are extant from the moment of creation. And this claim itself is not simply gratuitous or confected, because the imperatives of the *ius gentium*, according to the Jesuits' conception of law, demand just such a universal exercise of legislative *potestas*.

58 Ibid., disp. 7, s. 2, n. 17.

59 Ibid., disp. 7, s. 2, n. 21: "Haec potestas legislativa a Deo est sufficienter, per solam voluntatem producendi communitatem, in qua ex natura rei residet immediate."

60 Ibid., disp. 7, s. 2, n. 19.

61 Ibid.: "Itaque nulla alia unio, ante ipsam legislationem necessaria est, nisi aggregationis, vel congregationis non aliunde impeditae [...] potuit nulla alia unione praecedente leges condere consentiente maiore parte illius: nec enim erat necesse singulos homines consentire, ut nec in aliis communitatibus."

But what happens next? Humankind cannot persist with only a global community; it must form more particular commonwealths, like Spain. After all, one of the precepts of the *ius gentium*, alongside the division of property, is the division of jurisdictional *dominia*. Salas stresses that in one sense "the human race never abdicated its power": the *ius gentium* remains in force, and can still notionally be changed by the legislator that enacted it.[62] But in another sense the human community's members form their own commonwealths under the *ius gentium*'s umbrella. Salas goes on to explain how: those which consist "of people living in the same place, and likewise having the same homes [*domicilia*] can establish laws, which then bind everyone, by majority vote; those who refuse to obey them can be expelled, or, if they remain, punished."[63] When the prospective citizens are more dispersed, their new communities "do not have the power of making laws by majority vote without the explicit, or implicit consent of all the parties"; as such, they "should first gather among themselves" to approve the majoritarian principle.[64] Once they have done so, however, they too can proceed just as communities of the first type do. The minimalism of Salas's account is striking.[65] Men simply meet with their neighbours—or chosen companions—and pass laws to govern themselves. (They can and do, of course, appoint princes as well, but that is by the by here.) Salas does not envisage the community as any sort of mystical body, as ontologically distinct from the rest of the human world. Its composition is indeed very fluid at the time it coalesces. Even in those shared domiciles or locales which form commonwealths most straightforwardly, "anyone is free to exempt himself from the prevailing laws, either by not setting up his home in that place or, if he already lives there, by moving somewhere else."[66]

We must ask, of course, how any of this constitutes politics as an enterprise distinct from other human social activities—ask again, that is, how it addresses the difficulties we have traced. The legislative power these gatherings wield seems to come from the individual men who assemble, and they precisely do

62 Ibid.: "Totum autem genum humanum posset iura haec [gentium] abrogare."

63 Ibid., disp. 7, s. 2, n. 20: "Quae sunt habitantium eodem loco, et simul habentium domicilia, possunt a maiore parte leges statuere, quibus teneantur omnes, qui ibi degere velint, quas si aliqui servare noluerint, poterunt inde expelli, vel ibi manentes puniri."

64 Ibid.: "Alias vero communitates non locales, sine consensu explicito, vel implicito omnium partium, non habent potestatem legis condendae ad maiorem partem suffragiorum: sed prius oportet convenire inter se de hac re, ut sic ferre leges communitas possit."

65 As Brett emphasises—see *Changes of State*, chapter 8.

66 Ibid., disp. 7, s. 2, n. 23: "Quamvis liberum sit cuique eximeri se ab his legibus, vel non constituendo ibi domicilium, vel constitutum a se, vel a suis alio transferendo."

not undergo some sort of profound change—from multitude to union—at the point of assembly. Does Salas then simply ignore the whole problem that so troubles Suárez, forego any metaphysics of the commonwealth without elaborating a substantial alternative to one? Not quite, for the original community of all humankind bears crucially on these civil communities which spring up under it. In the same passage we have just been drawing on, Salas explains the underpinnings of the system that sounds so casual. "Nature demands," he writes, "that those living together can be bound by laws that look after the common good, and so just as the unity of the human race is a sufficient foundation of legislative power in humankind: so the conjunction of homes [*domicilia*] is sufficient in the community of those joining together" civilly.[67] "Particular communities are not impeded, just as men were never prevented from forming the universal community of all nations."[68] And just as the political power of the human race does not depend on an act of will, neither does that of a people domiciled together.[69] Salas draws an analogy, then, between the naturally cohesive community of humankind—we are all part of it as a function of being created—and civil commonwealths that have an equally natural unity without being Suárezian *corpora mystica*. The civil analogue to our shared humanity is place: a common *locus* or *domicilium* warrants a political power to seek the common good of the shared inhabitants.

The key point, I think, is not the strength of the analogy itself but the juridical context in which these new *respublicae* are being established. In Suárez, political power emerges for the first time with the civil commonwealth, and a provisional aggregation of neighbours would not be adequate to account for it; in Salas, by contrast, the power already exists—God created it along with us and our "broadly speaking" civil community of the human race. The formation of commonwealths is not the emergence of political life, but the development of new political arrangements in a world already governed politically. Hence when Salas treats the case of Cain's first *civitas*, he stresses that "legislative power" per se "was not first in Cain, nor in the city, which he constituted [...] for legislative power was first of all in the community of the whole

67 Ibid., disp. 7, s. 2, n. 20: "Natura postulat, ut simul viventes, legibus ad commune bonum loci pertinentibus, astringi possint, itaque sicut unitas humani generis est sufficiens fundamentum potestatis legislativae in humano genere: ita domiciliorum coniunctio in communitate coniunctorum."

68 Ibid.

69 Ibid., disp. 7, s. 2, n. 23: "Diximus independenter a voluntate humana esse in toto humano genere [...] eandemque esse immediate in omnibus habentibus simul domicilia."

human race."[70] Stripped of its primordial status, Cain's commonwealth loses its salience. "Before it was in Cain," Salas writes, "the city's power was in the community [of that city], although perhaps it at once transferred that power to him; it is uncertain to me—indeed I do not know."[71] Nor need he much care.

Individuals come together to establish laws and commonwealths, without metaphysical trappings, on account of contingent facts of locality; they are bound together not by the union of a mystical body but by the rule of majority vote and their continued willingness to inhabit the same place. Yet this is not quite individualism—not the sort of procedure devised by Hobbes in *De cive*, say—because the very traditional grant of political power by God as creator, to a true community, has already happened. Salas's very strong conception of the *ius gentium* and the legislative act it requires allows him, neatly, to write such striking things about more particular political power. His exposition of all this, as we said, is elliptical, crammed into a couple of pages in the disputation on the human law; and not all of its puzzles are solved. If the community of the human race is meant to have full *potestas* and be as "civil" as a kingdom or empire, how can we remain members of it while setting up smaller and fully sovereign political units? Especially since the universal legislator never gives up its power? The legislative power of humankind both really is political power, in that it sets everything we have treated in train, yet it also is not quite, as those subject to it can form other commonwealths too. This is Salas's great equivocation, one he does at any point acknowledge or address.

5

Both Suárez and Salas struggle, then, with the problem of political origins. Their various commitments cannot be reconciled. To claim that the *potestas politica* is something beyond the ken of individual men outside politics, something that can only come from God, turns out to be both necessary and impossible—impossible, at least, without the direct positive divine grant favoured by the Jesuits' bitterest confessional enemies. In examining and revising the scholastic tradition they inherit in such forensic detail, our authors bring its tensions and evasions to light. We can legitimately speak, in their work, of a crisis in the line of argument stretching back to St Thomas. A crisis, but also

70 Ibid., disp. 7, s. 2, n. 23: "Potestatem legislativam non fuisse primum in Cain, vel in civitate, quam constituit [...] Secundum vero etiam patet: quia legislativa potestas prius fuit in communitate totius humani generis."

71 Ibid.

a break: although he strains so equivocally to soften his move, or to make up for it elsewhere, Salas departs from the whole Thomist and Aristotelian framework of bodies politic bound together by some metaphysical unity. No less riddled with tension, his account is fundamentally different and new. To elucidate this departure, and the broader problematic it transforms, and to consider each in the context of the other, has been our purpose here. We might end by stressing again that there is a transformation: Salas's move—however fruitless in its results, or literally conservative in its purposes—opens up a new political horizon not long to remain unoccupied.

Bibliography

Brett, Annabel. *Changes of State: Nature and the Limits of the City in Early Modern Natural Law* (Princeton: Princeton University Press, 2011).

———. "Individual and Community in the 'Second Scholastic': Subjective Rights in Domingo de Soto and Francisco Suárez," in *Philosophy in the Sixteenth and Seventeenth Centuries: Conversations with Aristotle*, eds. Constance Blackwell and Sachiko Kusukawa (Farnham: Ashgate, 1999).

———. "Later Scholastic Philosophy of Law," in *A History of the Philosophy of Law from the Ancient Greeks to the Scholastics*, vol. 6, ed. Fred Miller (New York: Springer, 2015).

Höpfl, Harro. *Jesuit Political Thought: The Society of Jesus and the State, c. 1540–1630* (Cambridge: Cambridge University Press, 2004).

Kremer, Markus. *Den Frieden verantworten. Politische Ethik bei Francisco Suárez (1548–1617)* (Stuttgart: Kohlhammer, 2008).

Recknagel, Dominik. *Einheit des Denkens trotz konfessioneller Spaltung. Parallelen zwischen den Rechtslehren von Francisco Suárez und Hugo Grotius* (Frankfurt am Main: Peter Lang, 2010), p. 112

Salas, Juan de. *Tractatus de legibus, in Primam secundae S. Thomae*, Lyon, 1611.

Schrock, Thomas. "'Anachronism all around': Quentin Skinner on Francisco Suarez," *Interpretation* 25 (1997), 91–123.

Schwartz, Daniel. "Francisco Suárez on Consent and Political Obligation," *Vivarium* 46 (2008), 59–81.

Skinner, Quentin. *The Foundations of Modern Political Thought*, 2 vols. (Cambridge: Cambridge University Press, 1978).

Sommerville, Johann. "Jacobean Political Thought and the Controversy over the Oath of Allegiance," unpublished Ph.D. dissertation, University of Cambridge, 1981.

Suárez, Francisco. *De legibus ac Deo legislatore* [1612], 8 vols. (Madrid: CSIC, 1971–81).

Tutino, Stefania. *Empire of Souls: Robert Bellarmine and the Christian Commonwealth* (Oxford: Oxford University Press, 2010).

Vázquez, Gabriel. *Commentarii in primam secundae Sancti Thomae*, Lyon, 1631.
Walther, Manfred. "*Potestas multitudinis* bei Suárez und *potentia multitudinis* bei Spinoza. Zur Transformation der Demokratietheorie zu Beginn der Neuzeit," in *Die Ordnung der Praxis. Neue Studien zur Spanischen Spätscholastik*, eds. Frank Grunert and Kurt Seelmann (Tübingen: Niemeyer Verlag, 2001).

CHAPTER 4

Tomás Sánchez and Late Scholastic Thought on Marriage and Political Virtue

Christoph P. Haar

Introduction

Studies on the late scholastic thought of the 16th and 17th centuries have tended to neglect the relationship between the political common good on the one hand and the goods of marriage and the household at large on the other. In fact, scholarship has generally contrasted the "perfect," self-sufficient political community with the "imperfect" household community in the early modern academic discourse on Aristotelian thought as it had been mediated through the work of St Thomas Aquinas. The issue at stake was to determine what sphere of human life could properly be considered the realm of politics. Perhaps the most prominent argument is that of Hannah Arendt who stated that in Greek philosophy, the household covered the private, non-political sphere of material needs and necessity. According to her, Aquinas especially was guilty of dangerously confusing the "private" or "social" household sphere with the political realm of freedom, speech, and persuasion. This way of thinking ultimately led to the loss of the realm of freedom in favour of an understanding of politics as a sort of administration that organised material welfare.[1]

The late scholastics in particular have been interpreted as bolstering a view of the household as irrelevant at best, or harmful at worst, for politics, by separating and indeed subordinating the family to the sphere of politics. We can see this in Schwab's argument that the late scholastics followed Aristotle in positing the dominance of the *polis* or "state" over the family, in a way that would be employed in absolutist political theories.[2] Most recently, Höpfl identified the family in late scholastic thought as incomplete and apolitical; instead, the household was a "natural" institution that lacked the necessary attributes

1 Hannah Arendt, *The Human Condition* (Chicago: University of Chicago Press, 1958), pp. 27 and 38–49.

2 Dieter Schwab, "Ehe und Familie nach den Lehren der Spanischen Spätscholastik," in *La seconda scolastica nella formazione del diritto privato moderno*, ed. Paolo Grossi (Milan: Giuffre, 1972), p. 101.

 | DOI 10.1163/9789004322707_006

of the political sphere.[3] According to that study on the Catholic scholastics, the family was not a helpful tool for political thought. We may also note that much of the scholarship ignores the Catholic scholastics to be analysed here, emphasising instead the role of Protestant thought in shaping the relationship between the family and politics in the early modern period.[4]

The present piece offers an alternative view, namely a conception of the political community that firmly relied on its constituent households, in particular the marital association. Concerning the role of marriage in the history of political thought, I aim to show that the Aristotelian source material remained unclear for subsequent interpreters, as illustrated in the thought of Aquinas. The Thomist synthesis of Aristotelian and Christian thought did not clarify the relation between household and politics. Aquinas certainly placed much emphasis on the hierarchical understanding of the spousal relationship, which was primarily defined by its parental role and included the raising of future good citizens. I argue that some late scholastics, most notably Tomás Sánchez (1550–1610), offered clarifications to the theory they inherited. By emphasising the spousal friendship besides the parental role, Sánchez and others identified in the household a parapolitical space which contained political relations, although it fell short of constituting a fully political, self-sufficient association. Their treatments of the conjugal bond in the different states of human nature (such as innocent and fallen nature) reinforce this conclusion. In the final analysis, these thinkers saw in the virtues relating to the conjugal relationship an indispensable element of a functioning political community.

1 *Oikos* and *polis* in Aristotle's Thought

The heritage from Aristotle was ambiguous. He could either be understood as firmly distiguishing the household from the city, or he could be seen as integrating the two communities. In the first instance, according to Aristotle, humans were made more for life in the *oikos* than the *polis* because the family was more necessary and primary. It was primary, first, by reason of procreation. We might interpret this to mean that the marriage relationship was not tied to

3 Harro Höpfl, *Jesuit Political Thought: The Society of Jesus and the State, c. 1540–1630* (Cambridge: Cambridge University Press, 2004), pp. 194–96.

4 Cf. John Witte, Jr., *From Sacrament to Contract: Marriage, Religion and Law in the Western Tradition* (Louisville: John Knox Press, 1997), p. 5. See also Gordon Schochet, *Patriarchalism in Political Thought: The Authoritarian Family and Political Speculation and Attitudes Especially in Seventeenth-Century England* (Oxford: Blackwell, 1975).

the particularly *human* experience: "the union of male and female is essential for reproduction; and this [...] is due to the natural urge, which exists in the other animals too and in plants, to propagate one's kind."[5] In the case of human beings, this conjunction could be expressed in terms of friendship, namely the friendship of pleasure. The marital association was primary for a second reason, namely because "human beings live together [...] to supply what they need for life."[6] This represented a friendship of utility, as the spouses carried out complementary tasks and they therefore belonged together "naturally." On the basis of these two ends, it seems intuitive to distinguish the "natural" matrimonial association that humans shared with animals and plants—although the case of humans made it possible to frame this in notions of friendship—from the "natural" political association that was strictly human. The former fulfilled the purpose of "the satisfaction of daily needs,"[7] and was thus ordered towards the latter, which provided the opportunity to lead a truly human, virtuous life of self-sufficiency.[8]

In *Politics* I, Aristotle argued that the whole, i.e. the *polis*, was ontologically prior to the parts, i.e. the households which were founded on spousal associations.[9] This organic metaphor equally distinguished the political and the household realms on a conceptual level, relating them in a hierarchical fashion. Furthermore, the political authority might intervene in children's upbringing to support the type of virtue required by the constitution.[10] In *Politics* VII, Aristotle claimed that the constitution should set certain requirements for the marriage institution so that male and female "may arrive at the right ages together at the same time and so that the period of the father's ability to beget and that of the mother's to bear children may coincide."[11] Hence, while marriage served its own purposes (procreation and the continuity of property or estate), Aristotle employed this context to support the political prerogative over these matters. The political community helped the household to become

5 Aristotle, *Politics*, ed. T.J. Saunders, trans. T.A. Sinclair (London: Penguin, 1992), I, 2, 1252a24, 56f.

6 Aristotle, *Nicomachean Ethics*, ed. and trans. Roger Crisp (Cambridge: Cambridge University Press, 2000), VIII, 12.1162a, 159f. (Henceforth *NE*.).

7 Aristotle, *Politics*, I, 2, 1252b9, 58.

8 Aristotle, *Politics*, I, 2, 1252b27, 59.

9 Aristotle, *Politics*, I, 2, 1253a18, 60: "the state has a natural priority over the household and over any individual among us. For the whole must be prior to the part."

10 Aristotle, *Politics*, I, 13, 1260b8, 97. For the meaning of "constitution" (*politeia*) as a "way of life," see Richard Kraut, *Aristotle: Political Philosophy* (Oxford: Oxford University Press, 2002), 14f.

11 Aristotle, *Politics*, VII, 16, 1334b29, 440.

properly "natural" by performing these functions. It seems clear, then, that the household served the purposes of the *polis*.

The claim that the household was subservient to the ends of the *polis* brought with it the emphasis on the procreative and, by extension, the educational aspect of the marital association. The spousal relationship was not at the centre of this narrative. In all, Aristotle defined political relations first and then considered resemblances of them in the household by focusing on the parental role. This could account for Aristotle's relative disregard of marriage relations. It would appear that they did not transpose easily to human political relations. On this reading, then, the household common good seemed to be determined by the procreative aspect, which in turn made the ends of the entire household subservient to those of the *polis*, so that all aimed at the political common good. The two were separate spheres, with the virtue and freedom of the *polis* life towering above the life of need and necessity in the household.

By contrast, Aristotle's thought also could be seen to rely on a different view of the *oikos* and the *polis*: the notion that the two communities belonged together in that they shared a similar rationale. This view seems potentially contentious because Aristotle himself introduced the theme of *Politics* at the outset as the enterprise to *distinguish* between political rule and household rule.[12] Still, this alternative interpretation has its merits. Aristotle seemed to offer more depth in this regard when he elaborated on the distinction between Greek and non-Greek marriage associations. Both associations "naturally" pursued reproduction, but the latter "consists of a male slave and a female slave" because "they have nothing which is by nature fitted to rule."[13] In contradistinction to these slave relationships, Aristotle opened up the possibility of political relations between husband and wife when discussing the matrimonial relationship between free male and free female in the Greek household.[14] In *Politics*, "over a wife, rule is as by a statesman."[15] Hence, Aristotle identified the statesmanly rule in the family, which existed among *equals*. Rather than being merely modelled on the political sphere, the marriage relationship granted the human being the opportunity to encounter the political common

12 Aristotle, *Politics*, I, 2, 1252a7, 54: "It is an error to suppose, as some do, that the roles of a statesman, of a king, of a household-manager and of a master of slaves are the same, on the ground that they differ not in kind but only in point of number of persons." For Aristotle's probable target, see Plato, *The Statesman*, ed. and trans. Joseph Bright Skemp (London: Bristol Classical Press, 2002), 258e–259c, 123–5.

13 Aristotle, *Politics*, I, 2, 1252a34, 57.

14 Aristotle, *Politics*, I, 3, 1253b1, 62.

15 Aristotle, *Politics*, I, 12, 1259a37, 92.

good, that is, the distinctly human good. As a practical science, household management helped explain the highest such science, which was politics. Aristotle underpinned this point in *Nicomachean Ethics* VIII by applying the typology of political rule to the spousal relationship, which he there described as aristocratic.[16] From the perspective of the conjugal friendship, then, the fact that parental education (the extension of procreation) occurred "with an eye to the constitution" could therefore be indicative not of the subordination of the *oikos* to the *polis*, but rather of the overlap between the matrimonial and citizen relationships, as both were of political relevance in their own ways.

Furthermore, in *Nicomachean Ethics*, Aristotle located the virtuous life in marriage. Virtue was the third pursuit in the family (besides pleasure and utility), a third kind of friendship that Aristotle recognised: "but it [the marital association] may also be a friendship for virtue, if they are good, since each has his or her own virtue, and can find enjoyment in this."[17] Hence, the spouses enhanced each other's virtue in a *political* sense: "How a man should live in relation to his wife, and in general how one friend should live in relation to another, appears to be the same question as how they can live justly."[18] It was this citizen quality that the husband and household father employed when participating in the *polis*. At one point, Aristotle even considered the matrimonial relationship indispensable in that one could have only few "close friendships," and, even more so, "love" as a kind of "excess of friendship" could properly be felt only for one person.[19] Aristotle explicitly contradistinguished this love against the friendship "proper to fellow-citizens" or "in the way of

16 Aristotle, *NE*, VIII, 10, 1160b, 156: "One can also find in households resemblances to these political systems and, as it were, models of them. [...] The community constituted by man and woman appears aristocratic, since the man rules in accordance with merit and in those areas in which a man should rule; but whatever befits a woman, he places in her hands." See also *NE* VIII, 11, 1161a, 157.

17 Aristotle, *NE* VIII, 12, 1162a, 160. Saxonhouse calls this quote and its immediate context "a picture of human involvement in the family often forgotten," as Aristotle "portrays the human being as an economic being." Arlene Saxonhouse, "Aristotle: Defective Males, Hierarchy and the Limits of Politics," in *Feminist Interpretations of Political Theory*, eds. Carole Pateman and Mary Shanley (Cambridge: Polity, 1985), pp. 32–52, at 45f.

18 Aristotle, *NE* VIII, 12, 1162a, 160. Note, however, that Bernard Yack sees political friendship as a friendship of utility rather than virtue. *The Problems of a Political Animal: Community, Justice and Conflict in Aristotelian Political Thought* (Berkeley: University of California Press, 1993), p. 110. This stands in contrast to Alasdair MacIntyre, *After Virtue* (London: Duckworth, 2007), p. 155.

19 Aristotle, *NE*, IX, 10, 1171a, 180.

general society."[20] The *polis* required functioning households, i.e. ones that included these sorts of relationships in order to provide for the appropriate sort of citizenry.

On this second reading, then, Aristotle could be seen to regard the family not merely as ontologically subordinate to the *polis*, but rather as constitutive of it in terms of friendship and virtue. This could explain, for example, why Aristotle criticised the Spartan government for failing to acknowledge the political relevance of females.[21] Differentiation in function suggests a sense of complementarity, not of hierarchy, between the household and the political community. Whomever the constitution defined as citizens (free Greek males in Aristotle's case here), the task of political rule was to safeguard and enhance this complementarity.

2 St Thomas Aquinas and the Theology of the Marital Common Good

Aquinas integrated the Aristotelian model with Roman law texts and the theology of matrimony. We find the first and also the most extensive Thomist treatment on marriage in the *Commentary on the Sentences*, Book IV (a redaction of which is located in the *Supplement* to the *Pars Tertia* of the unfinished *Summa Theologiae*). In that work, Aquinas cited the natural law principles from Roman law and Cicero which described the marital association on account of natural urges or intuitions that humans could be said to share with animals but that humans achieved in their own manner, by way of the lasting conjunction of male with female.[22] Aquinas supplemented this natural law model with theological premises. He cited Isidore to establish the congruence of natural law

20 The latter translation is offered in an older modern edition: Aristotle, *The Nicomachean Ethics of Aristotle*, trans. Drummond Percy Chase (London: Dent & Sons, 1911), p. 231: "whereas they who have many friends, and meet everybody on the footing of intimacy, seem to be friends really to no one except in the way of general society; I mean the characters denominated as over-complaisant."

21 See the discussion in Saxonhouse, "Defective Males," pp. 40–42.

22 Aquinas, *Scriptum super Sententiis, liber IV* [http://www.corpusthomisticum.org] (henceforth *CommIV*), d. 26, q. 1, a. 1, *sed contra*: "jus naturale est maris et feminae conjunctio quam nos matrimonium appellamus." In the *corpus* of the article, Aquinas adopted this stance with the addition that the "conjunction" was of a lasting kind in the human species because the procreative end required a lasting input of mother and father in the upbringing of the offspring, and also the parental complementarity in running the household (*mutuum obsequium*). For his reference to Cicero's *De Inventione*, which establishes natural law as an intrinsic natural principle, see Aquinas, *CommIV*, d. 33, q. 1, a. 1, ad 4.

with divine law by adding to natural law the aspect of having a "superior moving principle," a legislator.[23] Regarding the natural and divine law of marriage, the theology that stood behind this was heavily indebted to Augustine. One passage that would resonate in scholastic discussions was located in Augustine's *Commentary on Genesis*, where Augustine defined the marital common good as the threefold good which counterbalanced the "evil of incontinence": the *triplex bonum coniugii* of fidelity (*bonum fidei*), offspring (*bonum prolis*), and sacrament (*bonum sacramenti*).[24]

With this background in place, the question remained as to how these three ends or goods were connected to each other. There was some account of this in another important text for the late scholastics, *De bono coniugali*, where Augustine elaborated on the relationship between natural marriage and Christian marriage:[25] "Therefore the good of marriage in every nation and throughout mankind lies in the purpose of procreation and in the fidelity of chastity; but so far as the people of God are concerned, it lies also in the sanctity of the sacrament."[26] According to this piece of evidence, procreation and fidelity were of natural law. These norms were shared by all humans. Subsequently, marriage sacramentality confirmed the element of fidelity by defining marriage as an indissoluble union and also added the conferral of grace to this association. Marital indissolubility therefore properly applied only to Christian marriages, although this permanent bond that Augustine called the "fidelity of chastity" already affected natural marriage. Furthermore, the claim that this bond ought to result in parenthood was fundamental to Augustine's thought. A clear example of how this aspect permeated scholastic thought was Aquinas's quotation of Augustine's *Contra Faustum*—"that a woman should not marry for anything else, except so that she might be a mother"—which Aquinas effortlessly fit into his work in the context of his etymological explorations of *matrimonium* (upbringing as the task falling mainly to the mother, *munium matris*).[27] Moreover, these last quotations

23 Aquinas, *CommIV*, d. 33, q. 1, a. 1, ad 4.

24 Augustine, *The Literal Meaning of Genesis*, vol. 2, ed. and trans. John Hammond Taylor New York: Newman Press, 1982), Book IX, chapter 7, n. 12, 77f. See also Augustine, *De bono coniugali / De sancta virginitate*, ed. and trans. P.G. Walsh (Oxford: Clarendon Press, 2001), [VI], p. 15.

25 Augustine, *De bono coniugali*, [XXIV], pp. 56–59. Walsh describes "sacramentum" as "lifelong vow" on p. 56, n. 108.

26 Augustine, *De bono coniugali*, [XXIV], p. 57.

27 Aquinas, *CommIV*, d. 27, q. 1, a. 1, *quaestincula* 2.

highlight Augustine's emphasis that all marriages and all marriage goods were ordered towards one "sole" purpose:[28] procreation.

The issues that we have raised here represent the foundational starting points for scholastic discussions. Essentially, the scholastic tradition would take from Augustine the ideas of prioritising the procreative aspect of marriage, and listing claims on marriage as a natural institution and as a sacramental institution alongside each other, without integrating them beyond their being governed by the procreative end. Thus, the scholastic tradition would uphold this hierarchical order: *bonum prolis, fidei, sacramenti*. It would become the standard point of departure for systematic treatments.

We can see this in the opening *distinctio* on marriage in Aquinas's *Commentary on the Sentences*, the *quaestio* "whether marriage is natural."[29] Aquinas recruited the Roman and theological sources we discussed above to define marriage as natural in the sense that this institution grew out of a human rational inclination (and was completed by acts of free will). The primary inclination was for the purpose of procreation, and the secondary inclination was for the mutual service (*obsequium*) of the spouses in domestic affairs.[30] The natural matrimonial association was a rational mode of living together for the purpose of procreation and the raising of children.

Given that this basis in rational inclination relied on a conception of human nature, Aquinas subsequently turned to his theology of *status*—the theologico-anthropological theses about human nature—to buttress his understanding of the naturalness of matrimony. According to Aquinas, marriage was part of human life from the very beginning of human history. It provided different goods, depending on the respective *status*, and, consequently, there were different authorities for the different moments of institution. In the state of innocence, God instituted the marital association between Adam and Eve for the purpose of procreation.[31] As a direct result, the purpose of procreation and

28 Augustine, *De bono coniugali*, [XXIV], p. 57: "Though procreation is the sole purpose of marriage, even if this does not ensue and is the only reason why it takes place, the nuptial bond is loosed only by the death of a spouse."

29 Aquinas, *CommIV*, d. 26, q. 1, a. 1.

30 Aquinas, *CommIV*, d. 26, q. 1, a. 1, corp. Moreover, he quoted Aristotle's *dictum* of human beings as "naturally more conjugal than political." Given the complementarity of the spouses described there, Aquinas likened this vision to the description of humans as political animals who also required this mode of living together on account of complementarity. He did not make more out of the passage (i.e. its hierarchical ranking) other than to assert that, since the human being was certainly naturally political, it therefore also had to be naturally conjugal.

31 Aquinas, *CommIV*, d. 26, q. 2, a. 2, ad 4.

the lifelong education of the offspring produced a natural law basis for the indissolubility of this bond, confirmed in 2 Corinthians 12.[32] Procreation was thus necessary even if sin did not exist, and to this extent, marriage was instituted before sin "in the service of nature" (*in officium naturae*).[33] It seems that we can distinguish this from the mutual service of the spouses—mentioned above as the secondary end—which Aquinas equally claimed served nature; in this second regard, the marital institution existed "in the service of citizenship" (*in officium civilitatis*) and was instituted politically.[34] In this particular passage, *civilitas* clearly bears a political meaning, since marriage is instituted by civil law. Aquinas subsequently combined the marriage institutions before sin and by civil law as the ones unconcerned with the sacramental rationale, before separating the latter as serving citizenship as opposed to "nature." According to Aquinas, male and female joined to become parents, and acting as good spouses and parents they furthered the political life. Although Aquinas did not explain this further, it would seem that the city with its law required marital associations to produce friendship and mutual help among its citizens.[35] If only rudimentarily, this connects the idea of politics with the idea of marital friendship.

As to the third good of marriage, the *bonum sacramenti*, Aquinas stated that all sacraments contained two elements: the conferral of grace as remedy against sin, and a visible, sensible sign for this effect.[36] Consequently, it was also only after original sin that marriage participated in the sacramental rationale because only then did it acquire its function as "medicine" or *remedium* against sin. However, marriage still lacked the second definitional requirement for a sacrament at that point in history, the visible sign or *signum*, which it later acquired in the mysterious conjunction of Christ with the Church.[37]

32 Aquinas, *CommIV*, d. 31, q. 1, a. 2, ad 1: "in prole non solum intelligitur procreatio prolis, sed etiam educatio ipsius, ad quam sicut ad finem ordinatur tota communicatio operum quae est inter virum et uxorem, inquantum sunt matrimonio juncti, quia patres thesaurizant filiis, ut patet 2 Corinth., 12, et sic in prole, quasi in principali fine, alius quasi secundarius includitur." See also d. 33, q. 2, a. 1, corp.

33 Aquinas, *CommIV*, d. 26, q. 2, a. 2, corp.

34 Aquinas, *CommIV*, d. 26, q. 2, a. 2, corp.

35 The appropriate *locus* for an explanation would be Aquinas' *Sententia libri Politicorum* [http://www.corpusthomisticum.org], i.e. his commentary on Aristotle's *Politics*, I, 13, where Aristotle moved from discussing household property to household relations. However, Aquinas remained quite literal and did not mention friendship here.

36 Aquinas, *CommIV*, d. 26, q. 2, a. 1, corp.

37 Each sacrament is a *signum* and *remedium*. Aquinas, *CommIV*, d. 26, q. 2, a. 2, corp, and ad 5.

This was the third good of marriage—a sacrament of the Church. In effect, Aquinas surmised, "it is more essential to be in nature than to be in grace [i.e. the goods of procreation and fidelity], although it is more excellent to be in grace [i.e. the sacramental good]."[38] Procreation pertained to nature and natural law, while the sacrament belonged to the divine law of Christ.

So, with Aquinas, we can see that each aspect of the marital common good depended on the respective *status* and required its own particular institution. Marriage was a lifelong bond based in the first place on its sacramentality; however, the natural law duty of procreation and upbringing equally produced this result. Marital indissolubility was grounded in both divine law and natural law.[39] In the context of the procreative end, Aquinas explicitly made the connection between that particular marital good and the political terminology of the *bonum commune*.[40] The character of this connection is not clear at first glance, however. Therefore, the concluding part of this section aims to provide clarity as to Aquinas's conception of the common good.

Attempting to define the specifically Thomist notion of the *bonum commune* is no easy task because Aquinas himself did not offer a sustained account. In Aquinas's *Summa*, the closest we get to a definition is his treatment of the law in *1a2ae*, q. 90: "Whether the law is always directed at the common good?" The picture that emerges there reveals that the purpose or *causa finalis* of the commonwealth's civil law was the political common good, understood as the happiness and flourishing appropriate to the respective community.[41] But what was the precise content of the political common good? Moving to the analysis of the marital relation provides us with significant insight. For Aquinas, the marital and political goods were integrated on two levels. First, when Aquinas relied on both Aristotle's *Nicomachean Ethics* and *Politics* to define the naturalness of the family in its dependence upon the commonwealth, i.e. a specifically *human* naturalness, this led him to discuss the household goods of procreation and education to virtue.[42] Hence, from the perspective of the *multitudo* as a whole and *its* common good, the primary end of procreation

38 Aquinas, *CommIV*, d. 31, q. 1, a. 3, corp: "proles est essentialissimum in matrimonio, et secundo fides, et tertio sacramentum; sicut etiam homini est essentialius esse naturae quam esse gratiae; quamvis esse gratiae sit dignius."

39 This is unmistakably clear in Aquinas, *CommIV*, d. 33, q. 2, a. 1, ad 2.

40 Aquinas, *CommIV*, d. 33, q. 2, a. 1, ad 4.

41 Aquinas, *1a2ae*, q. 90, a. 2, ad 1 and ad 2.

42 Aquinas, *CommIV*, d. 26, q. 1, a. 1, corp. Aquinas cited both works at the outset of his discussion on matrimony in *CommIV*, d. 26, q. 1, a. 1, *sed contra*. See Aristotle, *NE*, VIII, 12, 1162a, 159, and Aristotle, *Politics*, I, 2, 1253a7, 60.

was in fact *necessary*. This referred to both the maintenance and increase of the number of citizens, as well as their upbringing and education.[43] As we saw above, procreation was substantially the primary and "natural" rationale behind the marriage association. Human beings shared the procreative end with animals, although it was applied differently to humans. Secondly, we also saw that the secondary end was the "mutual service in domestic life."[44] Beyond being ordered to the purpose of procreation, the conjugal relationship itself contained this good. In the *Summa contra Gentiles*, Aquinas took the emphasis on the conjugal relationship even further. According to Aquinas, the spouses enjoyed the fulfilment of virtue in their experience of the "deepest friendship," or *maxima amicitia*.[45] Much more than in the *actus carnalis copulae*, which humans shared with other animals, the human conjugal unity consisted in the "sharing in the entirety of the domestic activities." Therefore, the common good of this deepest friendship, its *causa finalis*, consisted not only in the conjugal act, but also—and more importantly perhaps, as a distinctly *human* act—in the "sharing" in all household activities, which were understood as the exercise of friendship.

It appears that Aquinas employed the Aristotelian portrayal of humans as "naturally more conjugal than political" in a way so as to affirm the procreative aspect while also developing an account of the political benefits of the spousal friendship. While the former narrative relied heavily on the parent-child relationship—the narrative being about the begetting and raising of children—the latter centred on the conjugal friendship. In this way, the Aristotelian ambiguity we presented above found a substantial reflection in its scholastic appropriation by Aquinas. It also seems fair to say that Aquinas sought to balance his appreciation for the spousal relationship with the primary end of procreation. Even the deepest friendship—expressed in the sharing or governance of the household and in marital love—was always ordered towards the ends

43 Aquinas, *CommIV*, d. 33, q. 2, a. 1, ad 4. (To be precise, we must note the caveat that this precept was directed at humanity as a whole—*tota multitudo hominum*—rather than at each individual, leaving the path clear for the religious vow of chastity.) Cf. Aquinas, *2a2ae*, 152, a. 2, ad 1. See also *CommIV*, d. 26, q. 1, a. 2, ad 4 for the defence of the contemplative life.

44 Aquinas, *CommIV*, d. 26, q. 1, a. 1.

45 Aquinas, *Summa contra Gentiles* [http://www.corpusthomisticum.org], III, c. 123, n. 6: "Inter virum autem et uxorem maxima amicitia esse videtur: adunantur enim non solum in actu carnalis copulae, quae etiam inter bestias quandam suavem societatem facit, sed etiam ad totius domesticae conversationis consortium."

associated with the conjugal act: the begetting and upbringing of children.[46] Thus, the "hierarchical" concern of procreating and raising children to be citizens stood in tension to Aquinas's acknowledgement of marital friendship.

3 The Late Scholastics and Friendship

Although his name does not appear much in the scholarly literature, the central late scholastic source of our present analysis, the Jesuit theologian Tomás Sánchez, was a major figure of his time. Having been admitted after numerous rejections to the Jesuit order in 1563, he gained an immense reputation as an authority on marriage. His most significant work, *De Sancto Matrimonii Sacramento* (henceforth: *On Marriage*), became the basis for judgements in ecclesiastical courts and was reprinted more than 49 times from 1605 until 1754.[47] In order to fully grasp the perspective offered in this work, first we need to track some claims made by other late scholastics who had published their treatises in the 16th century.

One important such treatise was Francisco de Vitoria's *relectio De Matrimonio*. On the basis of Aristotle's "more conjugal than political" *dictum*, Vitoria asserted that the purpose of procreation was primary, which included the natural end of producing offspring and the political end of educating the children to virtue. The spousal relationship was secondary. However, Vitoria stressed the political importance of the parental role in the same way that he described the conjugal bond: In fallen nature, male and female were "weak" and "in need of one another" as marriage partners in the same way that

46 He certainly held this position in the *Commentary on the Sentences*, although it has been argued that the mature Aquinas dropped the hierarchical view of primary and secondary ends, with the main argument taken from his discussion of the marriage between Joseph and Mary in the *Summa Theologiae*. Marie Leblanc, "Amour et procréation dans la théologie de saint Thomas," *Revue Thomiste* 92 (1992), 433–59, at 455. A similar argument is made by Lisa Fullam, "Towards a Virtue Ethics of Marriage: Augustine and Aquinas on Friendship in Marriage," *Theological Studies* 73 (2012), 663–92. Cf. Aquinas, *3a*, q. 29, a. 2; Aquinas, *CommIV*, d. 33, q. 2, a. 1, ad 4; Aquinas, *CommIV*, d. 33, q. 1, a. 1, corp; Aquinas, *CommIV*, d. 31, q. 1, a. 3.

47 For this and more biographical information, see Hartmut Zapp, *Die Geisteskrankheit in der Ehekonsenslehre Thomas Sánchez'* (Cologne: Böhlau, 1971), pp. 3–14. See also Celestino Carrodeguas, *La sacramentalidad del matrimonio. Doctrina de Tomás Sánchez, S.J.* (Madrid: Comillas, 2003), pp. 55–61.

they needed each other as parents, for the purposes of nature and politics.[48] Vitoria's presentation centred on the working together of the parental and the conjugal relationships with the political sphere to overcome the negative effects of fallen nature. We find an even stronger emphasis on the conjugal relationship in the account of the post-Tridentine Dominican theologian Pedro Ledesma (1544–1616). He was a supporter of Domingo Bañez (1528–1604) in the *de auxiliis* controversy against Molina and the Jesuits, and he was also the author of a tractate *On Marriage*.[49] Ledesma argued without any reference to fallen nature that, in comparison to the political community, "the human being is naturally inclined much more to the domestic and conjugal society; accordingly, this is a better and more perfect society."[50] This seemed to recruit the Aristotelian ambiguity for an extreme position, as Aristotle had not defined the family as higher in the order of perfection.[51] Indeed, this claim was also quite contrary to the scholastic commonplace of exclusively defining the commonwealth and the church as "perfect" societies. This assertion only seems to make sense if we assume that Ledesma developed Vitoria's mention of the political relevance of both the parental and the conjugal roles, by defining the household society in this context principally via the spousal relationship. From the perspective of prioritising the conjugal association, given that it could be thought of as constituting a properly virtuous relationship, the household community could indeed be "more perfect." This does not contradict the fact that this household community still required the commonwealth for "perfection."

We can trace this move in the direction of the separate appreciation for and the equality of the conjugal relationship from the other marital goods in Luis de Molina's *De Iustitia Et Iure*. Although Christ had appeared to state that the adultery committed by the wife was worse than the adultery committed by the husband,[52] he clearly had not intended to separate male and female on

48 Francisco de Vitoria, "relectio De Matrimonio," in *Obras de Francisco de Vitoria*, ed. Teofilo Urdañoz (Madrid: Editorial Católica, 1960), *prima pars*, n. 2, 883f.

49 For more biographical information, see the entry on Pedro de Ledesma on Jacob Schmutz's website *scholasticon*: http://scholasticon.ish-lyon.cnrs.fr/index_fr.php.

50 Pedro de Ledesma, *Tractatus de magno matrimonii sacramento*. Salamanca, 1592, q. 41, a. 1, 6: "multo magis homo naturaliter inclinatur ad societatem domesticam et coniugalem; siquidem est melior et perfectior societas."

51 Schwab, "Ehe und Familie," p. 100, claims in footnote 82 that Ledesma argued against Aristotle. Schwab makes this interpretation because he does not acknowledge the ambiguity in Aristotle that we have traced; thus, he does not appreciate the interdependence between the two spheres.

52 Luis de Molina, *De Iustitia et Iure*, Mainz, 1614 (henceforth DIEI), III, d. 90, n. 1, col. 1044.

this basis.[53] Molina explicitly stressed the equality between husband and wife. When the gospels of Matthew and Mark mentioned adultery and divorce, husband and wife were given *equal* weight.[54] It is interesting to see how Molina interpreted another key biblical passage on the conjugal relationship in this context: the superordination and subordination indicated in Genesis 3:16 (man as the woman's *dominus*). For him as for some others, this passage became an obstacle to a coherent position rather than a helpful piece of evidence. Hence, while Molina conformed with the general scholastic opinion that the husband could punish his wife, he severely limited this power: it was "shameful" for a husband to do that.[55] Moreover, the woman was a companion, *socia*, rather than servant or slave (*serva aut ancilla*). This reinforces our argument that the spousal relationship was one of virtuous friendship (and not a statement about gender roles, which undoubtedly rested on male superiority). Again, the stress on conjugal equality and complementarity offered a significance independent from the parental, hierarchical role. The picture that emerges from these late scholastic treatments is that friendship in the political sense of virtue was forged in the marriage relationship, which represents a specific interpretation of the Aristotelian and the Thomist terms of the marital association and the city.

This underlying intellectual edifice surfaces decidedly in the work of Tomás Sánchez. In Book II of *On Marriage*, Sánchez held that the spouses were equals regarding the marital debt, as indicated in 1 Corinthians 7. He then employed Genesis 3:16 judiciously by concluding that the husband disposed of the *potestas* required to succeed in the proper discharge of domestic governance.[56] In this sense, it seems that superordination and subordination resulted from the moral requirement to order the household, rather than from anthropological assertions. Sánchez provided the standard reference to the Augustinian idea that matrimony was justified or "excused" by the goods of marriage, adding

53 Molina, *DIEI*, III, d. 95, n. 1, col. 1070.

54 Molina, *DIEI*, III, d. 95, *prooemium*, col. 1070. Cf. Matt. 5:31f; 19:3–12; and Mark 10:2–12.

55 Molina, *DIEI*, III, d. 2, n. 20, p. 523. Höpfl, *Jesuit Political Thought*, p. 197f, points to this passage in the course of his claim that the husband-wife relationship was one of equality, although the Jesuits claimed without argument that there had to be a monarchical role, which fell to the male. Cf. Aquinas, *2a2ae*, q. 65, a. 2. Schwab takes Vitoria's commentary on this article—the assertion of the husband's superiority—as paradigmatic for the late scholastic theological conception of spousal equality that was limited by their vision of inequality in household rule. Schwab, "Ehe und Familie," p. 99.

56 Tomás Sánchez, *De Sancto Matrimonii Sacramento*, Lyon, 1669 (henceforth *DSMS*), tom. 3, IX, d. 4, n. 9, 173.

that marriage was ordered towards the procreative end in natural law.[57] Yet, he firmly stressed the notion that the spouses were free to reach for ends beyond the natural and contractual obligations, such as beauty, pleasure, and wealth.[58] In this context, the crucial claim appears in the opening set of disputations to the infamous—because graphic—Book IX of *On Marriage*.[59] Here, Sánchez focused in particular on the need for spouses to *live together*: "the obligation to live together is no smaller than that of rendering the marital debt [...] for this is required for the complete conjugal union and the closest possible friendship between them."[60] Quite remarkably, Sánchez defended to this extent the aim of fostering friendship by cohabitation, a dimension wholly different from the procreative purpose and the contractual justice involved in rendering the marital *debitum*. Moreover, Sánchez approved of marital intercourse merely out of desire, without any further "excuse."[61] This was included in the marital common good.

In all of this we can see an isolation of the marital relationship and consequently the relevance of the virtues fostered in that association for those required in the city; this suggests an interdependence between the family and political spheres based on a particular emphasis on the Aristotelian source material. It has become evident from the arguments presented that Sánchez and some of his fellow theologians elaborated on marriage as a parapolitical space.

To conclude the issue of friendship: the *marital* good within the imperfect community of the household was discussed to some extent separately from, rather than as strictly subordinate to, the end of procreation. The latter was the more common reading of Augustine and Aquinas and had subordinated the good of the household (determined by the parental role) to the interests of the perfect community. While acknowledging these claims, Sánchez and other late scholastics stressed the spousal relationship as nurturing an essentially

57 See Aquinas, *CommIV*, d. 31, q. 1, a. 1, corp. Sánchez treats this in DSMS, tom. 1, II, d. 29, q. 1, n. 1, 147f.

58 Sánchez, DSMS, tom. 1, II, d. 29, q. 3, n. 14, 150.

59 Zapp, *Geisteskrankheit*, pp. 29–31, sums up the criticisms levelled at Sánchez's explicit descriptions, particularly in Book IX, *De debito coniugali*.

60 Sánchez, DSMS, tom. 3, IX, d. 4, n. 2, 172: "non minor est obligatio cohabitandi, quam reddendi debitum [...] Haec autem obligatio non tantum est in eadem domo habitandi, sed etiam ad eandem mensam accumbendi, in eodemque thoro iacendi. [...] id enim ad perfectam coniugum unionem exigitur et ad intensissimam ipsorum amicitiam."

61 Sánchez, DSMS, tom. 3, IX, d. 1, n. 2, 166: "Caeterum veritas Catholica est, actum coniugalem esse ex se licitum, posseque absque omni culpa exerceri." The origin is 1 Cor. 7:6, which was interpreted as referring to venial sin by Augustine in *De bono coniugali*, VI, 13.

political virtue: friendship. Beginning with Vitoria, the late scholastic thinkers treated their Aristotelian source material more decisively in this regard. Spousal *inequality* was based on the distinction between male and female. By contrast, the arguments regarding the conjugal relationship—also gleaned from Aristotle—furthered the case for spousal equality on account of the friendship and domestic common good that the couple pursued. This subsequently led to a different conception of the political realm, as we shall discuss further. Sánchez in particular heavily emphasised the matter of friendship and the independent quality of the spousal relationship. This way of thinking sat uneasily with the hierarchical interpretation of Augustine's theology of the *triplex bonum*, which stressed the procreative rationale of the *parental* relationship. By contrast, the *spousal* relationship gained relevance as the political determinant. The close examination of the question of *status*, to which we now turn, reveals a similar shift towards the parapolitical understanding of the marriage relationship: in its conjugal rather than parental form, this relationship was embedded in the political sphere but not entirely determined by it.

4 Marriage and *Status*: Indissolubility

As we saw above, in Aquinas's view, the accounts in Genesis and the function as a remedy against sin were insufficient to make marriage a sacrament. The *Tridentinum* defined the matter authoritatively in its 24th session in 1563. The *Doctrine on the Sacrament of Matrimony* stated that marriage was a sacrament of the New Law, not before—although marriage had already been indissoluble by the couple being joined in "one flesh":

> But, the grace which was to perfect that natural love, and confirm that indissoluble union, and sanctify the persons married, Christ Himself, the institutor and perfecter of the venerable sacraments, merited for us by His passion, which the Apostle Paul intimates when he says: *Husbands love your wives, as Christ also loved the Church, and delivered himself up for it* [Eph. 5:25], adding immediately: *This is a great sacrament, but I speak in Christ and in the Church* [Eph. 5:32].[62]

62 *The Canons and Decrees of the Council of Trent*, ed. and trans. Henry Joseph Schroeder (Rockford, IL: TAN, 1978), session 24, *Doctrine on the Sacrament of Matrimony*, p. 180.

Furthermore, the Council confirmed that with Christ, marriage became a means of providing sacramental grace. It contained both sacramental elements: the biblical sign and the conferral of grace. Having established this, still, the matter of indissolubility remained vague. The Council also affirmed that indissoluble matrimony was instituted by divine inspiration in the state of innocence—although not as a positive precept—as evidenced in Genesis (the spouses were "one flesh").[63] In what sense, then, was marriage "naturally" indissoluble and then "confirmed" to be such in the New Law? In other words, in what precise sense was the "natural" marital contract defined as more rigid—being indissoluble—than any other given contract? This represented the most important—because it was the most contested—topic concerning the *essentia* of marriage.

Sánchez pointed out that the crux was to define the correct source of law of the perpetual marital bond. A number of candidates were available: indissolubility by natural law, by divine positive law, "by reason of the sacrament itself, or of the signification, or by ecclesiastical [law]."[64] The "signification" was that of Christ's relationship with the Church, a bond defined either by charity (unconsummated marriage) or true union (consummated marriage).[65] On this basis, there were many intellectual foundations from which the indissolubility of this bond could be inferred. Gregory of Valentia, for example, referenced scripture, the Church Fathers (mainly Augustine), the nature of the marriage contract as providing for the offspring, and the sacramental rationale.[66] Valentia's pupil Adam Tanner identified the Thomist position in the thesis that "marriage is indissoluble by the institution of the author of nature."[67] This analysis indeed

---

63 Sánchez, *DSMS*, tom. 1, II, d. 13, n. 4, 128. *The Canons and Decrees of the Council of Trent*, p. 180: "The perpetual and indissoluble bond of matrimony was expressed by the first parent of the human race, when, under the influence of the divine Spirit, he said: *This now is bone of my bones, and flesh of my flesh* [Gen. 2:23]."

64 Sánchez, *DSMS*, tom. 1, II, d. 13, n. 4, 128, discussing the indissolubility of consummated marriage: "Tota autem difficultas consistit, an ea indissolubilitas proveniat ex iure ipso naturali et ex matrimonii natura, vel tantum ex iure divino positivo, ex ratione ipsa sacramenti, vel significationis, vel ex Ecclesiastico: et similiter idem dicendum sit de matrimonio rato?" In this piece, we do not have the space to discuss ecclesiastical law.

65 Sánchez, *DSMS*, tom. 1, II, d. 13, n. 1, 127.

66 Valentia, *Comm3a*, 2196f and 2198.

67 Adam Tanner, *Universa Theologia, scholastica, speculativa, practica*, Ingolstadt, 1626–27, tom. 4, d. 8, q. 5, d. 3, n. 48, 2221: "de iure naturali probatur, quia matrimonium, ex institutione auctoris naturae, est indissolubile [...]. Etsi matrimonium etiam ratum sua natura est indissolubile, [...] multo magis consummatum."

coincided with that of Aquinas, that is, the idea that marriage was indissoluble independently by the congruent norms of divine law and natural law.

The foundation of indissolubility in natural law revolved around the idea that unconsummated and consummated marriages were ultimately ordered towards procreation and the raising of children, which necessitated a perpetual bond.[68] On these grounds, all marriage was indissoluble already in the state of innocence. Sánchez recounted this claim with reference to the *Tridentinum*.[69] He added that "if it were not indissoluble by natural law, then it could be dissolved by mutual consent, like other contracts."[70] To explain the origin of marriage, Sánchez even accentuated its institution in the state before sin in a particular way, by God's precept "grow and multiply," which the *Tridentinum* had ignored because it was directed at humans and animals alike.[71] Aquinas had claimed that, although these words referred to animals and humans, they applied to humans differently.[72] He was keen to maintain the distinction between animals and humans. Sánchez, however, used this line of argument in order to contrast the natural institution of marriage contained in this precept against the contractual institution derived from Adam's words inspired by God, as referenced by the *Tridentinum*.[73] Thus, for Sánchez, the institution of marriage in natural law carried with it the emphasis on treating animals and humans alike concerning the procreative aspect of marriage. Effectively, Sánchez tied the natural aspect of matrimony to an understanding that did not distinguish the particularly *human* marital association. The parental-natural aspect of human life therefore substantially covered the same ground that the animal procreative end pursued. As we shall see, we find the emphasis on the distinctly *human* sense of matrimony in the sacramental aspect of marriage on the one hand, and the spousal-political aspect on the other.

With this tight connection between natural law and procreation in mind, it becomes evident that Sánchez's own analysis of the Thomist position was quite different from Tanner's. According to Sánchez, Aquinas's position only served to defend "some indissolubility" by natural law.[74] As Sánchez queried, if it all

68 Sánchez presented the Thomist view of natural matrimony in *DSMS*, tom. 1, II, d. 2, 115.

69 Sánchez, *DSMS*, tom. 1, II, d. 13, n. 4, 128, punct. 4. See the discussion above of the *locus* in Aquinas, *CommIV*, d. 33, q. 2, a. 1.

70 Sánchez, *DSMS*, tom. 1, II, d. 13, n. 4, 128: "si non esset iure naturali indissolubile, dissolvi posset caeterorum contractuum more, per mutuum consensum."

71 Sánchez, *DSMS*, tom. 1, II, d. 4, n. 2, 118.

72 See our section above on Aquinas. Aquinas, *CommIV*, d. 26, q. 2, a. 2, ad 4.

73 Sánchez, *DSMS*, tom. 1, II, d. 4, n. 3, 118.

74 Sánchez, *DSMS*, tom. 1, II, d. 13, n. 7, 128.

boiled down to the procreative end associated with natural law, what would one make of infertility? Or of a spouse in permanently bad health, unable to render the service for the evasion of adultery? Sánchez thus struggled to ground the matrimonial association in natural law. One reason for this could be that, if our thesis is accurate, the "secondary" spousal end was in fact conceptually separated from the "primary" procreative end because it was defined by the ethical norms of friendship. These ethical norms produced a categorical gulf to the procreative rationale that humans shared with animals and to the sacramental rationale that brought humans to salvation.

For Sánchez, natural law on its own seemed like a bad argument because it was unchanging everywhere and at all times, but marriage could be dissolved prior to the "law of the gospel."[75] Moreover, by looking at the historical record as described by Plutarch, Plato, Alciato, "and many others," one could easily assert that marriage *de facto* had been dissolved by the customs of "the wisest pagan cultures [*Ethnici*] and most eminent investigators of the natural law," such as the Romans and Athenians.[76] Sánchez proceeded very cautiously concerning the argument from natural law. Beyond assigning to it only limited indissolubility, he developed his view by excluding other sources of law and by relying on his conception of divine natural law. Thus, given that indissolubility existed in the state of innocence, as the *Tridentinum* had confirmed, it could derive neither from ecclesiastical law nor from sacramental law, which did not exist at that time. Nor could indissolubility be derived from divine *positive* law because God's only precept had been the prohibition of eating from the fruit of the tree. Therefore, only divine *natural* law remained. Natural law thus received its place in Sánchez's framework as dependent on divine law. Further emphasising this connection, Sánchez held that the natural law indissolubility of unconsummated marriage did not follow from "bare" nature—that is, the natural law obligation to fulfil one's contract: "otherwise, why could the spouses [in an unconsummated marriage] not dissolve their marriage by mutual agreement? For no harm would be done."[77] Instead, again, Sánchez argued that this

75 (and thereafter by the special case of the *Privilegium Paulinum* derived from 1 Cor. 7).

76 Sánchez, *DSMS*, tom. 1, II, d. 13, n. 7, 128: "non competere ex iure naturae: quia ius naturae semper manet immutatum: et idem est apud omnes et omni tempore, sed ante legem Evangelicam poterat per repudium dissolvi etiam matrimonium consummatum, et post legem Evangelicam potest etiam dissolvi quando est contractum in infidelitate et alter coniunx convertitur ad fidem: ergo signum est non esse naturale. [...] Tertio, quia sapientissimi Ethnici, praeclarissimique iuris naturalis investigatores, putabant licitum esse repudium: ut Romani [...]. Et apud Athenienses permissum erat [...]."

77 Sánchez, *DSMS*, tom. 1, II, d. 13, n. 10, 130: "Matrimonium autem ex se est vinculum perpetuum, nisi a superiori causa dirimatur: itaque eo semel contracto non possunt coniuges

kind of indissolubility participated in the realm of divinely instituted natural law. In effect, although he tied natural law to divine law, in Sánchez's view even this divinely instituted natural law only accounted for "some" indissolubility and did not suffice as a full explanation.

Certainly, the arguments on indissolubility highlight an emphasis on the revealed divine law required to support the rational law of nature. One conclusion may well be that where reason failed, revelation had to step in;[78] but another way of reading this set of claims is that Sánchez was pursuing an argument that enquired into a conception of marriage which he did not believe could be fully accounted for by the end of procreation.[79] The legal source favoured by Sánchez opened up the space for the notion that marriage also pursued the ethical ends of spousal friendship—without such ethical norms, it would not be a marriage in the fullest sense.

In Sánchez's view, then, divine natural law could not embody the legal source that held together the indissoluble marital bond. Moreover, Matthew 19 could not do the trick either.[80] Sánchez argued that Christ actually *surprised* his disciples with his reference to indissolubility in the state of innocence, that is to say, to the disciples this was "new" and "unheard" of.[81] Based on Matthew 19, marriage indissolubility obtained neither by reason of natural law (which would not account for the disciples' surprise) nor by reason of sacrament (which did not exist in the state of innocence). Instead, Christ's reference to the state of innocence had to do with God's particular intervention at that particular time. The entire line of argument emphasised that neither natural law nor sacramental law could do the job. Sánchez's view thus contrasted with that of Tanner, who appeared to remain more literal than Sánchez in reproducing

---

mutuo consensu, nec ex quacumque alia causa illud dissolvere: sed haec firmitas non omnino provenit ex sua natura nude sumpta, sed a sua natura, iuncta divinae institutioni: nam attenta huius contractus natura ante consummationem, non apparet cur non possint contrahentes mutuo consensu separari. Quia nulli facerent iniuriam: et sicut sua voluntate contractum erat, ita posset eadem dissolvi: res enim per quos nascitur causas, per easdem dissolvitur."

78 Schwab mentions the passage on "natura nude sumpta" quoted here (*DSMS*, II, d. 13, n. 10) in "Ehe und Familie," p. 94, in support of his argument that there was a general tendency that made indissolubility depend on revelation, even concerning natural law.

79 Sánchez, *DSMS*, tom. 1, II, d. 13, n. 12, 130.

80 Instituted in the state of fallen nature in Matt. 19, divine law defined the lifelong tie of *consummated*, Christian marriage—this could not be about unconsummated marriage because Christ referred to the couple that had become "one flesh."

81 Sánchez, *DSMS*, tom. 1, II, d. 13, n. 7, 129: "discipuli audientes hanc matrimonii indissolubilitatem, quasi de re nova et alias inaudita, scandalizati sunt et dixerunt: *si ita est, non expedit nubere* [Matt. 19:10], ergo signum est non esse ex iure naturae."

the Thomist view, according to which the independent accounts of natural law and divine law each sufficed. For Sánchez, natural law, with its stress on the procreative rationale, receded into the background and divine natural law took the place to defend the properly marital space, but even it could not account for marital indissolubility proper. Similarly, the sacramental rationale failed in this respect.

Having ultimately disagreed with all of the arguments presented above, Sánchez trned to the solution he found most probable. He held that

> total indissolubility does not obtain by natural law, nor by reason of sacrament, but by the signification through which Christ elevated it to signify Christ's indissoluble union with the Church in the flesh: and because this signification only obtains in consummated marriage [...], only *it* is entirely indissoluble.[82]

Sánchez's thesis was that through Christ a twofold "elevation" of marriage occurred, of which the second contained indissolubility: first, to the status of sacrament, and second, to the signification of Christ's relationship with the Church. While divine law and natural law played their roles, the crucial point was that Christ ordered marriage to resemble his relationship to the Church. Marriage gained its central aspect from this comparison. This was neither natural law, with its emphasis on the procreative rationale, nor sacramental law, in its aspect of conferring grace, nor ecclesiastical law. On account of the arguments presented above, Sánchez saw a general albeit not total defence of indissolubility in the amalgamation of divine positive law with natural law. In the final analysis, he based indissolubility on its signification as resembling Christ's relationship to his Church.[83]

By contrast, writing after Sánchez, Tanner felt that he himself remained more faithful to Aquinas.[84] Although Christian marriage was "ultimately rooted in the reason of the signification of Christ's union with the Church in the flesh,"

---

82 My italics. Sánchez, *DSMS*, tom. 1, II, d. 13, n. 7, 128: "omnimodam indissolubilitatem non competere matrimonio, ex iure naturae, nec ex ratione sacramenti, sed ex significatione, qua Christus evexit illud ad significandam unionem indissolubilem Christi cum Ecclesia per carnem assumptam: et quia haec significatio tantum convenit in matrimonio consummato ut probavi n. 1 illud solum esse omnino indissolubile."

83 Sánchez's conclusion coincided with that of Bellarmine and Henríquez, but opposed the views of Cajetan and Vázquez. For references to these and other theologians, see Sánchez, *DSMS*, II, d. 13, n. 7, 128f, and Tanner, *Universa theologia*, d. 8, q. 5, dub. 3, 2221.

84 Tanner, *Universa theologia*, d. 8, q. 5, dub. 3, n. 48, 2221.

Tanner held that this only *confirmed* the existing indissolubility rather than representing its cause *per se*; in Aristotelian metaphysical terms, the *ratio signi* pertained to marriage *per accidens*.[85] It is indeed the case that Sánchez held the best argument to be the one defending the total indissolubility of marriage only in the case of Christian, consummated marriage. Our point here is not to resolve the issue on indissolubility, but rather to illustrate that Sánchez's solution opened up a separate appreciation for the spousal relationship, precisely because marriage in this scenario took place also outside of the immediate aims of natural law (procreation) and sacramental law (grace). It thus left open the possibility for the independent political point of friendship, which we traced in the previous section.

We can further bolster our framework which has illustrated novel ideas on political thought against the background of theological orthodoxy. On theological grounds, Sánchez, like Valentia and Tanner, supported the inseparability of contract and sacrament in Christian marriage, against Cajetan who supported the thesis that the marital contract and the sacrament were distinct, so that Christians could in fact engage in a natural matrimony only.[86] Cajetan thus followed what originally derived from the Scotist strong distinction between marriage, contract, and sacrament. According to Scotus, the sacrament was a *superadditum* to natural matrimony.[87] Sánchez, Valentia, and Tanner all held the same theological position, influentially defended also by Bellarmine, against the Scotists.[88] Mapping Sánchez's orthodoxy regarding the defence of indissolubility thus serves to distinguish the purely theological perspective, which this chapter is not concerned with, from the political perspective, for which the present piece formulates an intervention. Crucially, on another level—that of the political nature of the spousal and the parental roles—a gulf opened up between Sánchez and the view epitomised by Tanner in this

85 Tanner, *Universa theologia*, d. 8, q. 5, dub. 3, n. 49, 2221.

86 Tomás Rincon-Pérez, *La sacramentalidad del matrimonio y su expresión canónica* (Madrid: Ediciones Rialp, 2001), at pp. 22–24, summarises the opposition between Cajetan and Gabriél Vázquez, who affirmed the Scotist separation of the sacrament from the contract, and Bellarmine and Sánchez, who defended the inseparability, as Rincón-Pérez concludes on p. 24: "Entre cristianos no se celebra ningún matrimonio legítimo que no sea a la vez sacramento."

87 John Duns Scotus, *In Tertium et Quartum Sententiarum Quaestiones Subtilissimae*, Antwerp, 1620, d. 26, q. 1, n. 16 and n. 17, 354f.

88 This discussion was important, for example, for the question of whether the church or the political community should have jurisdiction over marriage.

piece. Through Sánchez's emphasis on the signification, the spousal relationship received its separate appreciation from the procreative logic of natural law and the salvific logic of sacramental law. Consequently, as a corollary of Sánchez's exposition, the political-conjugal element of marriage occupied an independent space.

5 Conclusion

Late scholastic thought on matrimony and the common good followed a trend that was not particular to Tomás Sánchez but was most prominently elaborated in his work. This was the concept of an interdependence between the household and the political community. Sánchez explored the foundation laid by Aquinas in a systematic way. Instead of sticking with the hierarchical Augustinian understanding of the *triplex bonum* that centred on procreation and was followed in its most important ways by Aquinas, Sánchez paid close attention to the notion of spousal friendship. This framework served to fortify the notion of the marital common good as standing in relation to political virtue: the procreative rationale that produced virtuous, adult citizens was not the only politically relevant dimension of the household. Rather, the movement we traced was one that respected the specifically conjugal common good within the overall household common good. Thus, the evidence concerning marital friendship and indissolubility connected the ethical ends of the conjugal relationship with the political ends. I have aimed to highlight this point about the common good in late scholastic thought: the political aspect tied in with the spousal relationship because it fostered political virtues and thus reinforced the stability of the political community. With Tomás Sánchez and the late scholastics, we can regard the household as an essential building block of the political community, a parapolitical space that was distinguished from the sphere of politics on the one hand, but constitutive of it on the other.

Bibliography

Aquinas, Thomas. *Scriptum super Sententiis, liber IV* [http://www.corpusthomisticum.org].

———. *Summa contra Gentiles* [http://www.corpusthomisticum.org].

———. *Supplementum Tertiae Partis Summae Theologiae* [http://www.corpusthomisticum.org].

Aristotle. *Nicomachean Ethics*, ed. and trans. Roger Crisp (Cambridge: Cambridge University Press, 2000).

———. *Politics*, ed. T.J. Saunders, trans. T.A. Sinclair (London: Penguin, 1992).

Augustine. *De bono coniugali / De sancta virginitate*, ed. and trans. P.G. Walsh (Oxford: Clarendon Press, 2001).

———. *The Literal Meaning of Genesis*, vol. 2, ed. and trans. John Hammond Taylor (New York: Newman Press, 1982).

Arendt, Hannah. *The Human Condition* (Chicago: University of Chicago Press, 1958).

The Canons and Decrees of the Council of Trent, ed. and trans. Henry Joseph Schroeder. (Rockford, IL: TAN, 1978).

Carrodeguas, Celestino. *La sacramentalidad del matrimonio. Doctrina de Tomás Sánchez, S.J.* (Madrid: Comillas, 2003), pp. 55–61.

Fullam, Lisa. "Towards a Virtue Ethics of Marriage: Augustine and Aquinas on Friendship in Marriage," *Theological Studies* 73 (2012), 663–92.

Höpfl, Harro. *Jesuit Political Thought* (Cambridge: Cambridge University Press, 2004).

Kraut, Richard. *Aristotle: Political Philosophy* (Oxford: Oxford University Press, 2002).

Leblanc, Marie. "Amour et procréation dans la théologie de saint Thomas," *Revue Thomiste* 92 (1992), 433–59.

Ledesma, Pedro de. *Tractatus de magno matrimonii sacramento*, Salamanca, 1592.

MacIntyre, Alasdair. *After Virtue* (London: Duckworth, 2007).

Medina, Miguel de. *De Sacrorum hominum continentia*, Venice, 1569.

Molina, Luis de. *De Iustitia Et Iure*, Mainz, 1614.

Plato. *The Statesman*, ed. and trans. Joseph Bright Skemp (London: Bristol Classical Press, 2002).

Rincon-Pérez, Tomás. *La sacramentalidad del matrimonio y su expresión canónica* (Madrid: Ediciones Rialp, 2001).

Sánchez, Tomás. *De Sancto Matrimonii Sacramento*, Lyon, 1669.

Saxonhouse, Arlene. "Aristotle: Defective Males, Hierarchy and the Limits of Politics," in *Feminist Interpretations of Political Theory*, eds. Carole Pateman and Mary Shanley (Cambridge: Polity, 1985), pp. 32–52.

Schochet, Gordon. *Patriarchalism in Political Thought: The Authoritarian Family and Political Speculation and Attitudes Especially in Seventeenth-Century England* (Oxford: Blackwell, 1975).

Schwab, Dieter. "Ehe und Familie nach den Lehren der Spanischen Spätscholastik," in *La seconda scolastica nella formazione del diritto privato modern*, ed. Paolo Grossi (Milan: Giuffre, 1972).

Scotus, John Duns. *In Tertium et Quartum Sententiarum Quaestiones Subtilissimae*, Antwerp, 1620.

Tanner, Adam. *Universa Theologia, scholastica, speculativa, practica*, Ingolstadt, 1626–27.

Valentia, Gregorius de. *Commentariorum Theologicorum tomi quatuor*, Louvain, 1609.

Vio Cajetan, Tommaso de. *Evangelia cum commentariis*, Paris, 1536.

Vitoria, Francisco. *Opuscula omnia*, Venice, 1612.

———. "relectio De Matrimonio," in *Obras de Francisco de Vitoria*, ed. Teofilo Urdañoz (Madrid: Editorial Católica, 1960).

Witte Jr., John. *From Sacrament to Contract: Marriage, Religion and Law in the Western Tradition* (Louisville: John Knox Press, 1997).

Yack, Bernard. *The Problems of a Political Animal: Community, Justice and Conflict in Aristotelian Political Thought* (Berkeley: University of California Press, 1993).

Zapp, Hartmut. *Die Geisteskrankheit in der Ehekonsenslehre Thomas Sánchez'* (Cologne: Böhlau, 1971).

CHAPTER 5

The Concept of *ius gentium*: Some Aspects of Its Doctrinal Development from the 'School of Salamanca' to the Universities of Coimbra and Évora

Paula Oliveira e Silva

1 The Question of the Natural or Positive Origin of *ius gentium*

The broad nature of the concept of *ius gentium* makes its semantic definition extremely complex. It is a concept that has been used since ancient times in a juridical context but has been understood, also since those times, on the basis of philosophical categories, such as the concept of nature, community, or law. On the other hand, as Max Kaser points out, the notion was used at different times for different purposes, making it difficult to reduce its meaning to a common formula.[1]

In the 16th century, the debate on the concept of *ius gentium* assumed particular relevance at the universities of the Iberian Peninsula, in particular at Salamanca, Alcalá, Coimbra, and Évora. The debate engaged in by the theologians of the intellectual movement we now call *School of Salamanca* is marked by a well-defined historical context.[2] The problem raised is the political and

1 On the essential meanings of *ius gentium*, see Max Kaser, *Ius gentium*, trans. Francisco José Andrés Santos (Granada: Editorial Comares, 2004), pp. 6–13. On the relation between *ius gentium* and *natura* in Roman jurists, ibid., pp. 68–79.

2 On the concept of the 'School of Salamanca', see Juan Belda Plans, *La Escuela de Salamanca y la renovación de la teología en el siglo XVI* (Madrid: B.A.C., 2000), pp. 155–97, and Miguel Anxo Pena, *La Escuela de Salamanca. De la monarquía hispánica al orbe católico* (Madrid: B.A.C., 2009), pp. 5–130, both containing a broad and updated bibliography. The thoroughly documented collective work by Luis E. Rodríguez-San Pedro Bezares and Juan Luis Polo Rodríguez, eds., *Historia de la Universidad de Salamanca*, vols. 1–4 (Salamanca: Ediciones Universidad de Salamanca, 2002–2009), should be consulted, since it includes a collection of exhaustive studies mainly on the University of Salamanca but also on other peninsular universities, and on the European context of which they are a part. On the history of the University of Salamanca from its genesis to the Renaissance, see vol. 1, pp. 21–96. On the concept of the 'School of Salamanca', and its genesis and settlement (15th–16th centuries),

 | DOI 10.1163/9789004322707_007

moral and concerns the right of the Spanish crown to dominate and hold the territories and goods of indigenous peoples, to wage war on them, and to take them into slavery.[3]

The ultimate argument used by the Spanish conquistadors to legitimise such behaviour was the barbaric customs of the peoples of the New World, which included cannibalism and human sacrifice as part of religious rituals. The conquistadors declared that beings who engaged in such practices could not be human, and therefore were not able to own land or have the corresponding rights. The theologians of the University of Salamanca were asked to take part in this debate, analysing the moral legitimacy of the acts carried out by the Spanish crown in the territories of the *novus orbis*. One of the ways to show the human nature of these peoples was to prove precisely that they were regulated by the norms of *ius gentium*, which requires some type of rational deduction.

The theoretical framework of the arguments put forward in this debate is linked to the ambiguity found in Aquinas's *Summa Theologiae* in the definition of *ius gentium* and its place within the division of the law.[4] Analysing the concept of law in *Summa Theologiae* I–II, qq. 90–97, Thomas Aquinas explains the concept of *ius gentium*, bearing in mind the definition given by Isidore of Seville in his *Etymologiae*. Isidore divides *ius* into three categories, in exclusive disjunction: natural, civil, or *gentium*. In this meaning *ius gentium* diverges from *ius naturale*. Accordingly, it must be an *ius positivum*, for no other division

---

see vol. 3.1, pp. 251–81. On the doctrinal and historical identity of and differences between the universities of Salamanca and Alcalá, see vol. 3.1, pp. 1041–64. On the history of the medieval university of Lisboa-Coimbra, see vol. 3.1, pp. 1065–86; for a better understanding of the relations between the 16th-century universities of Coimbra and Salamanca (particularly dissemination of doctrines and movement of academics), see vol. 3.1, 1087–1146.

3 On the historical context of the conquest of the Americas by the Spanish crown and the discussion on the Indians' natural, individual, and legal freedom, see Riccardo Campa, ed., *I trattatisti spagnoli del dirrito delle genti* (Bologna: Il Mulino, 2010), pp. 20–31 and 50–53.

4 To understand the relation between *lex* and *ius* in the 13th century, see Kenneth Pennington, "*Lex* and *ius* in the Twelfth and Thirteenth Centuries," in *Lex und Ius. Beiträge zur Begründung des Rechts in der Philosophie des Mittelalters und der Frühen Neuzeit / Lex and Ius. Essays on the Foundation of Law in Medieval and Early Modern Philosophy*, eds. Alexander Fidora, Matthias Lutz-Bachmann, and Andreas Wagner (Stuttgart-Bad Cannstatt: Frommann-Holzboog, 2010), pp. 1–23. For the analysis of the concepts of *lex naturalis* and *ius naturale*, see Matthias Perkams, "Lex naturalis vel ius naturale. Philosophisch-theologische Traditionen des Naturrechtsdenkens im 12. und 13. Jahrundert," ibid., pp. 89–117, particularly pp. 113–117, for the position of Thomas Aquinas. For the concept of *ius gentium* by Aquinas, see also Matthias Lutz-Bachmann, "Die Normativität des Völkerrechts: Zum Begriff des ius gentium bei Francisco Suárez im Vergleich mit Thomas von Aquin," ibid., pp. 476–81.

is possible in law. Thomas Aquinas explains Isidore's division by stating that *ius* derives from the law through reasoning. In reasoning, conclusions derive from premises. And what distinguishes *ius gentium* from the other types of *ius* is that the precepts it contains derive from the law, just as in reasoning conclusions derive from the evident principles. In contrast, *ius civile* derives by means of a more complex deduction. Therefore, it is an *ius positivum*, since it is established (*positum*) by human reason. What differentiates the latter from the former is the greater intervention of human reasoning in the inference of normative precepts from legal principles.

However, when Aquinas analyses the virtue of justice and its relation to *ius* in the *Summa Theologiae* II–IIae, he is compelled to rethink his statement regarding the natural origin of *ius gentium*. In fact, here he considers this *ius* based on the specific precepts that it contains and correlates these precepts with equity, which is the root of justice. In doing so he gives rise to a paradox. Precepts of *ius gentium*, such as those concerned with slavery or with division of goods, do not derive from strict natural equity. So, they cannot be rooted in nature, if we consider nature in an absolute sense. To resolve this difficulty Aquinas introduces a restriction to the meaning of the natural origin of *ius gentium*. This is not an *ius naturale* in an absolute sense, but only *secundum quid*. Thus, *ius gentium* is a natural *ius* not in the strict sense of equity but regarding some particularity of the goods involved and concerning their use in order to have the best achievement of the common good.

Within the context of the so-called 'School of Salamanca', the debate on the natural or positive condition of *ius gentium* stemmed from the doctrine expounded by Thomas Aquinas in the *Summa Theologiae*.[5] However, the discussion now takes on a new meaning. In the historical context of the 'School of Salamanca' the clarification of the nature and origin of *ius gentium* becomes, paradoxically, both a central problem, given the urgency of the issues it clarifies—those of *dominium* and restitution—and a peripheral debate, given the practical and emerging character of the issues it concerns.

5 That the adoption of the texts by Aquinas in the teaching of theology at the universities of the Iberian Peninsula is linked to Francisco de Vitoria and that he has great influence on the dissemination of Aquinas's *Summa Theologiae* in the theological studies at the University of Salamanca is incontrovertible. However, Simona Langella points out that this is the result of a process that began at least as early as the end of the 15th century at the universities of Valladolid, Seville, and Alcalá. See Simona Langella, "Estudio Introductorio," in Francisco de Vitoria, *De Legibus*. Trilingual edition; Spanish translation by José Barrientos García and Pablo García Castillo; Italian translation by Simona Langella (Salamanca: Ediciones Universidad de Salamanca, 2010), p. 20, n. 4.

2 Francisco de Vitoria and the Paradox of Aquinas

Francisco de Vitoria's arguments on the moral legitimacy of the Spanish enterprise in America are innovative and decisive, and they originate an ethical and juridical doctrine which is at the foundation of the 'School of Salamanca'. Regarding the concept of *ius gentium*, Vitoria's statement is strictly linked to both his doctrine on restitution and that on the Indian cause. The theoretical debate on these issues—the Indian cause, the moral legitimacy of the conquest of their territories by violent means and of Spanish control over the indigenous population by resorting to slavery—takes place within a climate of controversy.[6] The core of the problem is to determine whether, before the Spanish occupation, the natives were capable of *dominium* and were legitimate owners of property and goods. Vitoria's arguments are clearly focused on showing that if the Indians are capable of exercising the elementary principles of *ius gentium*, then they are rational and free human beings, and nothing can legitimise their having their lands and goods seized, being taken into slavery, and being persecuted to death and massacred.

In sixteen paragraphs of Part I, *sectio* I, of *Relectio de indiis*, Vitoria discusses the problem of the Indians' capacity for *dominium*.[7] At the end of his reasoning he makes a statement which synthesises all the arguments expounded and which he identifies as the correct conclusion: before the Spanish arrived, the Indians had the real capacity of *dominium* of their goods and their territories.[8]

6 Today there is considerable literature on these specific themes: the historical and political context of the discovery of the Americas in the reign of Charles V; the conflict generated specifically around the murder of Atahualpa, king of the Incas, during Francisco Pizarro's government of Peru; the latter's involvement in the process case of the Dominican Vicente de Valverde, Vitoria's disciple; and the controversies around these events concerning royal and ecclesiastical power. Particularly useful in clarifying these matters is Luciano Pereña's study "La escuela de Salamanca y la duda indiana," where, after summarising the historiographical contextualisation of the controversy about the Indians, he highlights Vitoria's doctrine on the Indian cause and the preponderant role he had in this debate. Luciano Pereña, "La escuela de Salamanca y la duda indiana," in: *Francisco de Vitoria y la Escuela de Salamanca. La ética en la conquista de America*, ed. Luciano Pereña (Madrid: Consejo Superior de Investigaciones Científicas, 1984), pp. 292–344.

7 Francisco Vitoria, *Relectio de Indis*, Sectio I: *Vtrum barbari essent veri domini ante adventum hispanorum*. Critical bilingual edition by Luciano Pereña and José Manuel Perez Prendes (Madrid: Consejo Superior de Investigaciones Científicas, 1967), pp. 12–31.

8 Ibid., I, 1, 16, 31: "[...] indi barbari, antequam hispani ad illos venissent erant veri domini et publice et privatim."

The concept of *dominium* is at the foundations of Vitoria's arguments about just war and the Indian cause, explained in the aforementioned *Relectio*. However, this concept, as regards the relationship between peoples, is directly related to the clarification of the origin of law and of justice, and is therefore closely connected to the concept of *ius gentium*. Like Aquinas, Vitoria also considers *ius gentium* as a natural right *secundum aliquid* and not as a natural right *stricto sensu*, for it is not based on natural equity. However, rather than evaluating the particular aspects of the things involved, as Aquinas does, Vitoria places the force of law of *ius gentium* on the fact that it derives from a human statute established by means of reasoning.[9] *Ius gentium* originates in a consensus based on a common human nature, which is rational and free. Hence, Vitoria speaks of a virtual consensus among all people, the precepts of which do not require promulgation by the republic in order to have force of law. This consensus is rooted in a tacit agreement in order to achieve peaceful coexistence. Vitoria states that it is essentially this consensus that guarantees the universality of the precepts of *ius gentium* and its foundation in natural law. Due to this fact, he argues that *ius gentium* is an *ius positivum*.

However, this leads to a difficulty. Given that some precepts of *ius gentium* coincide with those of the Decalogue, these precepts would also belong to positive law. In that case they would depend on human consensus and would not be immutable. Like Aquinas, Vitoria states that these precepts are of natural law in the absolute sense: they are just per se,[10] and this is, according to Vitoria, the Thomist meaning of *ius naturale*.[11] But, as Vitoria also points out, what is specific to *ius gentium* is the fact that the norms of *ius gentium* are not in themselves good, but only in relation to something else, namely to the achievement of peaceful coexistence. Therefore, he concludes that the precepts of *ius gentium* are of positive law—they are sanctioned by common consensus and established by men.[12] According to Vitoria, positive law is determined by

---

9 Vitoria, *De iustitia*, q. 57, a. 3; ed. Luis Frayle Delgado (Madrid: Tecnos, 2001), p. 24: "[…] lo que es adecuado y justo […] en cuanto se ordena a otra cosa, es derecho de gentes. Así pues, aquello que no es equitativo por si mismo, sino por un estatuto humano fijado racionalmente, eso se denomina derecho de gentes. De tal modo que por si mismo no conlleva equidad, sino en relación a alguna otra cosa."

10 Ibid., p. 25: "Todas estas cosas son justas por sí mismas y no en relación a otra cosa."

11 Ibid., p. 26: "Decimos pues con Santo Tomás que el derecho natural es un bien por si mismo sin orden a algún otro."

12 Ibid., p. 26: "En cambio, el derecho de gentes no es un bien de suyo, es decir, se dice que el derecho de gentes no tiene en sí equidad por su propia naturaleza, sino que está sancionado por el consenso de los hombres."

the fact that it is established by the will of the legislator.[13] In contrast, natural law is based on necessity, which is the principle that governs the nature of things. *Ius gentium* is that type of *ius*, for its norms regulate the necessary principles for coexistence, even if it is established through rational deduction and common consensus. Nevertheless, the basic condition for the possibility of the latter is neither its elaboration by the established authority nor its public form, but the existence of common humanity with a common rationality. Vitoria states that the precepts of *ius gentium* ensure the achievement of the primary principles of natural law, as is the case of the preservation of a peaceful life for all. *Ius gentium*, even if virtual and not promulgated, is binding for everyone, at least as regards those statements without which principles of natural law that are necessary for the achievement of the common good cannot be fulfilled. Accordingly, although *ius gentium* is based on consensus or agreement among all peoples, its link to natural law and its universality are guaranteed.[14]

However, Vitoria does not provide a clear distinguishing criterion for principles of natural law per se and principles of *ius gentium* based on consensus. So, one might accept that the precepts of *ius gentium* that coincide with those of the Decalogue are based on consensus and, once that consensus changes, the precepts could be revoked. This lack of criterion opens up the possibility of both the disassociation of precepts of *ius gentium* from natural law and of their determination being left to the will of man.

Vitoria's ethical and political doctrines on the conquest of America found favour with some of the theologians who were his contemporaries and gave rise to a doctrinal corpus at the University of Salamanca. These doctrines and debates were echoed in the Portuguese universities of Coimbra and Évora, revealing continuity of doctrine and the existence of a project of corporative teaching.[15] The doctrines of the 'School of Salamanca' have been studied mainly

13 Ibid., pp. 15–16: "Todo derecho distinto del natural es positivo. Se llama positivo porque procede de algún consenso. [...] Los teólogos afirman comúnmente que es lo mismo derecho natural que necesario: es decir, el derecho natural es aquel que es necesario en cuanto no depende de voluntad alguna. Y el que depende de la voluntad o beneplácito de los hombres se denomina positivo."

14 Cf. ibid., p. 29. Vitoria states that *ius gentium* is not absolutely necessary but *quasi necessarium*, for without it it would be hard to safeguard natural law.

15 As Luciano Pereña states, at the University of Salamanca there must have existed a collective research programme, whose goal would have been to study the legitimacy of the Spanish enterprise in America. This programme would have involved a plan to disseminate the doctrines of the 'School of Salamanca', also reaching the universities of Coimbra and Évora. Luciano Pereña, "Glosas de interpretación. Programa colectivo de investigación (1560–1565)," in *De bello contra insulanos. Intervención de España en América*, eds.

in Spain since the second half of the 20th century and to this date have aroused the renewed interest of the international scientific community. However, there are practically no studies relating to the continuity of the doctrines in the 16th-century Portuguese universities. The purpose of this study is twofold. First, to bring to the forefront some features of the evolution of the concept of *ius gentium* that can be found in the commentaries on Aquinas's *Summa Theologiae* by significant authors of the 'School of Salamanca'; and then to point out some aspects of the continuity and development of this debate in the same commentaries by some professors of theology who taught at the 16th-century Portuguese universities of Coimbra and Évora.

3 Domingo de Soto and Luis de León: From the Positivity of *ius gentium* to the Doctrine of Intermediate Nature

Domingo de Soto and Luis de León are two authors who deserve particular mention for their specific statements in the debate which arose on the doctrines set forth by Vitoria on the nature and origin of *ius gentium*.

In his work *De iustitia et iure*,[16] Soto analyses the concept of natural law and explains that it contains principles *per se notae*, which are immediately apprehended by human reasoning. However, principles of natural law may be evident *per se* or *quoad nos*. In the latter case, they require explanation from wise men. If that is the case, there are several precepts of natural law, and they vary by degree of evidence. As some of those principles require clarification through reasoning, even if they are based on primary principles of practical reason, Soto's conclusion is that natural law has multiple norms and not just one, a doctrine that is in accordance with Thomas Aquinas's explanation of the subject in *Summa Theologiae* I–IIae, q. 94, a. 2.

To explain the nature and origin of *ius gentium*, Soto also discusses the suitability of the tripartite division of law established by Isidore and states that this division is rooted in a broad notion of *ius naturale* which also includes irrational beings. Conversely, *ius gentium* contains precepts that are common

Luciano Pereña et al. (Madrid: Consejo Superior de Investigaciones Científicas, Tomo II, 1982), pp. 149–53.

16 Domingo de Soto, *De iustitia et iure*, I, q. 4, a. 2. Bilingual edition by Venancio Carro et al., eds., vol. 1 (Madrid: Instituto de Estudios Políticos, 1968), pp. 31–32. The doctrine of the nature of *ius gentium* and its relationship with natural law is carefully analysed by Karl Kottmann, *Law and Apocalypse: The Moral Thought of Luis de León (1527?–1591)* (The Hague: Martinus Nijhoff, 1972), pp. 42–48.

to all nations and derive from reason through discourse. Thus, precepts of natural law which are grasped in a broader sense derive from the instinct proclaimed by nature. Those of *ius gentium* derive from nature *propter discursum*. Accordingly, Soto states that *ius gentium* is an *ius* of natural law but derives from the rational nature of man. As these latter precepts are expressed by reasoning they are established—*positum*—by men.

In Book III of *De iustitia et iure*, q. 1, a. 2, Soto analyses the division of law and discusses whether its division into natural and positive is pertinent. He points out that it is absolutely necessary for *ius* to be understood through its divisions, whether these are reached through law as a regulating principle or through what is just, which is the object of justice. Soto ascertains that to the extent that it is common to divine and to human law, *ius* is divided into *positivum* and *naturale*. Based on this division Soto analyses the question raised by Aquinas in II–IIae, q. 57, a. 3: *vtrum ius gentium sit idem cum iure naturale*. And he clearly states that this issue has but one single conclusion:[17] *ius gentium* is both distinct from *ius naturale* and part of *ius positivum*. He states that although Aquinas does not say so explicitly, that is the necessary conclusion of his doctrine.[18]

Soto's deduction regarding the nature and origin of *ius gentium* was contested by some of the theologians who were his contemporaries. The main reason for this criticism is the fact that the conclusion threatens the objectivity of this *ius*, making it dependent on human will. To some extent Soto's statement makes *ius gentium* less objective for two reasons. On the one hand, given the coincidence between the precepts of the Decalogue and *ius gentium*, if the latter is grasped by rational deduction, this could also be the case for the former. On the other hand, the objectivity of *ius gentium* seems to be endangered because norms and precepts whose definition is crucial for the debate on the legitimacy of the conquest of America and the Indian cause—such as *dominium*, restitution, slavery, and just war—may be subject to a mere determination of the legislator's will. Soto's statement is harshly criticised by Luis de León and by other theologians who closely followed the latter's doctrine on the subject, such as Pedro de Aragón on the Spanish side, and António de S. Domingos on the Portuguese side.

17 Domingo de Soto, *De iustitia et iure*, III, q. 1, a. 3, 196: "Unica conclusione respondetur: ius gentium et a iure naturale distinguitur et sub iure positivo comprehenditur."

18 Ibid.: "Hanc conclusionem, etsi expresse hic sanctus Thomas non ponat, tamen argumenta eius quibus initio quaestionis arguit ius gentium esse naturale, insinuant eius esse mentem id negare, affirmareque subinde esse ius positivum. Praterea quam quod 1.2. q. 95, a. 4 id plane affirmat: ubi ius positivum dividit in ius gentium et civile."

The way in which Luis de Léon, in his *De legibus*, formulates the Aquinas issue in I–IIae, q. 95, a.4—*Dubitatur: Utrum Isidorus convenienter posuerit divisionem iuris humani et positive*[19]—shows that Soto's statement is what he has in mind. Luis de León ascertains that Soto's statement is unsustainable because it is contradictory. Soto admits that the first principles of practical reason are known by man through evidence. He also ascertains that these principles are of natural law and are immutable. But he then points out that the conclusions derived from those principles—which is the case in *ius gentium*—are of positive right because they are rationally deduced and can be revoked. Moreover, in that case one would have to admit that the principles of the Decalogue can also be revoked, for they coincide with those of *ius gentium*.[20]

Luis de León states that the problem must be resolved in another way.[21] This other way consists of differentiating two forms of derivation of a principle based on natural law: either in an absolute and simple manner, or supposing some conditions.[22] Luis de León expounds his doctrine regarding *ius gentium* by means of two propositions and two corollaries. According to León, *ius gentium* is a law originating in natural law and derived from it. Given the fragile and sinful human condition, human beings require norms that explain and specify the principles of natural law *absolute considerata*. The precepts of

19 Luis de León, *De legibus*, VI, art. 4. Bilingual edition by José Barrientos García and Emiliano Fernandez Vallina (Madrid: Editorial Escuralienses, 2005), p. 226. For the analysis of the criticism of Soto by Luis de León on the concept of *ius gentium*, see Kottmann, *Law and Apocalypse*, pp. 49–57.

20 Luis de León, *De legibus*, VI, art. 4, 226–28: "Soto, in hac re explicanda (lib. I De iustitia et iure, quaest. 5, art. 4) hac ratione videtur dividere ius naturale et gentium: quod principia prima quae sunt indita humanis membris ab ipsa natura et quae homines congnoscunt sine discursu illo, pertinent sola ad legem naturae. At vero conclusiones quae inde deducuntur, pertinent ad ius gentium. Et hac sententia stare nullo modo potest."

21 Ibid., 228: "[...] ad hanc rem explicanda necessario alia via incedendum est."

22 This doctrine is implicated in S. Th. II–IIae, q. 57, a. 3. According to Pereña, the distinction between absolute nature and conditioned nature to explain the concept of *ius gentium* is actually introduced by Luis de León and then followed by Bartolomeu de Medina, Miguel Bartolomé Salón, Pedro de Aragón, and also by the Portuguese Fernando Rebello: Luciano Pereña, "Introducción," in Fray Luis de León, *De legibus*. Critical bilingual edition; translation by Luciano Pereña, vol. 1 (Madrid: Consejo Superior de Investigaciones Científicas, 1963), p. LXIII. As we shall see, Rebello's doctrine is close to and based on that of Fernando Perez. Of the commentaries I read, António de S. Domingos develops a doctrine closest to León's. For an explanation of the concept of *ius gentium* in Pedro de Aragón, see José Barrientos García, *El tratado De iustitia et iure (1590) de Pedro de Aragón* (Salamanca: Ediciones Universidad de Salamanca, 1978), pp. 157–67.

ius gentium are of this kind and are mutable, whilst those of the natural law *absolute considerata* are not. The first corollary of this doctrine contains the inference that *ius gentium* has an intermediate nature regarding *ius*: it is partly natural and partly civil (positive).[23] Therefore, it can be considered from these two extremes, one of which links it to *ius naturalis* and the other to *ius positivum*. So, at the end of his exposition, León states that *simpliciter loquendo*, *ius gentium* belongs to *ius positivum*.[24] This conclusion is startling given its proximity to Soto's statement, which León rejected at the beginning of his exposition. However, their statements diverge at their very basis, since León claimed that Soto contradicted himself when saying that a reasoning based on natural law may produce a conclusion which is of positive law. For Luís de León, the positive condition of *ius gentium* results from the last sentence of his conclusion, which comes close to Vitoria's doctrine of universal consensus.[25]

Despite the divergence of arguments between Soto and Luís de León, it is possible to verify that some statements about law and justice represent the establishment of a new doctrine. The main doctrinal points of convergence and divergence between the aforementioned theologians can be pointed out as follows: 1) the division of *ius* into natural and positive is incontestably assumed; 2) there is disagreement regarding both the place of *ius gentium* within the law and its proximity to positive law; and 3) *ius gentium* is defined as being situated in an intermediate position between positive law and natural law, creating the need to clarify which precepts of *ius gentium* belong to natural law (and enjoy the relative immutability of natural law), and which belong to positive law, i.e. which are dependent on rational deduction and human consensus and enjoy the relative mutability of human law. This debate, which originated in Salamanca based on the teachings of Francisco de Vitoria, was continued by Portuguese theology teachers in the second half of the 16th century at the universities of Coimbra and Évora.

23 Fray Luis de León, *De legibus*, VI, art. 4, 232: "Ex his sequuntur aliquot: corollarium primum quod ius gentium est medium inter ius natural proprie dictum et ius civile; et quia medium participat quadam ratione extremorum, ita fit ut ius gentium partim conveniat cum iure naturali, et quadam ex parte cum iure civili."

24 Ibid., p. 232: "Secundum corollarium quod ius gentium, simpliciter loquendo pertinet ad ius positivum. Patet quia, ut diximus, non constat [tam] natura quam beneplacito et consensu hominum."

25 Ibid., p. 235: "[...] ius gentium appellatur isto nomine, non quia sit conditum omnibus gentibus in unum coeuntibus, sed quia approbatum est consensu omnium gentium vel tacito vel expresso."

4 The Continuity of the Doctrine of the Intermediate Nature of *ius gentium* and of Its Proximity to Natural Law: António de S. Domingos, Fernando Perez, and Fernando Rebello

Although catalogued from the beginning of the 20th century by Friedrich Stegmüller,[26] the codices containing the doctrines taught by the chairs of philosophy and theology at the universities of Coimbra and Évora remain virtually unexplored. Luciano Pereña pointed out that this heritage and the doctrines it contains are strictly connected with those taught in Salamanca and Alcalá and cannot be understood outside this connection.[27] The continuation of the discussion about the natural or positive nature of *ius gentium* in Coimbra and Évora originated in Salamanca in the 16th century and can be seen in the commentaries on *Summa Theologiae* by Aquinas, II–IIae, q. 57, a. 3, from that period. These commentaries subsist in manuscript form mainly in Portuguese libraries. Since they have not been examined to this date, it is necessary to establish a criterion for selection of the manuscripts to be explained here. The criterion I used was purely external and consisted of studying only dated, authorised commentaries from those identified by Stegmüller.[28] According

26 Friedrich Stegmüller, *Filosofia e Teologia nas Universidades de Coimbra e Évora no século XVI*, trans. António Fradique Morujão (Coimbra: Edições Universidade de Coimbra, 1959).

27 In the study published in vol. 14 of *Corpus Hispanorum de Pace*, containing Francisco Suárez's *De legibus* II, 13–20, Luciano Pereña establishes a genealogical line between the Spanish and Portuguese commentators, presenting the line as having given rise to the systemisation undertaken by Suárez in his *De legibus*. In point 1 of this study he analyses the network of Spanish sources, and in a topic entitled "proceso crítico de la escuela Española" he lists the theologians and canonists who discussed these problems, in their commentaries on Thomas Aquinas. On pages XXVI to XXXI he indicates the authors who discussed the problem in Spain, based on Vitoria's doctrine. On pages XXXI to XXXIV he lists the theologians from Coimbra and Évora who received this doctrine and debated it, identifying the respective commentaries—about 34—all of them preserved in manuscript form. Cf. Luciano Pereña, "Estudio preliminar. La genesis suareciana del *ius gentium*," in Francisco Suárez, *De legibus* II, 13–20, vol. 4 (Madrid: Consejo Superior de Investigaciones Científicas, 1973), pp. XXVI–XXXIV.

28 Stegmüller, *Filosofia e Teologia*, p. 402, lists the commentaries of *De iustitia* (S. Th., II–IIae, qq. 57–121) existing in Portuguese libraries. Of this list, the commentaries which correspond to the criterion that I follow are those by: António de S. Domingos, *De iure*, Coimbra, 1580, Lisbon, Biblioteca Nacional de Portugal [BNP], MS 5512, ff. 6r–8v; Fernando Perez, *De iure et iustitia*, Évora, 1588, Lisbon, BNP, MS 2623, ff. 1r–4r; and Fernando Rebello, *De iustitia et iure*, Évora, 1593, Lisbon, Biblioteca do Palácio Nacional da Ajuda [BA] MS 50 II 1, ff. 26r–28r.

to this criterion I analysed the commentaries of the following theology teachers: António de S. Domingos, O.P.;[29] Fernando Perez, S.J.;[30] and Fernando Rebello, S.J.[31]

In his commentary António de S. Domingos openly criticises Soto's doctrine on the positive nature of *ius gentium*, mainly because of Soto's inference that *ius gentium* is a positive law.[32] António de S. Domingos says that this conclusion results from the fact that in the passage in question from *Summa Theologiae*, Aquinas considers the concept of nature in a broader sense, i.e. as a principle that man has in common with animals. To underline the specificity of the rational nature of man, Aquinas states that, being deduced rationally, *ius gentium* is not an *ius naturale* in the former meaning. However, the Portuguese Dominican goes on to say that for Aquinas reason is what is natural in man. Thus, when he states that *ius gentium* is a positive *ius*, he does not exclude the natural condition of that *ius*.[33] According to António de S. Domingos, the correct solution to what appears to be a contradiction lies in the explanation of the concept of *natura*. He explains that nature teaches in two ways: in an immediate way, as in the case of the knowledge of the precepts of the Decalogue—such as "do not

29 For bio-bibliographical data, see Stegmüller, *Filosofia e Teologia*, pp. 10–11.

30 For bio-biographical data, see ibid., pp. 41–43. I emphasise the fact that, as Stegmüller points out, he taught theology in Évora at the Chair of Prima, having been replaced by Luis de Molina in 1572. He was the Portuguese censor of Molina's commentaries on the first part of the *Summa Theologiae*. The collection of sources *Corpus Hispanorum De Pace* was supposed to include an edited version of Perez's commentary on Aquinas's S. Th. II–II, q. 40, *De Bello* in manuscript form, but this did not come to fruition.

31 For bio-biographical data, see ibid., pp. 60–70, and Charles Lohr, *Latin Aristotle Commentaries, II: Renaissance Authors* (Florence: Leo S. Olschki, 1988), p. 377. For our purposes, I emphasise the fact that Rebello studied at Évora, was Molina's amanuensis, and taught both philosophy and theology there. His work *De obligationibus justitiae, religionis, et charitatis, praeclarissimae quaestiones* was printed in Lyon in 1608 and reprinted in Venice in 1610.

32 António de S. Domingos, q. 57, *De iure*, 2ª–2ae S. Thomae, Lisbon: BNP, MS 5512, f. 6r: "Est ergo dubium utrum ius gentium debeat adnumerari iuri naturali an iuri positivo? Nos [...] adnumeravimus naturali. [...] Dominicus à Soto libri 3 de iustitia et iure q.1 art 3 tenet oppositum, dicit enim quod ius gentium non pertinet ad ius naturale, sed ad ius positivum."

33 Ibid., f. 4r: "Igitur ius naturale dividitur in ius naturale et ius gentium: cuius divisionem rationem assignat S. Th. loc. cit. Quod homo constituitur ex duplici natura, scilicet animali et rationali, ille igitur autem pertinent ad conservationem hominis quatenus est animalis vocantur de iure naturali, sicut procreatio filiorum, defensio vitae; et omnia alia quae alia irrationalia faciunt instinctu naturae. Illa autem quae commune sunt ei quatenus rationalis sunt de iure gentium."

steal," or "worship God"—and *supposito alio*, for example, taking into account some human condition, such as the concupiscence of men. Similarly, natural law predisposes in two ways: immediately and with no need for discourse, as occurs in the precepts of the Decalogue; or by mediation of human discourse, as is the case of the precepts of *ius gentium*. The norms of *ius gentium* should be understood in the light of this double mode of derivation from natural law and of human predisposition towards it. This twofold way of understanding the relationship between precepts and nature leads to a distinction in the precepts of *ius gentium*.[34] Thus, there are immutable precepts—namely those without which human coexistence is seriously undermined, as in the case of the division of goods—and there are precepts which can change, if they are not essential to coexistence among men.[35] This latter kind of precept can be revoked due to a lack of consensus.

The context of these expositions on *ius gentium* is in fact less juridical than it is moral and theological. Therefore, the discussion about the morality or immorality of the acts practised during the conquest of the territory which belonged to the Indians—namely the expropriation of their lands and assets, and their submission to slavery—is always central to this debate.[36] The intention of António de S. Domingos when he emphasises the natural basis of *ius gentium* is, on one hand, to preserve the immutable condition of those of its precepts which coincide with the Decalogue, and, on the other hand, to leave open the possibility of invalidating the mutable precepts, such as slavery, which are against human nature. He states that precepts of *ius gentium*, because they do not depend on a law established and published either by the Prince or by the ecclesiastical authority, originate in consensus among people insofar as

34 Ibid., f. 7v: "Ad primum argumentum [Soti] dico quod natura dupliciter docet aliquid, vel tanquam faciendum immidiatè, sicut Deum esse colendum, aut non esse furandum. Vel tamquam faciendum supposito alio: primum pertinet ad ipsum ius naturale nullo supposito: secundum autem pertinet ad ius gentium v.g. ad divisionem rerum non inclinat natura immediatè sed supposito iure belli id est quod sint iniusta bella."

35 Ibid., f. 7r: "Attendendum est ergo ad id quod ipsum ius praecipit id est ad materiam, et si illa talis fuerit quod sine illa humanus convictus vix aut nullo modo possit sine illo subsistere, tunc est indispensabile, sicut v. g. divisio rerum, vix enim moraliter loquendo, est possibile, quod pax conservetur inter omnes si bona communia fuerint, et ultra hoc erit administractio iniqua."

36 Ibid., f. 7r: "[...] ius gentium quantum est de se non habet unde obliget, non enim fertur autoritate alicuius principis vel praelati, sed tantum ex commune hominum consensu non quidem communicato inter se, quia tunc haberet autoritatem à Republica, sed quia cuilibet ita visum est: consensus autem iste non potuit obligare posteros. Igitur ius gentium si habet robur habet à lege naturale."

these people consider the precepts just. Therefore, the root of this consensus is the rational nature of man. But as consensus is obtained for a particular purpose—peaceful coexistence—it cannot be imposed for all posterity. However, at the end of his commentary S. Domingos makes a statement which to some extent contradicts what he has said before. The Portuguese Dominican claims that *ius gentium* recognises no higher authority than God. And for that reason conscience dictates that His precepts must be obeyed. As Domingos points out, whilst *ius gentium* is in force, it rightly compels people to obey by force of natural law, and whoever fails to obey it is in a state of mortal or venial sin, depending on the nature of his acts.[37]

In turn, Fernando Perez corroborates the doctrine of the intermediate condition of *ius gentium* explained by Luis de León's conclusion in his *De legibus*. In Perez's brief commentary on *Summa Theologiae* II–IIae, q. 57, a. 3, he formulates the question on the origin of *ius gentium* as follows: *Utrum ius gentium potius ad ius naturale quam ad positivum pertineat*. Here he already admits that *ius gentium* is related to both natural and positive law. Indeed, he uses the Latin verb *pertinent*, which indicates a relationship of belonging. For Perez, what is important is to ascertain which of the two laws *ius gentium* is most closely related to, and to what extent it is related with each one.

In his explanation he first summarises the arguments in favour of the natural foundation of *ius gentium*—*ius gentium* is a natural *ius*. His arguments are: (1) if *ius gentium* was not a natural right, it could be changed by political authority; (2) principles of natural morality concern natural right and *ius gentium* derives from those principles, which are based on human social nature;[38] and finally, (3) the precepts of the Decalogue derive from natural right and are also common to *ius gentium*, so the latter must be a natural right. He then refers to the opposite opinion—*ius gentium* is a positive right—and quotes the

---

37 Ibid., f. 7r: "Si autem aliqua fuerint sine quibus potest humanus convictus subsistere, tunc ista non quidem sunt dispensabilia nisi solo à Deo, quia nullum alium superiorem recognoscit ius gentium nisi solum Deum: sed nihilominos potuisset per dissuetudinem abrogari: sicut v. g. quod victi in bello fiant servi victoris, non tamen interest ad convictum humanum: et propter hoc potuisset per dissuetudinem aboleri. Quamdiu autem ius gentium subsistit, obligat in conscientia propter legem naturalem à qua habet vigorem, et propter hoc qui facit contra illud peccat, mortaliter, vel venialiter secundum materiam." At the current stage of our research it is impossible to clarify the reason for this contradiction. It could possibly be explained as a precautionary measure with regard to the political and religious authorities; it could be the result of a mismatch between the reasoning within a theoretical context—"slavery is not an immutable precept"—but whose application was unthinkable at the time.

38 The same argument is given by Aquinas in S. Th., I–IIae, q. 95, a. 4.

authorities who support this thesis: Soto, who is followed by Afonso de Castro and Tomás de Torrecremada.

To overcome the impasse, Perez explains his own position. Natural right is the right instituted by the creator of nature with no human interference or institution.[39] Conversely, *ius gentium* is the right which is sanctioned by human reason and institution, insofar as human beings consider the ends, the circumstances, and the events (*rerum eventus*).[40] Principles of natural right are absolutely necessary and emerge spontaneously in human reason without any rational deliberation: they derive as primary conclusions from first moral principles. However, *ius gentium* concerns rational precepts derived from the consideration of ends and circumstances, in the fallen historical condition of human beings after original sin. Perez admits that this right is sanctioned by human law, so he considers *ius gentium* as a positive and instituted right.[41] However, since he formulated the question in an alternative way—is *ius gentium* closer to natural or to positive law?—at least he affirms that *ius gentium* is closer to natural right. In fact, even when it cannot be deduced as a necessary consequence of natural right, it can be deduced by force of reason. Finally, he affirms that this is the correct way to understand Aquinas's thought; otherwise, Aquinas would be contradicting himself.[42]

The doctrine explained by Fernando Rebello in his commentary on Aquinas's *Summa Theologiae* II–IIae, q. 57, closely follows that of Fernando Perez.[43] The commentary by Rebello differs, however, in its careless, cursory

39 Fernando Perez, *De iure*, Lisbon, BNP, MS. 2326, f. 3r: "[...] vocamus ius naturale quod natura ipsa vel potius auctor naturae lumine naturae dictante instituit absque hominum consideratione et institutione."

40 Ibid., f. 3v: "[...] Deum esse colendum, parentibus esse deferendum honore et caet., ea vero sunt iuris gentium, quae quamvis lumina natura consona sint, tamen ratione et institutione humana sunt sancionata, dum homines finis circunstantias et rerum eventus considerarunt." This deliberation of ends and circumstances is produced *considerandum naturam lapsam*. It is precisely due to this condition of rational nature that *ius gentium* requires common agreement among peoples for peaceful coexistence.

41 Ibid., f. 3v: "[...] ius gentium patet esse ex humana institutione." The division of goods and the norms for slavery in the context of war are both ruled by the law of nations, and both were instituted due to the presence of original sin in human nature.

42 Ibid.: "[...] ius gentium quamvis simpliciter humanum sit tamen potest quodammodo ius naturale vocari, quia a naturale iure aliquo modo derivatur, quia etiamsi non per necessariam consequentiam tamen per vigentem rationem a iure naturale deducatur et ita videlicet explicandus Div. Th., alioquin ipse secum pugnabit."

43 According to Stegmüller, both taught theology in the same period in Évora, Perez from 1567 to 1572 and Rebello from 1586 to 1589. However, I could not find evidence that Rebello studied moral theology under Perez.

writing, which makes it hard to read. Like Perez, Rebello formulates the question on the nature of *ius gentium* disjunctively, but this is done within the question *quid et quotuplex sit ius*. In Perez's commentary, the questions *quid* and *quotuplex* are explained separately. For both theologians, the question on the origin and nature of *ius gentium* is clearly a secondary problem and is only important because it introduces the commentaries on the major questions *De dominio* and *De restitutione*. Therefore, Rebello's doctrine hardly differs from that of Perez, although it is expounded more incompletely and is discussed in two folios. Precepts of *ius gentium* derive from human reason by means of non-necessary deductions. Thus, *ius gentium* is an *ius humanum* originating in reason, which is a specific characteristic of human nature. So, ultimately it originates in nature. Because its norms (unlike those of the Decalogue) are rational conclusions, neither necessary nor immediate, they may undergo variations.[44] To illustrate these kinds of norms, Rebello gives the canonical example of slavery, which was abrogated in the case of prisoners of war among Christians.[45] Rebello actually says that the norms of *ius gentium* are sentences which express probability, and with regard to types of knowledge they are not science but opinion.[46] Finally, he approves the doctrine of the intermediate nature of *ius gentium*.[47]

In fact, there is nothing new in his commentary, nor is it expressed in a new way, given that the quotations are almost all the same as those in the commentary by Perez. The commentary by Rebello combines and synthesises the doctrines exposed in the commentaries of theologians who preceded him. Its dependence on the commentary by Perez is shown by the continuity of the doctrine exposed, the sources used, and the authors cited. However, this lack of originality, which includes the reprise of previously given doctrines,

---

44 Fernando Rebello, *De iustitia et iure*, Lisbon: Biblioteca do Palácio Nacional da Ajuda, MS 50-II-1, f. 28v. Citing Soto and Covarrubia, Rebello claims that "[...] quod ex principiis iuris naturalis necessario deducatur, cuiusmodi sunt praecepta decalogi, ad ius naturale expectare, ius gentium vero non necessario, sed per rationes probabiles [deducatur]; [...] adeo non est simpliciter ius naturale."

45 Cf. Ibid., f. 27r, on the mutable character of some precepts of *ius gentium*, namely those about subjecting prisoners of war to slavery. This principle was abolished in the case of war between Christians, as mentioned by Rebello quoting Durando's *De legibus*: "[...] Dur. [Durandus a Sancto Portiano] *Tractactu De Legibus* ab initium."

46 Ibid.: "[...] nec proprie ad ipsam scientiam sed ad aliud genero cognitionis, nempe ad opinionem pertinent."

47 Ibid.: "Ex dictis colliges ius gentium medium esse inter naturale; definiri quidem potest quod sit ius positivum ex comuni hominum consensum ubicumque regnatur vim hominis."

quotations, and examples, is in itself significant. It denotes the crystallisation of a way of thinking and the adoption of common doctrines identifying a school of thought.

5 Conclusion

The comparative study of the debate on the nature and origin of *ius gentium*, found in commentaries by different authors but originating from the same intellectual environment, revealed some features of the state of our knowledge regarding this debate in the 'School of Salamanca'. The topic analysed here, corresponding to the issues raised by Thomas Aquinas in *Summa Theologiae* II–IIae, q. 57, a. 3, is considered by these theologians as introductory and peripheral to the central questions then being debated, which are those on *dominium* and restitution. This fact is explicitly highlighted, for instance, in the commentary by Fernando Perez. However, the question on the nature and origin of *ius gentium* has its relevance in the debate on the Indian cause. As Francisco de Vitoria showed in his *Relectio de indiis*, if the natives are capable of social organisation, religion, and cult, they are at least capable of undertaking *ius gentium* precepts. Therefore, as reasoning is at the basis of both human consensus and the norms of *ius gentium*, Indians are rational human beings and are capable of *dominium*.

Following Vitoria's doctrine, Soto's statement, according to which *ius gentium* is a positive right, is criticised by Luis de León. The latter ascertains that *ius gentium* is a natural right but, as natural law has multiple precepts, there are norms of *ius gentium* which are closer to natural law in the same way that others are closer to positive law. Thus, *ius gentium* occupies an intermediate place between natural and positive *ius*. This doctrine is successively ratified by Spanish and Portuguese theologians. Hence, the authors we studied adopt a compound solution for the problem. The intermediate nature of *ius gentium* assumes that some of its precepts are closer to natural law, and some are closer to positive law. The criterion in which the reason for that proximity is rooted is twofold. On one hand, it is based on the degree of evidence with which such precepts are grasped by human reason, and on the other it derives from how necessary these precepts are for peaceful coexistence among men. Precepts that are closer to natural law achieve the degree of immutability and objectivity of that law. Those that are closer to positive law are more susceptible to change according to the changeable decisions of men, which is part of the consensus. In the commentaries on *Summa Theologiae* II–II, q. 57, a. 3, extant in Portugal and studied here, the doctrine on the intermediate nature of *ius gentium* predominates.

However, despite being seemingly coherent and consistent, the explanation we expounded here is based on the analysis of a limited textual corpus, if compared with the large number of surviving manuscripts. At this stage of our research we can corroborate Luciano Pereña's thesis on the existence of a collective project for the teaching of theology, and of a school of doctrine that originated in Salamanca and was disseminated in the Portuguese universities of Coimbra and Évora. Although based on a small sample of documents, which is much more limited than the extensive report made by Pereña, it is possible to endorse the convergence of doctrines he mentioned. It is also clear that this convergence is not the result of the passive assimilation of the theses of other people, but of a serious debate of ideas and doctrines.

It is noteworthy that the ignorance of the primary sources we referred to previously quite often leads to misconceptions, such as attributing doctrines to an author when in fact the doctrines in question had already been mentioned by his predecessors. This happens with Pereña's statement on Rebello, attributing to him positions that had already been advocated by Perez. This fact is of little importance in itself. But it also shows that the knowledge the scientific community has concerning philosophical doctrines produced in this specific period of the history of Western philosophy remains scarce and incomplete, given that extensive documentary sources are as yet largely unexplored.

Bibliography

Anxo Pena, Miguel. *La Escuela de Salamanca. De la monarquía hispánica al orbe católico* (Madrid: B.A.C., 2009).

Belda Plans, Juan. *La Escuela de Salamanca y la renovación de la teología en el siglo XVI* (Madrid: B.A.C., 2000).

Campa, Riccardo, ed. *I trattatisti spagnoli del dirrito delle genti* (Bologna: Il Mulino, 2010).

Kaser, Max. *Ius gentium*, trans. Francisco José Andrés Santos (Granada: Editorial Comares, 2004).

Kottmann, Karl. *Law and Apocalypse: The Moral Thought of Luis de León (1527?–1591)* (The Hague: Martinus Nijhoff, 1972).

Langella, Simona. "Estudio Introductorio," in Francisco de Vitoria, *De Legibus*. Trilingual edition; trans. José Barrientos García and Pablo García Castillo (Spanish), Simona Langella (Italian) (Salamanca: Ediciones Universidad de Salamanca, 2010), pp. 19–71.

León, Luis de. *De legibus*, VI, art. 4; bilingual edition by José Barrientos García and Emiliano Fernandez Vallina (Madrid: Editorial Escuralienses, 2005).

———. *De legibus*; critical bilingual edition by Luciano Pereña (Madrid: Consejo Superior de Investigaciones Científicas, 1963).

Lohr, Charles. *Latin Aristotle Commentaries, II: Renaissance Authors* (Florence: Leo S. Olschki, 1988).

Lutz-Bachmann, Matthias. "Die Normativität des Völkerrechts: Zum Begriff des ius gentium bei Francisco Suárez im Vergleich mit Thomas von Aquin," in *Lex und Ius. Beiträge zur Begründung des Rechts in der Philosophie des Mittelalters und der Frühen Neuzeit / Lex and Ius. Essays on the Foundation of Law in Medieval and Early Modern Philosophy*, eds. Alexander Fidora, Matthias Lutz-Bachmann, and Andreas Wagner (Stuttgart-Bad Cannstatt: Frommann-Holzboog, 2010), pp. 465–85.

Pennington, Kenneth. "*Lex* and *ius* in the Twelfth and Thirteenth Centuries," in *Lex und Ius. Beiträge zur Begründung des Rechts in der Philosophie des Mittelalters und der Frühen Neuzeit / Lex and Ius. Essays on the Foundation of Law in Medieval and Early Modern Philosophy*, eds. Alexander Fidora, Matthias Lutz-Bachmann, and Andreas Wagner (Stuttgart-Bad Cannstatt: Frommann-Holzboog, 2010), pp. 1–25.

Pereña, Luciano. "Estudio preliminar. La genesis suareciana del *ius gentium*," in Francisco Suárez, *De Legibus*, vol. 4 (Madrid: Consejo Superior de Investigaciones Científicas, 1973), pp. XIX–LXXII.

———. "Glosas de interpretación. Programa colectivo de investigación (1560–1565)," in *De bello contra insulanos. Intervención de España en América*, eds. Luciano Pereña et al. (Madrid: Consejo Superior de Investigaciones Científicas, Tomo II, 1982), pp. 149–76.

———. "La escuela de Salamanca y la duda indiana," in *Francisco de Vitoria y la Escuela de Salamanca. La ética en la conquista de America*, ed. Luciano Pereña (Madrid: Consejo Superior de Investigaciones Científicas, 1984), pp. 291–344.

Perez, Fernando. *De iure et iustitia*, Évora, 1588, Lisbon, Biblioteca Nacional de Portugal, MS 2623, ff. 1r–4r.

Perkams, Matthias. "Lex naturalis vel ius naturale. Philosophisch-theologische Traditionen des Naturrechtsdenkens im 12. und 13. Jahrhundert," in *Lex und Ius. Beiträge zur Begründung des Rechts in der Philosophie des Mittelalters und der Frühen Neuzeit / Lex and Ius. Essays on the Foundation of Law in Medieval and Early Modern Philosophy*, eds. Alexander Fidora, Matthias Lutz-Bachmann, and Andreas Wagner (Stuttgart-Bad Cannstatt: Frommann-Holzboog, 2010), pp. 89–119.

Rebello, Fernando. *De iustitia et iure*, Évora, 1593, Lisbon, Biblioteca do Palácio Nacional da Ajuda, MS 50 II 1, ff. 26r-28r.

Rodríguez-San Pedro Bezares, Luis, and Juan Luis Polo Rodríguez, eds. *Historia de la Universidad de Salamanca*, vols. 1–4 (Salamanca: Ediciones Universidad de Salamanca: 2002–2009).

S. Domingos, António de. *De iure*, Coimbra, 1580, Lisbon, Biblioteca Nacional de Portugal, MS 5512, ff. 6r–8v.

Soto, Domingo de. *De iustitia et iure*; bilingual edition by Venancio Carro et al., vol. 1 (Madrid: Instituto de Estudios Políticos, 1968).

Stegmüller, Friedrich. *Filosofia e Teologia nas Universidades de Coimbra e Évora no século XVI*, trans. António Fradique Morujão (Coimbra: Edições Universidade de Coimbra, 1959).

Vitoria, Francisco de. *Relectio de Indis*. Critical bilingual edition by Luciano Pereña and José Manuel Perez Prendes (Madrid, Consejo Superior de Investigaciones Científicas, 1967).

SECTION 3

The Concept of Law (lex) *in Moral Philosophy*

CHAPTER 6

Gabriel Vázquez über das Naturrecht

Isabelle Mandrella

Der Jesuit Gabriel Vázquez (1549–1604), Professor in Rom und Alcalá, gehört zu den wichtigen, aber im Gegensatz zu seinem Ordensbruder Francisco Suárez in der heutigen Forschung nur sehr spärlich behandelten Autoren der spanischen Spätscholastik, die sich nicht nur der Kommentierung des thomanischen *Lex-Traktates* gewidmet haben, sondern von denen zudem noch wichtige Impulse für die Entwicklung naturrechtlicher Theorien bis in die Moderne hinein ausgingen.[1] Das geringe Interesse an diesem Autor mag daran liegen, dass Vázquez' teilweise radikal klingende Lehre von der autonomen Vernunftnatur des Menschen immer wieder zu Missverständnissen geführt

1 Zu Leben und Werk vgl. José Hellín, »Vazquez ou Vasquez Gabriel,« in *Dictionnaire de théologie catholique* XV (Paris: Letouzey et Ané, 1950), pp. 2601–10; Hermann H. Schwedt, »Vázquez, Gabriel,« in *Biographisch-Bibliographisches Kirchenlexikon*, XII (Herzberg: Traugott Bautz, 1997), pp. 1168–75.

In der neueren Forschung bleibt Vázquez fast unbehandelt. Dies gilt nicht nur in Bezug auf seine Naturrechtstheorie, die seit meiner historisch-systematischen Studie zum Isaak-Opfer (Isabelle Mandrella, *Das Isaak-Opfer. Historisch-systematische Untersuchung zu Rationalität und Wandelbarkeit des Naturrechts in der mittelalterlichen Lehre vom natürlichen Gesetz* [Münster: Aschendorff, 2002]) an keiner anderen Stelle, soweit mir bekannt, wieder aufgegriffen worden ist. Die mit knapp 100 Seiten recht schmale Arbeit von Michael J. Lapierre (*The Noetical Theory of Gabriel Vasquez, Jesuit Philosopher and Theologian [1549–1604]: His View of the Objective Concept* [Lewiston: Edwin Mellen, 1999]) ist einem rein erkenntnistheoretischen Thema gewidmet und stellt keinerlei Verbindungslinien zur praktischen Philosophie dar. Die Possibilienmetaphysik des Vázquez wird, in Parallelisierung mit Avicenna, zum Schluss nur gestreift (87–91), aber nicht auf ihre Konsequenzen hin beurteilt. Einer vertieften metaphysischen Perspektive auf Vázquez widmet sich Jacob Schmutz in einer detaillierten Studie (»Un Dieu indifférent. La crise de la science divine durant la scolastique moderne,« in *Le contemplateur et les idées. Modèles de la science divine, du néoplatonisme au XVIIIe siècle*, Hrsg. v. Olivier Boulnois, Jacob Schmutz und Jean-Luc Solère [Paris: Vrin, 2002], pp. 185–221), auf die ich im Folgenden eingehen werde, und einer französischen Übersetzung einiger Disputationen des Vázquez (»Gabriel Vázquez,« in *Sur la science divine*, Hrsg. v. Jean-Christophe Bardout und Olivier Boulnois [Paris: Presses universitaires de France, 2002], pp. 382–411).

 | DOI 10.1163/9789004322707_008

und dementsprechend in vielen Fällen pejorativ ausgelegt worden ist.[2] Auch seine starke metaphysische Ausrichtung und sein zumindest im naturrechtlichen Kontext relativ geringes konkret praktisches Interesse mögen einer an praktischen Theorien orientierten Rezeption im Weg gestanden haben.

Im Folgenden möchte ich Vázquez' Lehre vom Naturrecht darstellen und sie mit Blick auf eine mögliche Neubestimmung von Normativität kritisch überprüfen, wobei ich mich auf das Spannungsfeld von Autonomie und Theonomie in Bezug auf das Naturrecht beschränken werde. In der Frage, wie Vázquez, von Thomas ausgehend, das Naturrecht definiert, ist es für ein genaues Verständnis unabdingbar, zunächst die metaphysischen Hintergründe dieser Lehre darzustellen (I), bevor dann zweitens die eigentliche Naturrechtslehre beschrieben werden kann (II). Abschließend werde ich mich den Konsequenzen dieser Position mit Blick auf das Verhältnis von Autonomie und Theonomie widmen (III). Ich werde mich dabei auf den Kommentar zur *Prima secundae* des Thomas, und hier vor allem auf die *disputationes* zum *Lex*-Traktat stützen.

---

2 Z.B. Hans Welzel, *Naturrecht und materiale Gerechtigkeit*, 4. Aufl. (Göttingen: Vandenhoeck & Ruprecht, 1962), p. 97: »Gabriel Vasquez hat das Naturrecht von seiner theonomen Basis soweit gelöst, daß es zu seiner völligen Säkularisierung im Grunde keines weiteren Schrittes mehr bedurfte.«

Rainer Specht (»Zur Kontroverse von Suárez und Vásquez über den Grund der Verbindlichkeit des Naturrechts,« *Archiv für Rechts- und Sozialphilosophie* 45 [1959], pp. 235–55) hat indes gezeigt, dass die angebliche Kontroverse zwischen Vázquez und Suárez, die sich vor allem um die Frage nach dem letzten Verpflichtungsgrund naturgesetzlicher Gebote drehte, oder anders gewendet um die Rolle, die Gott für das Naturrecht spielt, viel größere Ähnlichkeiten zwischen beiden Denkern aufzeigt, als dies auf den ersten Blick der Fall zu sein scheint. Insbesondere die These von Vázquez angeblichem Verzicht auf Gott rückt so in anderes Licht, insofern gezeigt werden kann, dass Vázquez einen solchen Verzicht keinesfalls in der ihm vorgeworfenen Radikalität beabsichtigte, wenn er auch zweifellos die Rolle Gottes für das moralische Gesetz neu definierte. Diese Einsicht hat José Maria Galparsoro Zurutuza in seiner unter der Ägide von Franz Böckle verfassten und 1972 veröffentlichten Dissertation zur Naturrechtslehre des Vázquez (*Die vernunftbegabte Natur. Norm des Sittlichen und Grund der Sollensanforderung. Systematische Untersuchung der Naturrechtslehre Gabriel Vázquez's* [Bonn: Universität Bonn, 1972]) anhand genauer Textanalysen vertieft: Vázquez ist seiner Meinung nach weit davon entfernt, Gott als die Wurzel des Naturrechtes zu leugnen. Seine rationalistische Fundierung des Naturgesetzes muss vielmehr vor dem Hintergrund seiner Auseinandersetzung mit den voluntaristischen Theorien des 14. Jahrhunderts wahrgenommen werden. In meiner bereits erwähnten Studie zum Isaak-Opfer habe ich auf der Basis dieser positiven Interpretation versucht darzulegen, inwiefern Vázquez als Autor der spanischen Spätscholastik dennoch entscheidend daran beteiligt war, dass die mittelalterliche Naturgesetzlehre sich zunehmend zu einem Dingnaturenrecht entwickelte, für das die Natur der Sache (*natura rei*) allein ausschlaggebend ist, so dass eine konstitutive Funktion Gottes höchstens noch aus schöpfungstheologischen Gründen erforderlich ist.

1 Metaphysische Hintergründe

In der *Disputatio* 150, seinem Kommentar zu *quaestio* 90 der *Summa Theologiae*, nimmt Vázquez die thomanische Ausgangsposition, das Gesetz sei Sache der Vernunft, zum Anlass, sich anhand der Leitfrage, ob das Gesetz Sache der Vernunft oder des Willens sei, ausführlich der Frage zu widmen, was das Gesetz überhaupt ist. Dabei rekurriert er, unter anderem im Rückgriff auf Ulpian, Cicero und Isidor von Sevilla, auf einige klassische Definitionen und etymologische Ableitungen der Begriffe *ius* und *lex*. Allerdings kommt er relativ rasch zu dem Ergebnis, dass die für das Gesetz im Allgemeinen geltenden Bestimmungen nicht für das Naturgesetz gelten. Denn hier herrschen bestimmte Bedingungen, die in Bezug auf die Frage nach der Zuordnung zu Vernunft und Wille nicht mehr greifen. Vázquez beschreibt das Naturgesetz nämlich als etwas, das »seiner Natur nach notwendig besteht« (*suapte natura necessario constat*),[3] d.h. als etwas, das jeglichem Willen und Intellekt vorgeordnet ist (*quid prius omni intellectu et voluntate*).[4]

Immer wieder betont Vázquez diese Ausnahmestellung des natürlichen Gesetzes bzw. Rechtes, das eine natürliche Regel repräsentiert und folglich allein seiner Natur nach besteht.[5] Dies führt ihn sogar dazu, sich in Bezug auf das moralische Naturgesetz terminologisch zu entscheiden, denn seiner Meinung nach ist allein der Begriff *ius* dem angemessen, was das so beschriebene Naturgesetz zum Ausdruck bringt. Die Bezeichnung *lex* leitet sich nämlich etymologisch von *legere* bzw. *eligere* ab; da aber die natürliche Regel, die der Konzeption des Naturrechtes zugrunde liegt, weder in irgendeiner Schrift gelesen werden könne noch auf irgendeiner Wahl beruhe (auch nicht auf einer solchen des göttlichen Willens), sondern vielmehr ihrer Natur nach auf notwendige Weise bestünde, sei es zutreffender, anstelle von *lex naturalis* (der von Thomas durchgängig präferierte Begriff) von *ius naturale* zu sprechen; denn es handelt sich dabei um eine *regula iusti et iniusti*.[6]

---

3 Vgl. Gabriel Vázquez, *Commentariorum ac disputationum in primam secundae S. Thomae. Tomus secundus*, Alcalá, Iustus Sanchez Crespo, 1605, disp. 150, cap. 3, n. 22–26 (II, fol. 10f.); im Folgenden abgekürzt als: ComSTh I–II (II).

4 So bereits in disp. 150, cap. 1, n. 4 (II, fol. 5) und der Sache nach mehrfach wiederholt ibid., cap. 3, n. 22–26 (II, fol. 10f.).

5 »Si vero sermo sit de lege naturali, quae suapte natura constare dicitur, non autem placito, aut alicuius voluntate, aliter dicendum est. Cum enim lex, aut ius sit regula, cui aequari debent actiones, ut iustae sint; naturalis lex, aut naturale ius erit regula naturalis, quae nulla voluntate, sed suapte natura constat.« ComSTh I–II, disp. 150, cap. 3, n. 22 (II, fol. 10). Es sei bemerkt, dass Vázquez selbst sich allerdings nicht streng an diese Terminologie hält.

6 »Ex hac doctrina illud observatione dignum inferimus nempe nomen legis non tam convenire naturali, quam positivae, sive dirivetur vocabulum a legendo ex scripto, sive ab eligendo: quia

Wenn Vázquez die These vertritt, das Naturrecht beanspruche seine Gültigkeit unabhängig von jeglicher Willensanordnung, so betrifft dies zum einen die fundamentale Vorstellung eines Moralgesetzes, dessen Würde gerade aus seinem nicht-positivistischen Verständnis resultiert: Der Tradition entsprechend repräsentiert das Naturrecht, insofern es Vernunftrecht ist, eben nichts Gesetztes, sondern ein qua Vernunft vermitteltes, natürliches Wissen um gut und böse, das dem Menschen angeboren bzw. von Gott im Akt der Schöpfung eingeprägt ist. Damit verknüpft ist das bereits im platonischen Dialog *Euthyphron* benannte Dilemma, das in den voluntaristischen Auseinandersetzungen des 13./14. Jahrhunderts zunehmend an Bedeutung gewinnt und dementsprechend kontrovers diskutiert wird, nämlich in welchem Verhältnis ein solches Moralverständnis zu Gott und seinem allmächtigen Willen steht. Will Gott das Gute, weil es gut ist, oder ist das Gute gut, weil Gott es will? Negativ gewendet: *Malum quia prohibitum* oder *prohibitum quia malum*? Vor diesem Hintergrund reiht sich Vázquez mit seiner Aussage, das Naturrecht sei etwas dem göttlichen Willen Vorgeordnetes, explizit in den Kreis derjenigen ein, die einen voluntaristisch-positivistischen Ansatz ablehnen: Der im Naturrecht zum Ausdruck kommende Sollensanspruch gilt unabhängig vom Willen Gottes. Aus dieser völligen Unabhängigkeit vom Gesetzgeber heraus erklärt sich dann auch, warum Vázquez dem Naturrecht den Gesetzescharakter im strengen Sinne abspricht.

Ausdrücklich verortet Vázquez seine Ausführungen von der Willensunabhängigkeit des Naturrechtes in den Kontext des Euthyphron-Dilemmas und verweist dabei auf *disputatio* 97 (dem Kommentar zu *quaestio* 71 der *Summa Theologiae*), die der Frage gewidmet ist, ob jede Sünde nur dadurch Sünde ist, dass sie durch ein Gesetz verboten ist.[7] Ziel seiner Ausführungen ist es zu zeigen, dass die Sündhaftigkeit einer schlechten Handlung auch dann besteht, wenn niemand – selbst Gott nicht – sie verboten hat, weil sie ihrer Natur nach schlecht für den Menschen ist.[8] Vázquez weist auf die in seinen Augen

lex naturalis, nec legitur in scripto, nec electione aliqua etiam divina voluntarie constituitur; sed suapte natura necessario constat; potius igitur dicitur ius, quia est regula iusti, et iniusti. Quare ego non video qua de causa Cicero loco citato dicat legem naturalem potius appellari legem a delegendo quam ius, cum re vera haec lex nullius electione, sed suapte natura constituta sit.« Ibid., n. 26 (II, fol. 11).

7 Gabriel Vázquez, *Commentariorum ac disputationum in primam secundae S. Thomae. Tomus primus*, Alcalá, Ioannes Gratianus, 1614, disp. 97 (I, fol. 617); im Folgenden abgekürzt als: ComSTh I–II (I): »An omne peccatum, eo sit peccatum, quo est contra legem«.

8 »Mihi semper placuit communis sententia, quae docet, non omne peccatum eo esse peccatum, quia lege, aliquave prohibitione imperante vetitum sit, sed quia suapte natura malum sit homini.« ComSTh I–II, disp. 97, cap. 3, n. 5 (I, fol. 618).

fatalen Folgen hin, die die These des »malum quia prohibitum« notwendigerweise nach sich zöge: Wenn nämlich die Sünden nur aufgrund des gebietenden Willen Gottes schlecht wären, könnte Gott aufgrund desselben Willens auch ihr Gegenteil deklarieren; dies aber ist für Vázquez absurd, weil der Gotteshass, der Meineid und ähnliches aufgrund ihrer Widervernünftigkeit niemals gut geheißen werden können.[9]

Im ersten Kapitel beginnt Vázquez mit der Darlegung der Lehre des Gregor von Rimini, jenes Augustiners aus dem 14. Jahrhundert, der als einer der ersten versucht hat, der voluntaristisch-positivistischen Ethik des Wilhelm von Ockham und der ihm folgenden *moderni* eine an der vernunftrechtlichen Tradition (vor allem an Augustinus) orientierte systematische Naturgesetzlehre entgegenzusetzen, die den Verpflichtungsgrund von ›gut‹ und ›schlecht‹ unabhängig vom göttlichen Willen allein an die rechte Vernunft zurückbindet.[10] Zwei Theorien sind es, die Gregor entwirft, um seine These zu untermauern: Erstens die Vorstellung eines rein »indikativen« Vernunftrechtes, das – im Gegensatz zu einem explizit »imperativischen« Gesetz – keinerlei zusätzlicher Verpflichtung bedarf, um Geltung zu beanspruchen; zweitens das Gedankenexperiment der hypothetischen Nichtexistenz Gottes, um die Unabhängigkeit der rechten Vernunft von Gott zu unterstreichen: Die Gebote des Naturgesetzes gelten selbst dann, wenn es Gott nicht gäbe (*si per impossibile ratio divina sive deus ipse non esset*).

Vergleicht man Gregors Anliegen mit dem des Vázquez, so liegt es zunächst nahe anzunehmen, dass beide miteinander sympathisieren. Dies ist jedoch nur zum Teil zutreffend. Immerhin widmet Vázquez Gregor ein eigenes Kapitel, in dem er dessen doppelte Bestimmung eines indikativ-anzeigenden und imperativ-befehlenden Verbotes aufnimmt. Allerdings wird Gregor eine kleine Bemerkung zum Verhängnis, die Vázquez zum Anlass nimmt, die Gesamtposition zu kritisieren: Denn obwohl Gregor davon ausgeht, dass eine moralisch schlechte Tat bzw. Sünde aus sich heraus besteht, ohne dass ein imperatives Verbot erforderlich wäre, räumt er dennoch ein, dass sie immer auch verboten ist – und sei es auch nur »mindestens auf indikative Weise« (*saltem*

9 Vgl. ibid., disp. 97, cap. 3, n. 6f. (1, fol. 618f.).

10 Zu Gregor vgl. Gregor von Rimini, *Moralisches Handeln und rechte Vernunft. Lectura super secundum Sententiarum, distinctiones 34–37*, Lateinisch – deutsch, übersetzt und eingeleitet von Isabelle Mandrella (Freiburg: Herder, 2010); Isabelle Mandrella, »Die Autarkie des mittelalterlichen Naturrechtes als Vernunftrecht: Gregor von Rimini und das *etiamsi Deus non daretur*-Argument,« in *»Herbst des Mittelalters«? Fragen zur Bewertung des 14. und 15. Jahrhunderts*, Hrsg. v. Jan A. Aertsen und Martin Pickavé (Berlin: De Gruyter, 2004), pp. 265–76.

indicative).[11] Der Hintergrund dieser Bemerkung ist der, dass Gregor verdeutlichen möchte, dass die These von der Nichtnotwendigkeit eines Imperativs in Bezug auf naturgesetzliche Ge- und Verbote nicht der These widerspricht, dass Gott selbstverständlich alle Sünden verboten habe – und sei es auch nur *indicative*. Diesen letzten Bezug zu Gott deutet Vázquez allerdings kompromisslos als Zugeständnis Gregors an die These von der Sündhaftigkeit der Sünde aufgrund ihres Verbotenseins; mit der Folge, dass er Gregor in die Reihe derer einordnet, die Sünde deshalb als schlecht ansehen, weil sie – gleich welcher Art – verboten ist.[12]

Erst in Bezug auf das *etiamsi Deus non daretur*-Argument ist sich Vázquez am Ende seiner Darstellung mit Gregor einig: Wenn die göttliche Vernunft auch das Maß alles Rechten ist, ist sie dennoch weder die Wurzel noch der Grund eines moralischen Verbotes, denn wenn, *concesso impossibili*, Gott nicht so urteilen würde, bliebe die Sünde – vorausgesetzt uns würde der Vernunftgebrauch erhalten bleiben – dennoch Sünde.[13]

In seiner These, das Naturrecht sei als natürliche, d.h. seiner Natur nach bestehende Regel dem göttlichen Willen vorgeordnet, zeigt sich Vázquez als noch nicht sonderlich originell, denn die Erörterung dieser Frage gehört zum festen Bestandteil naturrechtlicher Debatten. Weitaus interessanter und innovativer ist seine Lehre von der Vorgeordnetheit des Naturrechtes vor dem göttlichen Intellekt. Diese These berührt wichtige metaphysische Diskussionen, zu denen vor allem Johannes Duns Scotus durch seine Betonung der Kontingenz des göttlichen Wirkens Wichtiges beigetragen hat; so zum Beispiel die Diskussion um die Possibilien,[14] die der Frage gewidmet ist, wie die innere Möglichkeit einer geschaffenen Natur in Anbetracht des göttlichen schöpferischen Erkennens zu denken ist: Ist sie möglich, weil Gott sie als solche erkennt und erschafft, oder erkennt und erschafft Gott eine solche Natur nur unter der

11 Gregor von Rimini, »In 2 Sent. dist. 34–37,« in *Lectura super primum et secundum Sententiarum* (Tom. VI), eds. A. Trapp, V. Marcolino et alii (Berlin: De Gruyter, 1980), p. 242.

12 »[...] aliquid est peccatum, quia ut minimum prohibitum est prohibitione indicante.« ComSTh I–II, disp. 97, cap. 1, n. 1 (I, fol. 617).

13 »[...] quamvis ratio divina sit mensura omnis recti, non tamen est prima radix, et causa prohibitionis, ex qua malitia oriatur, quia si concesso impossibili intelligeremus Deum non ita iudicare, et manere in nobis usum rationis, maneret etiam peccatum [...].« Ibid., n. 3 (I, fol. 618).

14 Vgl. hierzu Ludger Honnefelder, »Possibilien.« in *Historisches Wörterbuch der Philosophie* 7 (Basel: Schwabe, 1989), pp. 1126–35, insbes. 1130ff., sowie ders., *Scientia transcendens. Die formale Bestimmung der Seiendheit und Realität in der Metaphysik des Mittelalters und der Neuzeit* (*Duns Scotus – Suárez – Wolff – Kant – Peirce*) (Hamburg: Meiner, 1990), pp. 45–56.

Bedingung, dass sie bereits in sich möglich ist und folglich gar nicht anders gedacht werden kann?

In der Beantwortung dieser Fragen ist Vázquez sehr klar – und, wie Jacob Schmutz im Vergleich mit traditionellen und zeitgenössischen Positionen gezeigt hat,[15] ganz und gar singulär: Die Dinge erhalten ihre innere Möglichkeit und Natur nicht dadurch, dass sie von Gott erkannt werden; im Gegenteil, das Wissen Gottes (das als Wissen des einfachen Erkennens der möglichen Dinge zu bezeichnen ist), setzt diese Dinge schon als möglich voraus, weit davon entfernt, wie es bei Vázquez heißt, sie selbst zu ermöglichen. Deshalb also ist die Sünde auch in ihrem möglichen Sein nicht deshalb Sünde, weil sie von Gott erkannt wird, sondern vielmehr wird sie deshalb von Gott erkannt, weil sie aus sich heraus (*ex se*) oder anderswoher (»vel aliunde« – z.B. durch eine explizit schlechte Intention) Sünde ist.[16] Ähnlich heißt es dann an anderer Stelle, dass die Schlechtigkeit der *ex se mala* ihrem Gehalt nach jeglichem Urteil des göttlichen Intellekts vorausgeht, so dass auch hier gilt: Sie sind nicht deshalb schlecht, weil sie von Gott so beurteilt werden, sondern Gott beurteilt sie als schlecht, weil sie es aus sich heraus sind.[17]

Wie erklärt Vázquez aber die aus sich bestehende Möglichkeit der Naturen der Dinge, die Gottes Intellekt und Willen voraufliegen und die er folglich nicht

15 Schmutz, »Un Dieu indifférent,« p. 200.

16 »[...] aliqua peccata ex se esse mala ante omnem prohibitionem, non solum imperantem, sed etiam indicantem, non solum creatam, sed etiam divinam. Nam quemadmodum res non sunt ex eo possibiles, et talis naturae, quia a Deo cognoscantur, imo vero scientia Dei omnium prima, quae dicitur scientia simplicis intelligentiae rerum possibilium, ipsas res iam supponit possibiles, tantum abest, ut eas faciat possibiles esse [...]. [...] eadem ratione neque peccatum ideo erit peccatum, etiam sub esse possibili, quia cognoscatur a Deo esse peccatum, quin potius ideo a Deo cognoscitur fore peccatum si fieret, aut esse peccatum possibile, quia ex se, vel aliunde peccatum est: cumque nulla prohibitio indicans possit esse prior ipsa scientia, et cognitione Dei, fit necessario, ut nullum peccatum eo sit peccatum, quia prohibitione etiam indicante prohibitum sit.« ComSTh I–II, disp. 97, cap. 1, n. 2 (I, fol. 617).

Warum Vázquez hier zum *ex se* ein zu Missverständnissen verleitendes *vel aliunde* hinzufügt, ist meines Erachtens schwierig zu interpretieren. Gemeint sein kann jedenfalls nicht ein Bezug zu einer göttlichen Urheberschaft, da sonst der Sinn der ganzen Textpassage aufgehoben wäre. Eine »sich von anderswoher ergebende Sündhaftigkeit« der Sünde ergibt sich möglicherweise aus einem schlechten Zielbezug.

17 »[...] multa ita esse ex se mala, ut eorum malitia praecedat secundum rationem omne iudicium divini intellectus; hoc est, non ideo sint mala, quia mala iudicantur a Deo, quin potius ideo talia iudicentur, quia ex se talia sint, ex quo illud efficitur, ut ante omnem Dei voluntatem, et imperium, imo etiam ante omne iudicium aliqua ex se sint bona opera, vel mala, ut ibidem monstratum est; [...].« ComSTh I–II, disp. 150, cap. 3, n. 22f. (II, fol. 10).

zu verändern vermag?[18] Auch hier wird erneut der Einfluss des Scotus spürbar, der den Begriff des Seienden als das bestimmt hat, dem es nicht widerspricht zu sein (*cui non repugnat esse*).[19] Denn die Wesenheiten der Dinge sind möglich, sofern sie keinen Widerspruch in sich einschließen. Gemeint ist das Kriterium der logischen Möglichkeit als innerer begrifflicher Nichtwidersprüchlichkeit,[20] das Gottes Erkennen vorgängig ist. Denn auch wenn Gott anders wäre und etwa nicht erkennen würde, käme den Geschöpfen durch ihren inneren Zustand (*locus intrinsecus*) Möglichkeit zu, d.h. sie würden aus sich selbst heraus keinen Widerspruch einschließen.[21]

Eine solche ontologische Fundierung ist freilich nur möglich, weil Gott selbst das erste und vollkommene Seiende repräsentiert, das keinerlei Widerspruch in sich einschließt. Denn als höchstes und erstes Seiendes bedarf es seiner Natur nach nichts anderem, um zu sein.[22] Diese Einsicht begründet Vázquez

---

18 »Deus pro voluntatis arbitrio non potest naturas rerum variare, ac proinde ex eius voluntatis praecepto non pendet in iis, quae suapte natura mala, et contraria sunt, rem unam alteri contrariam, seu disconvenientem esse, sed hoc ex se habent res, aut actu existentes, aut possibiles.« ComSTh I–II, disp. 97, cap. 3, n. 6 (I, fol. 618). Zu den Konsequenzen der These von der Unveränderlichkeit der Naturen auf die Frage nach der Wandelbarkeit naturrechtlicher Gebote vgl. Mandrella, *Das Isaak-Opfer*, pp. 218–33.

19 Vgl. Honnefelder, *Scientia transcendens*, 3–31.

20 Honnefelder, *Scientia transcendens*, p. 10: »Nur das ist begreifbar, so besagt diese Auslegung, was logisch nicht widersprüchlich ist, und nur das ist logisch nicht widersprüchlich, was eine widerspruchslose washeitliche Disposition besitzt. Die Denkbarkeit des logischen Widerspruchslosen erscheint als Explikation jener inneren washeitlichen Disposition (bzw. jenes ›Minimums an Seiendheit‹, durch die sich ›Seiendes‹ in seinem allgemeinsten Sinn vom reinen Nichts abhebt).«

21 »[…] sic etiam res non sunt possibiles, quia cognoscuntur, sed ideo cognoscuntur, quia sunt possibiles: hoc est, ideo cognoscuntur posse esse, et nullam implicare contradictionem, quia re vera possunt esse. […] intellectus enim speculativus non facit, sed supponit ens, et obiectum, quod cognoscit. Quare si alias Deus esset, etiam si non cognosceret: per locum tamen (ut aiunt) intrinsecum, creaturae essent possibiles, hoc est, ex se ipsis non implicaret contradictionem, talis, aut talis naturae esse, possentque in tempore produci […].« Gabriel Vázquez, *Commentariorum, ac disputationum in primam partem Summae Theologiae*, Venedig, Pellizzarius, 1606, disp. 104, cap. 3, n. 9f. (fol. 615); im Folgenden abgekürzt als: ComSTh I. Vázquez kritisiert die scotische Position hier als nicht weitgehend genug. Vgl. auch ibid., cap. 4, n. 10f. (fol. 615).

22 Vgl. ComSTh I, disp. 104, cap. 4, n. 12 (fol. 616). Dahinter steht die These von Gott als dem Ersterkannten, die vor allem Heinrich von Gent zugeschrieben wird, der auch hier dafür Pate steht. Vgl. hierzu Wouter Goris, »Heinrich von Gent und der mittelalterliche Vorstoß zu einem Ausgang vom Unbedingten,« in *Henry of Ghent and the Transformation of Scholastic Thought: Studies in Memory of Jos Decorte*, Hrsg. v. Guy Guldentops und Carlos Steel (Leuven: Leuven University Press, 2003), pp. 61–74.

zunächst erkenntnistheoretisch: Auf unsere menschliche Art erkennen wir Gott als das erste Seiende, das keinen Widerspruch in sich einschließt, früher, als wir erkennen, dass das gleiche auch für die Kreatur gilt. Daran schließt sich die metaphysische Begründung an: Aus der Art und Weise, in der Gott besteht, bestehen also auch die vom ersten Seienden abhängigen Seienden.[23] Oder, wie es an anderer Stelle – auf die ich noch zu sprechen kommen werde – noch deutlicher heißt: Die innere Wesensmöglichkeit der Naturen, an die auch Gott in Intellekt und Wille gebunden ist, gründet in seiner eigenen Natur, die sich durch eine allem geschaffenen Seienden vorausgehende Widerspruchslosigkeit auszeichnet.[24]

Diese Zusammenhänge gelten auch für das Naturrecht als einer natürlichen Regel, die – wie bereits dargelegt – ihrer Natur nach besteht. Diese These spitzt Vázquez also noch einmal dahingehend zu, dass er das Naturrecht nicht nur der göttlichen Willensbekundung, sondern sogar dem göttlichen Vernunfturteil vorordnet. Nachdem die metaphysischen Hintergründe dieser Position geklärt werden konnten, heißt es nun in einem zweiten Schritt zu fragen, worin sich die innere Möglichkeit bzw. Widerspruchslosigkeit des Naturrechtes zeigt und was das Naturrecht überhaupt darstellt und beinhaltet.

2 Die Lehre vom Naturrecht

Auch in Bezug auf das Naturrecht ist Vázquez eindeutig:

> Vor jedem Befehl, vor jedem Willen, ja sogar vor jedem Urteil gibt es eine gewisse Handlungsregel, welche ihrer Natur nach besteht, so, wie alle Dinge ihrer Natur nach keinen Widerspruch einschließen. Diese

23 »[...] notandum est [...] rerum omnium creatarum naturas possibiles, hoc est, quae in se non implicant contradictionem, non habere hoc ex iudicio, aut voluntate Dei: nihilominus prius nostro modo intelligendi concipi Deum, ut primum ens in se non implicans contradictionem, quam intelligatur quaevis creatura non implicans contradictionem, ut fit: cumque, eo ipso, quod intelligitur homo hoc modo possibilis [...]. Ex eo namque, quod Deus est, sequitur hominem non implicare contradictionem [...].« ComSTh I–II, disp. 97, cap. 3, n. 9 (I, fol. 619).

24 »Caeterum cum ipse Deus tanquam primum omnium ens, praecedat omnem etiam creaturam, quatenus ex se non implicat contradictionem, haec lex tanquam in aeterna, et prima sui origine in ipsa Dei natura constituenda est. Ex quibus omnibus colligere licet legem naturalem, si pro prima regula naturali actionum creaturae rationalis capiatur, sive in Deo, sive in ipsa natura rationali, non esse imperium, nec iudicium rationis, nec voluntatem, sed quid prius.« ComSTh I–II, disp. 150, cap. 3, n. 23f. (II, fol. 10).

> [sc. Regel] jedoch kann keine andere sein als die rationale Natur selbst, welche aus sich heraus keinen Widerspruch einschließt, und der als Regel und Naturrecht die guten Handlungen entsprechen und angemessen sind; die schlechten jedoch widersprechen und unangemessen sind, weshalb jene gut, diese aber schlecht genannt werden. Also ist das erste Naturgesetz in der rationalen Kreatur die Natur selbst, insofern sie rational ist, weil sie die erste Regel des Guten und Schlechten ist.[25]

Das Naturrecht ist im rationalen Geschöpf die rationale Natur selbst. Gutheit und Schlechtigkeit einer Handlung ergeben sich aufgrund einer Konvenienz oder Diskonvenienz mit der Vernunftnatur: ›Gut‹ ist, was ihr angemessen ist und mit ihr übereinstimmt, ›schlecht‹ ist das Gegenteil davon. Auf den ersten Blick scheint diese Bestimmung des Naturrechtes als Vernunftrecht ganz der Absicht des Thomas zu entsprechen, der in seinen Ausführungen zur Handlungstheorie das moralisch Gute als das Vernünftige, das moralisch Schlechte hingegen als das Unvernünftige definiert.[26] Doch während diese Definition für Thomas in den Aufgabenbereich der praktischen Vernunft fällt, die ihr Urteil freilich nie im Sinne eines bloßen Ableseorgans vollzieht, sondern die vielmehr schöpferisch tätig ist und deshalb stets mit einer gewissen Ergebnisoffenheit operiert[27] – worin für den Aristoteliker Thomas ja gerade die Besonderheit und Würde des Praktischen liegt! –, steht für Vázquez aufgrund seiner metaphysischen Bestimmungen der Natur immer schon fest, wie das Urteil der Vernunft auszufallen hat. Er gesteht zwar zu, dass die rechte Vernunft und ihr Urteil die unverzichtbare Bedingung dafür sind, dass ein Akt überhaupt erst moralisch und frei genannt werden dürfe. Dennoch: Die Sünde bezieht ihre *ratio formalis* nicht daraus, dass sie gegen das Vernunfturteil

25 »[...] consequens fit, ut ante omne imperium, ante omnem voluntatem, imo ante omne iudicium sit regula quaedam harum actionum, quae suapte natura constet, sicut res omnes suapte natura contradictionem non implicant: haec autem non potest alia esse, quam ipsamet rationalis natura ex se non implicans contradictionem, cui tanquam regulae, et iuri naturali bonae actiones conveniunt, et aequantur; malae autem dissonant, et inaequales sunt, quamobrem et illae bonae, hae autem malae dicuntur. Prima igitur lex naturalis in creatura rationali est ipsamet natura, quatenus rationalis, quia haec est prima regula boni, et mali.« ComSTh I–II, disp. 150, cap. 3, n. 23 (II, fol. 10).

26 Vgl. Thomas von Aquin, *Summa Theologiae* I–II, q. 18, art. 5; in *Opera omnia iussu impensaque Leonis XIII P.M. edita*, tom. VI (Rom: Ex Typographia Polyglotta, 1891), 131f.

27 Vgl. Thomas von Aquin, *Summa Theologiae* I–II, q. 91, art. 3; q. 94, art. 4; q. 95, art. 2. In: *Opera omnia iussu impensaque Leonis XIII P.M. edita*, tom. VII (Rom: Ex Typographia Polyglotta, 1892), 154f.; 171f.; 175f. Vgl. hierzu Wolfgang Kluxen, *Philosophische Ethik bei Thomas von Aquin*. 2. Aufl. (Hamburg: Meiner, 1980), insbes, pp. 233–37.

gerichtet ist, sondern dass es der rationalen Natur unangemessen ist, eine Sache, die sie als ihr selber nicht angemessen beurteilt, zu verfolgen und zu erfüllen. Worum es Vázquez geht, ist erneut zu zeigen: Das Urteil der Vernunft darüber, dass etwas schlecht ist, entspringt einer tatsächlichen, aus sich selbst heraus bestehenden Diskonvenienz zur rationalen Natur. Oder anders gewendet: Etwas ist nicht schlecht, weil wir es als schlecht beurteilen, sondern wir beurteilen es als schlecht, weil es tatsächlich der rationalen Natur unangemessen = schlecht ist.[28]

Die Aussagen über das dem göttlichen Intellekt und Willen voraufgehende *malum ex se* lassen sich nun dahingehend erweitern, dass man sagen kann: Etwas ist nicht deshalb Sünde, weil es durch Gesetz oder eine andere Art von Interdikt verboten ist, sondern weil es seiner Natur nach schlecht für den Menschen (qua rationale Natur) ist (*suapte natura malum est homini*).[29] Die Schlechtigkeit resultiert also aus einer Gegensätzlichkeit zur rationalen Natur, die Vázquez mit einem naturphilosophischen Beispiel untermauert: Dieselbe natürliche, d.h. sich allein aufgrund ihrer nicht widersprüchlichen Natur ergebende *relatio oppositionis* herrscht zwischen Feuer und Wasser. Anders formuliert: »Der Vernunft widerstreiten einige Sachverhalte vom Wesen her so wie das Feuer dem Wasser.«[30] Als Beispiele von *ex se* für den Menschen Schlechtem nennt Vázquez den Gotteshass und den Meineid[31] – beides widerspricht der rationalen Natur.

---

28 »Caeterum hanc sententiam recentiores nonulli hac ratione defendere conantur, ut omne peccatum ideo sit peccatum, [...] quia est contra iudicium rectae rationis nostrae, quae est conditio requisita, ut actus aliquis sit moralis, et liber, atque adeo ut imputetur malitia illius. Ego tamen fateor conditionem requisitam esse iudicium rationis nostrae [...], tamen formalem rationem peccati non esse in eo, ut actus sit contra iudicium rationis, sed in eo, ut sit inconveniens naturae rationali rem iudicatam a se sibi non convenientem persequi, et complecti [...]. [...] malum non est malum, quia iudicatur esse malum, sed potius ideo iudicatur esse malum, quia re vera ex se disconveniens est naturae rationali [...].« ComSTh I–II, disp. 97, cap. 1, n. 3 (I, fol. 618).

29 Vgl. ibid., disp. 97, cap. 3, n. 6 (I, fol. 618).

30 Rainer Specht, »Naturrecht III. Mittelalter und frühe Neuzeit,« in *Historisches Wörterbuch der Philosophie* 6 (Basel: Schwabe, 1984), pp. 571–82, hier: 578.

31 »[...] in opinione nostra malitia moralis consistit in relatione illa oppositionis cum natura rationali, quaedam autem ita ex se sunt mala, hoc est, ita inconvenientia naturae rationali, sicut est calor aquae, ut facta cum illis circumstantiis, natura sua id habeant non voluntate Dei prohibente, aut iudicio iudicante; nam sicut ex se non ex voluntate, aut intellectu Dei, essentiae rerum non implicant contradictionem, [...] et una alteri contraria, et disconveniens est, ita etiam odium Dei, et periurium ex se, non ex intellectu, aut voluntate Dei disconvenientia sunt homini [...].« ComSTh I–II, disp. 97, cap. 3, n. 6 (I, fol. 618).

So einsichtig rationalistisch die Identifizierung von Natur und Vernunft an dieser Stelle auch klingen mag, so lässt sie doch eine ganze Reihe an Problemen offen. Eines dieser Probleme besteht darin, dass eine Instanz erforderlich ist, um die Konvenienz bzw. Diskonvenienz von Handlungen zur Vernunftnatur festzustellen. Offensichtlich ist es für Vázquez kein Problem anzunehmen, dass diese Instanz die rationale Natur selbst ist. Das birgt kein Problem, solange mitbedacht wird, dass die über Konvenienz und Diskonvenienz urteilende Vernunft nach Vázquez'schem Verständnis stets auf die Natur selbst hingeordnet bleibt[32] und ihr in ihrer solcherart zugeschriebenen Funktion als Anwendungsinstanz oder Ableseorgan kaum Eigenständigkeit (höchstens Irrtum!) zukommt.[33]

Auch diese Forderung scheint mir noch nachvollziehbar, solange sie auf die formale Struktur des Moralischen beschränkt bleibt. In diesem Sinne verträte Vázquez die These, dass das Naturgesetz die Vernunft im Menschen repräsentiere, die ihn dazu befähigt, über das ihr Entsprechende oder Nichtentsprechende zu urteilen,[34] wobei die natürlichen Sachverhalte als tatsächlich geltend vorausgesetzt werden. Die Schwierigkeiten dieser Position treten aber spätestens dann auf, wenn wir material zu klären versuchen, was

32 »Ex dictis sequitur primum, primam regulam nostrarum actionum esse ipsam naturam rationalem, ut rationalis est [...]: illud enim dicitur bonum, quod naturae rationali, ut rationali consentaneum, illud autem malum, quod ei dissentaneum est: iudicium autem rationis esse, quidem proximam regulam, qua talis convenientia, aut contrarietas iudicatur: haec enim inde dicitur recta, si proponit, ut conveniens, quod re vera conveniens est, aut probabili coniectura ita existimatur, semper tamen per ordinem ad ipsam naturam bonum, et malum iudicari debet.« Ibid., disp. 90, cap. 3, n. 6 (I, fol. 578).

33 Louis Vereecke, *Conscience morale et loi humaine selon Gabriel Vazquez S.J.* (Tournai: Desclée et Cie, 1957), p. 4 sowie 45–48, gesteht der menschlichen Vernunft zu, zwar nicht autonom, aber doch wenigstens Interpretin der als Tatsachen feststehenden Imperative der menschlichen Natur zu sein. Die Frage, inwiefern ›interpretieren‹ nicht heißt, gewisse Spielräume offen zu lassen, findet in Vereeckes Studie, die der Verpflichtung zur Einhaltung menschlicher Gesetze gewidmet ist, allerdings keine Erwähnung. Wohl merkt er an, dass für Vázquez eine solche Verpflichtung nicht von außen an den Menschen herangetragen wird, sondern mit dem begründet wird, was dem Menschen als Menschen zukommt, also was die menschliche, rationale Natur einfordert, und dass diese Verpflichtung in der Vorstellung Gottes als des Seins an sich grundgelegt wird (45–48; 149; 157f.), bleibt jedoch bei dieser deskriptiven Darstellung stehen und zieht daraus keine weiteren Konsequenzen.

34 Dem entspräche in etwa der Status des thomanischen ersten praktischen Prinzips *bonum est faciendum, malum vitandum*, das nicht mehr leistet, als moralisches Handeln unter die Differenz von gut und schlecht zu stellen, ohne zu präzisieren, was gut und schlecht eigentlich inhaltlich meinen.

denn das dem Menschen bzw. seiner Natur Entsprechende inhaltlich darstellt. Genügt hier wirklich der einfache Rekurs auf die Natur, wie Vázquez ihn vornimmt, oder setzt das nicht eine Klärung dessen voraus, was als Natur des Menschen anzusehen ist? Einiges spricht dafür, dass Vázquez die Frage nach der Natur des Menschen in materialer Hinsicht wenig interessiert hat. Auffällig ist jedenfalls, dass wenn er von der Natur des Menschen spricht, dies nicht in Form von natürlichen Neigungen geschieht wie beispielsweise noch bei Thomas, sondern nur unter dem Aspekt der Vernunftbegabtheit. Insofern ist der verschiedentlich gegen ihn erhobene Vorwurf, er leite das Naturrecht aus der metaphysischen Natur des Menschen ab,[35] ungenau, weil diese metaphysische Natur als Vernunftnatur des Menschen präzisiert werden müsste.

Verfolgt man diese Interpretation weiter, wird deutlich, dass der Rekurs auf die Natur an dieser Stelle anders bewertet werden muss, als gemeinhin angenommen, wenn man von ihm in praktischer Absicht spricht. Gemeint ist dann nicht mehr ein Rekurs auf die Natur des Menschen als leibseelische Einheit, auf sein Streben oder seine Neigungen, sondern der Begriff der Natur dient nur noch in metaphysischer Absicht der Konsolidierung eines aus sich heraus bestehenden Bereiches, der selbst dem Zugriff Gottes völlig entzogen ist; in unserem Fall: die autonome menschliche Vernunftnatur.

3 Konsequenzen

Dass Vázquez das Naturrecht als eine natürliche Regel betont, die – sowohl für den Menschen als auch für Gott geltend! – unabhängig und vor jedem Befehl, vor jedem Willen und sogar vor jedem Urteil des Intellektes, eben ihrer Natur nach besteht, ist ihm vielfach als rationalistischer Missgriff zur Last gelegt worden. Zweifellos: Wenn Vázquez sogar die rationalistische Position des Gregor von Rimini als nicht weitgehend genug kritisiert, der die Unabhängigkeit des Naturrechtes dadurch zu garantieren meinte, dass er einen imperativen, nämlich explizit befehlenden, von einem indikativen, nämlich bloß anzeigenden (aber gleichwohl verpflichtenden) Modus unterschied, scheint dieser Vorwurf berechtigt. Er findet seine metaphysischen Voraussetzungen in der Vázquez'schen These, die Natur einer Sache gehe in ihrem möglichen Sein nicht nur dem Willen, sondern sogar dem Wissen und Erkennen Gottes voraus, und beanspruche Gültigkeit selbst für den hypothetischen Fall, dass

35 So etwa Joseph Th. C. Arntz, »Die Entwicklung des naturrechtlichen Denkens innerhalb des Thomismus,« in *Das Naturrecht im Disput*, Hrsg. v. Franz Böckle (Düsseldorf: Patmos, 1966), pp. 87–120, hier: p. 89, 111f.; 117.

das göttliche Intellekturteil völlig aufgehoben sei. In Ablehnung einer göttlichen Urheberschaft sittlicher Normativität liegt der Verpflichtungsgrund des Naturrechtes für Vázquez vielmehr allein darin, dass etwas der rationalen Natur entspricht bzw. zukommt oder nicht. Kommt die Vázquez'sche Naturrechtstheorie damit ganz ohne Gott aus? Und welche Konsequenzen ergeben sich daraus mit Blick auf die Bestimmung von Normativität?

Die Antwort liegt erneut in der Possibilienmetaphysik des Vázquez. Dort hatte sich bereits angekündigt, wie die innere Widerspruchslosigkeit, auf der die Wesensmöglichkeiten der Naturen fußen, zwar dem Intellekt und Willen Gottes vorgeordnet ist, aber dennoch in seiner eigenen Widerspruchslosigkeit gründet, insofern er das erste Seiende ist. Die Wesensnaturen haben folglich ihren Ursprung in der göttlichen Natur, die sich durch dieselbe Widerspruchslosigkeit auszeichnet, die auch ihnen zukommt, aber weder in Gottes Intellekt noch in seinem Willen.[36] Auf das Naturrecht übertragen heißt das: Wenn das natürliche Gesetz im vernünftigen Geschöpf die vernünftige Natur selbst ist, weil sie der Maßstab für gut und schlecht ist, und Gott als erstes Seiendes der Kreatur voraufgeht, insofern sie keinen Widerspruch in sich einschließt, lässt sich folgern, dass das Naturgesetz wie in seinem ewigen und ersten Ursprung in der Natur Gottes konstituiert ist (*in ipsa Dei natura constituenda est*). Wenn man das Naturgesetz aber als »ersten natürlichen Handlungsmaßstab der rationalen Kreatur« begreift, so gilt sowohl für Gott, als auch für die rationale Kreatur, dass es weder im Befehl, noch im Vernunfturteil, noch im Willen liegt, sondern früher.[37]

---

36 Wenn Jacob Schmutz in seiner Beurteilung der Vázquez'schen Lehre zu dem Schluss kommt, Gott bliebe nur noch die Rolle eines indifferenten, passiven Zuschauers der Welt (Schmutz, »Un Dieu indifférent,« pp. 216, 219), verkennt er meines Erachtens eben diese Verortung der geschaffenen Gegenstände in der göttlichen Natur. In Berücksichtigung dieser ontologischen Verortung wäre die damit verbundene These von Schmutz (195–198), Vázquez berufe sich zwar auf das scotische *formaliter ex se*, verwerfe jedoch das von Scotus hinzugefügte *principiative ab intellectu*, noch einmal neu zu überdenken. Eine Bemerkung wie »Le monde s'éloigne ainsi jusqu'au point de se séparer complètement de la source de son être qu'est la pensée du Dieu de la théologie« (198) ist jedenfalls schwerlich mit den Vázquez'schen Aussagen in Übereinstimmung zu bringen! Andererseits scheint die Schmutz'sche Interpretation der Spiegelmetapher bei Vázquez – Gott sehe die Kreaturen nicht mehr im Spiegel, sondern sei selbst der Spiegel, der die Schöpfung direkt reflektiert – (215) wieder in eine größere Nähe zur These der Verortung in der göttlichen Natur zu rücken.

37 »Prima igitur lex naturalis in creatura rationali est ipsamet natura, quatenus rationalis, quia haec est prima regula boni, et mali. Caeterum cum ipse Deus tanquam primum omnium ens, praecedat omnem etiam creaturam, quatenus ex se non implicat

In anderem Kontext heißt es dementsprechend, dass in Gott die erste Wurzel (*prima radix*) des Gegensatzes und der Inkonvenienz liegt, die sich aus der Vernunftnatur ergeben. Mit anderen Worten: Weil Gott das erste widerspruchsfreie Seiende ist, folgt, dass der Mensch keinen Widerspruch in sich einschließt und dass gewisse Dinge ihm entsprechen und andere nicht. Folglich könne man Gott »hoc modo consideratum« die Wurzel des Naturgesetzes nennen.[38] Dieses Ergebnis verstärkt Vázquez durch die Bezugnahme auf Thomas von Aquin und sein Verständnis von göttlicher Dispensation. Wenn Thomas Gott nämlich die Möglichkeit der Dispensation von naturrechtlichen Geboten abspricht, dann mit dem Argument, dass es seinem Wesen widerspräche und er sich selbst verneinen würde. Eine alternative Erklärung, die etwa auf den Willen abhebt, den Gott in solchen Fällen nicht einfach widerrufen könne, zieht Thomas laut Vázquez gar nicht in Betracht.[39] Bei aller Übereinstimmung sei dennoch darauf hingewiesen, dass diese klassische Begründung, die sich bei zahlreichen Autoren findet, bei Vázquez aufgrund des metaphysischen Kontextes der Unabhängigkeit der Naturen selbst vom göttlichen Intellekt noch einmal eine schärfere Pointe erhält. Es geht, wie Rainer Specht es treffend formuliert hat, um eine »Verwurzelung in der göttlichen Natur statt in göttlichen Tätigkeiten: Was böse ist, ist böse, weil Gott so ist, wie er ist.«[40]

---

contradictionem, haec lex tanquam in aeterna, et prima sui origine in ipsa Dei natura constituenda est. Ex quibus omnibus colligere licet legem naturalem, si pro prima regula naturali actionum creaturae rationalis capiatur, sive in Deo, sive in ipsa natura rationali, non esse imperium, nec iudicium rationis, nec voluntatem, sed quid prius.« ComSTh I–II, disp. 150, cap. 3, n. 23f. (II, fol. 10).

38 »[...] notandum est [...] rerum omnium creatarum naturas possibiles, hoc est, quae in se non implicant contradictionem, non habere hoc ex iudicio, aut voluntate Dei: nihilominus prius nostro modo intelligendi concipi Deum, ut primum ens in se non implicans contradictionem, quam intelligatur quaevis creatura non implicans contradictionem, ut fit: cumque, eo ipso, quod intelligitur homo hoc modo possibilis, et odium Dei, vel alia huiusmodi operatio, in ipso iam intelligatur disconveniens homini, ut homo est; dicendum est, primam radicem huiusmodi oppositionis, et inconvenientiae in Deo fuisse. Ex eo namque quod Deus est, sequitur hominem non implicare contradictionem, et quaedam ei convenientia, alia disconvenientia esse. [...] Deus talis est, quem etiam hoc modo consideratum, radicem ipsius iuris naturalis possumus appellare.« ComSTh I–II, disp. 97, cap. 3, n. 9 (I, fol. 619).

39 »Cum vero dixit idem Sanctus Thomas [...] Deum non posse in lege naturali dispensare, quia se ipsum negaret, non ideo dixit, quia iam semel prohibuit, et voluntatem suam revocare non potest: sed quia, si in his rebus dispensaret, tolleret ordinem rectum iustitiae, quae naturam constituit, atque ideo seipsum, qui est ipsamet iustitia, videretur negare.« Ibid., disp. 97, cap. 3, n. 10 (I, fol. 619).

40 Specht, »Naturrecht III,« p. 578.

Für das Naturrecht ergibt sich aus diesen Zusammenhängen noch eine weitere wichtige Konsequenz, die zunächst überrascht, zumal sie dem Anliegen entspricht, das der von Vázquez heftig kritisierte Gregor von Rimini bereits geäußert hatte, als er auch dem indikativen Naturrecht den Status des von Gott zumindest implizit verbotenen Gesetzes zuschrieb. Auch Vázquez gibt nämlich zu überlegen, dass es zwar feststände, dass die Sünden nicht deshalb schlecht sind, weil sie verboten und gegen den Willen Gottes gerichtet sind, dass sie aber dennoch tatsächlich beides sind. Denn jede widernaturrechtliche Handlung verstößt immer auch gegen Gottes Urteil und Wille. Ja mehr noch: Sie verstößt sogar gegen das göttliche Gesetz des Dekalogs, in dem Gott das gesamte Naturgesetz für die Menschen zum Ausdruck gebracht hat (*totam legem naturae decalogo nobis expressit*), und richtet sich gegen Gott, insofern solche Sünden Gott im höchsten Maße missfallen.[41]

In *disputatio* 150 finden wir eine ähnliche Nebenbemerkung, aus der sogar eine interessante neue terminologische Bestimmung folgt. Der Ausgangspunkt ist auch hier, dass das naturrechtlich Gebotene uns immer auch von Gott erklärt, d.h. ge- bzw. verboten worden ist. Dies führt Vázquez zu der Annahme, dass es eine »lex naturalis secundarie in mente Dei existens« gibt, die auf dem Vernunfturteil Gottes basiert.[42] Wird mit dieser Begründung die Rede von einem Gottes Intellekt und Willen vorgeordneten Naturrecht nicht hinfällig? Oder anders gefragt: Haben wir hier nicht doch jene theonome Basis vorliegen, die Vázquez bisher so konsequent vermieden hat?[43]

41 »Praeterea observandum est, etiamsi omnia peccata non ideo mala sint, quia prohibita, aut contra Dei voluntatem, omnia tamen re vera, et contra Dei voluntatem esse, et prohibita: aut enim sunt contra legem humanam, et haec tum prohibita sunt, tum etiam contra voluntatem Dei, a quo omnis humana potestas leges ferendi derivatur: aut sunt contra legem Dei positivam, et haec etiam sunt contra Dei voluntatem, et legem praecipientem: aut denique peccata sunt contra ius naturae; et haec etiam sunt contra legem Dei, qui totam legem naturae decalogo nobis expressit, et contra illius voluntatem, qui ei summe displicent huiusmodi peccata; [...].« ComSTh I–II, disp. 97, cap. 3, n. 10 (I, fol. 619).

42 »Verum quia omne, quod iure ipso naturae malum est, aut bonum, explicatum nobis a Deo est, et imperatum, aut vetitum; negare non possumus legem naturalem secundarie in mente Dei existentem esse operationem intellectus supposita voluntate, in qua diximus esse rationem imperii; [...].« ComSTh I–II, disp. 150, cap. 3, n. 24f. (II, fol. 10).

43 So etwa Franz Böckle, »Natürliches Gesetz als göttliches Gesetz in der Moraltheologie,« in *Naturrecht in der Kritik*, Hrsg. v. Franz Böckle, Ernst-Wolfgang Böckenförde (Mainz: Matthias Grünewald, 1973), pp. 165–88, hier: 184f., und noch meine Vermutung in: Mandrella, *Das Isaak-Opfer*, pp. 228–33.

Bei näherem Hinsehen bzw. im weiteren Verlauf des Textes zeigt sich, dass Vázquez die Vorstellung eines natürlichen Gesetzes, das in zweiter Linie im göttlichen Geist existiert, mit dem menschlichen Urteil parallelisiert. Denn auch in Bezug auf den Menschen bedarf das seiner Natur nach bestehende Naturrecht bzw. die natürliche Regel der Anwendung, nämlich indem wir etwas als gut oder schlecht beurteilen[44] – freilich immer, wie bereits festgestellt, mit Blick auf die Bedingungen, die aufgrund der jeweiligen Natur bereits vorgegeben und die es gewissermaßen nur noch zu entdecken gilt. Ausdrücklich hält Vázquez deshalb daran fest, dass dies an der primären Bestimmung des Naturrechtes als der rationalen Natur selbst nichts ändere.[45] Die *lex secundarie in mente Dei existens* ist folglich nichts anderes als das göttliche Vernunfturteil angesichts der Natur, die als oberste Norm selbst Gott vorgegeben ist; Vázquez rückt es sogar in die Nähe der *lex aeterna*. Denn selbstverständlich sind bereits alle Vernunfturteile des Menschen im göttlichen Geist enthalten und der Mensch ist nur zu ihnen befähigt, weil er, thomanisch gesprochen, mittels des Lichtes der Vernunft an der göttlichen Vernunft teil hat.[46] Galparsoro Zurutuza hat mit Recht darauf hingewiesen, dass diese Position einen Fremdkörper in der Vázquez'schen Naturrechtstheorie repräsentiere, der vermutlich der Harmonisierungstendenz mit der Lehre des Thomas geschuldet sei, sich jedoch nur unter Schwierigkeiten integrieren lasse.[47] Als Hinweis auf eine theonome Fundierung des Naturrechtes dient sie allerdings nicht, denn Vázquez bleibt bei seiner These, dabei handele es sich allein um die von jeglichem ewigen Gesetz konstitutiv unabhängige rationale Natur.[48]

44 »[...] in nobis tamen qui hoc iudicium naturale participamus, lex naturalis, vel potius applicatio huius legis naturalis est non imperium, sed iudicium, quo nobis regulam naturalem applicamus iudicantes quid bonum, quidve malum sit.« ComSTh I–II, disp. 150, cap. 3, n. 24f. (II, fol. 10).

45 »Est igitur lex naturalis in nobis primarie ipsa natura rationalis, secundarie autem per modum applicationis potius est in iudicio, quam in imperio.« Ibid., disp. 150, cap. 4, n. 31 (II, fol. 12).

46 »[...] si reliquae leges accipiantur pro iudicio, vel imperio rectae rationis, quo aliquid iubetur, vel iudicatur esse bonum, aut vetatur, vel iudicatur esse malum, dubium non esse omnes leges, sive sint naturales hoc modo acceptae, et naturaliter nobis impressae, sive sint positivae, ab aeterna lege derivari; hoc est a ratione aeterna existente in mente Dei. Nihil enim recte iudicat homo a se faciendum, vel non faciendum, vel iubet princeps, aut vetat, quod prius non fuerit in mente Dei, et ab eo, sicut a patre luminum impressum acceperit.« ComSTh I–II, Explicatio articuli 3 quaestionis 93, n. 3 (II, fol. 42).

47 Vgl. Galparsoro Zurutuza, *Die vernunftbegabte Natur*, pp. 84–86.

48 So heißt es gleich im Anschluss an das obige Zitat: »Si vero loquamur de lege ipsa naturali quatenus aliquid prius est quocumque imperio, et iudicio [...] non potest derivari ex lege

Aller schöpfungstheologisch bedingten Abhängigkeit der Naturen von Gott als eines ersten Seienden zum Trotz, scheint Vázquez in Bezug auf seine Begründung des Moralischen weitgehende Objektivität erlangt zu haben: Was moralisch gut und schlecht ist, steht von Natur aus fest. Selbst Gott ist daran gebunden. Das Naturrecht ist die rationale Natur selbst, die die Regel des Guten = Konvenienten und Schlechten = Diskonvenienten repräsentiert. Diese Rationalisierung und radikale Ablehnung jeglicher theonomer Muster scheint zu einer Autonomie der Vernunft zu führen, die auf den ersten Blick erstaunlich modern klingt. Doch um welchen Preis ist dieses Modell erkauft?

Die Lehre von den inneren Möglichkeiten der Naturen mag im metaphysischen Kontext ihren Reiz haben. Sie in die Ethik zu übertragen, scheint mir allerdings höchst problematisch. Denn damit erhält die Natur, die eben nie nur in ihrer einen Form als Vernunft auftritt, sondern immer auch mehr umfasst – etwa das Vermögen praktischer Anwendung –, damit überhaupt sinnvoll von Konvenienz und Diskonvenienz gesprochen werden kann, eine normative Funktion, die die Autonomie der praktisch urteilenden menschlichen Vernunft entscheidend in Frage stellt: Wohl nicht in Gestalt eines allmächtigen Gottes, der bestimmt, was moralisch gut und schlecht ist, aber in Gestalt einer vorgegebenen Natur, die die praktische Vernunft zum Ableseorgan degradiert. In diesem Sinne hat Friedo Ricken der Position des Vázquez einen essentialistischen Naturalismus zugeschrieben, d.h. »die Prädikate ›sittlich gut‹ und ›sittlich schlecht‹ werden naturalistisch als Relationen verstanden« bzw. »[s]ittlich Gutes und Böses werden erkannt, indem die *ratio* die unveränderlichen Wesenheiten und die notwendigen Relationen zwischen ihnen erfaßt«.[49]

Der Gedanke, dass das Naturgesetz zwar etwas dem Menschen Gegebenes, aber immer auch Aufgegebenes impliziert – ein Gedanke, der nicht nur in Bezug auf natürliche Neigungen o.ä. besteht,[50] sondern auch die bereits oben

aeterna, prout aeterna lex est ratio existens in mente Dei, quia lex naturalis est ipsamet natura rationalis, ut rationalis est, quatenus ex se non implicat contradictionem: cum igitur hoc non habeat natura, ut rationalis est, ex voluntate aut iudicio Dei; sequitur hoc modo non posse derivari a lege aeterna eo modo accepta. Caeterum quia ante omnem creaturam, etiam prout ex se non implicat contradictionem, est ipsa essentia Dei secundum rationem primi entis, et per essentiam infiniti, si haec dicatur lex aeterna, ab ea etiam lex naturalis sumpta pro natura ipsa rationali quodammodo derivatur iuxta ea [...].« ComSTh I–II, Explicatio articuli 3 quaestionis 93, n. 3f. (II, fol. 42).

49 Friedo Ricken, »Naturrecht I,« in *Theologische Realenzyklopädie* 24 (Berlin: De Gruyter, 1994), pp. 132–53, hier: 147.

50 Vgl. hierzu Ludger Honnefelder, »Natur als Handlungsprinzip. Die Relevanz der Natur für die Ethik,« in *Natur als Gegenstand der Wissenschaften*, Hrsg. v. Ludger Honnefelder (Freiburg: Alber, 1992), pp. 151–83.

angegebene erfinderische Fähigkeit der praktischen Vernunft, allgemeine Prinzipien auf den konkreten Einzelfall richtig anzuwenden, betrifft –, wird abgelöst durch eine Objektivierung des Naturgesetzes, die aus einer aristotelisch verorteten Naturrechtsethik eine deduktive Moralwissenschaft macht. Wie Joseph Th. C. Arntz zutreffend kritisiert, hat dies zur Folge, dass sich der Akzent auf den Objektpol verschiebt, »während er für Thomas noch auf dem Subjektpol lag«; mit der Konsequenz, dass das Naturrecht zur Sache von Spezialisten wird, »die für Nicht-Spezialisten feststellten, was zum Naturgesetz gehört oder nicht«, was wiederum dazu führt, dass »die Erkenntnis des Naturgesetzes ganz allgemein zu einer vermittelten Erkenntnis« wird.[51]

Liest man Vázquez allerdings stärker in der oben vorgeschlagenen Interpretation als Vernunftrechtler, für den die konkrete psycho-physische Natur des Menschen über seine Rationalität hinaus eben keine moralische Bedeutung mehr hat, dann nimmt der spanische Denker in der Geschichte der Moralphilosophie und -theologie vor Kant eine wichtige Position ein, insofern er mit allen Konsequenzen versucht, das moralisch Vernünftige und Gute bzw. Unvernünftige und Schlechte allein in der Vernunft selbst zu begründen.

Bibliographie

Arntz, Joseph Th. C. »Die Entwicklung des naturrechtlichen Denkens innerhalb des Thomismus,« in *Das Naturrecht im Disput*, Hrsg. v. Franz Böckle (Düsseldorf: Patmos, 1966), pp. 87–120.

Böckle, Franz. »Natürliches Gesetz als göttliches Gesetz in der Moraltheologie,« in *Naturrecht in der Kritik*, Hrsg. v. Franz Böckle und Ernst-Wolfgang Böckenförde (Mainz: Matthias Grünewald, 1973), pp. 165–88.

Galparsoro Zurutuza, José Maria. *Die vernunftbegabte Natur. Norm des Sittlichen und Grund der Sollensanforderung. Systematische Untersuchung der Naturrechtslehre Gabriel Vázquez's* (Bonn: Universität Bonn, 1972).

Goris, Wouter. »Heinrich von Gent und der mittelalterliche Vorstoß zu einem Ausgang vom Unbedingten,« in *Henry of Ghent and the Transformation of Scholastic Thought*.

51 Arntz, »Die Entwicklung,« pp. 103, 112f., mit explizitem Verweis auf Vázquez. Vgl. hierzu allgemein Rainer Specht, »Über philosophische und theologische Voraussetzungen der scholastischen Naturrechtslehre,« in *Naturrecht in der Kritik*, Hrsg. v. Franz Böckle und Ernst-Wolfgang Böckenförde (Mainz: Matthias Grünewald, 1973), pp. 39–60; sowie Ludger Honnefelder, »Naturrecht und Geschichte. Historisch-systematische Überlegungen zum mittelalterlichen Naturrecht,« in *Naturrecht im ethischen Diskurs*, Hrsg. v. Marianne Heimbach-Steins (Münster: Aschendorff, 1990), pp. 1–27, insbes. 23–27.

Studies in Memory of Jos Decorte, Hrsg. v. Guy Guldentops und Carlos Steel (Leuven: Leuven University Press, 2003), pp. 61–74.

Gregor von Rimini. *Lectura super primum et secundum Sententiarum* (Tom. VI), eds. A. Trapp, V. Marcolino, et al. (Berlin: De Gruyter, 1980).

Hellín, José. »Vazquez ou Vasquez Gabriel,« in *Dictionnaire de théologie catholique* XV. (Paris: Letouzey et Ané, 1950), pp. 2601–10.

Honnefelder, Ludger. »Natur als Handlungsprinzip. Die Relevanz der Natur für die Ethik,« in *Natur als Gegenstand der Wissenschaften*, Hrsg. v. Ludger Honnefelder (Freiburg: Alber, 1992), pp. 151–83.

———. »Naturrecht und Geschichte. Historisch-systematische Überlegungen zum mittelalterlichen Naturrecht,« in *Naturrecht im ethischen Diskurs*, Hrsg. v. Marianne Heimbach-Steins (Münster: Aschendorff, 1990), pp. 1–27.

———. »Possibilien,« in *Historisches Wörterbuch der Philosophie* 7 (Basel: Schwabe, 1989), pp. 1126–35.

———. *Scientia transcendens. Die formale Bestimmung der Seiendheit und Realität in der Metaphysik des Mittelalters und der Neuzeit (Duns Scotus – Suárez – Wolff – Kant – Peirce)* (Hamburg: Meiner, 1990).

Kluxen, Wolfgang. *Philosophische Ethik bei Thomas von Aquin*. 2. Aufl. (Hamburg: Meiner, 1980).

Lapierre, Michael J. *The Noetical Theory of Gabriel Vasquez, Jesuit Philosopher and Theologian (1549–1604): His View of the Objective Concept* (Lewiston: Edwin Mellen, 1999).

Mandrella, Isabelle. *Das Isaak-Opfer. Historisch-systematische Untersuchung zu Rationalität und Wandelbarkeit des Naturrechts in der mittelalterlichen Lehre vom natürlichen Gesetz* (Münster: Aschendorff, 2002).

———. »Die Autarkie des mittelalterlichen Naturrechtes als Vernunftrecht: Gregor von Rimini und das *etiamsi Deus non daretur*-Argument,« in *»Herbst des Mittelalters«? Fragen zur Bewertung des 14. und 15. Jahrhunderts*, Hrsg. v. Jan A. Aertsen und Martin Pickavé (Berlin: De Gruyter, 2004), 265–76.

———. *Gregor von Rimini (1300–1358): Moralisches Handeln und rechte Vernunft. Lectura super secundum Sententiarum, distinctiones 34–37*, Lateinisch – deutsch, übersetzt und eingeleitet von Isabelle Mandrella (Freiburg: Herder, 2010).

Ricken, Friedo. »Naturrecht I,« in *Theologische Realenzyklopädie*, 24 (Berlin: De Gruyter, 1994), pp. 132–53.

Schmutz, Jacob. »Gabriel Vázquez,« in *Sur la science divine*, Hrsg. v. Jean-Christophe Bardout und Olivier Boulnois (Paris: Presses universitaires de France, 2002), pp. 382–411.

———. »Un Dieu indifférent. La crise de la science divine durant la scolastique moderne,« in *Le contemplateur et les idées. Modèles de la science divine, du néoplatonisme au XVIIIe siècle*, Hrsg. v. Olivier Boulnois, Jacob Schmutz und Jean-Luc Solère (Paris: Vrin, 2002), pp. 185–221.

Schwedt, Hermann H. »Vázquez, Gabriel,« in *Biographisch-Bibliographisches Kirchenlexikon*, XII (Herzberg: Traugott Bautz, 1997), pp. 1168–75.

Specht, Rainer. »Naturrecht III. Mittelalter und frühe Neuzeit,« in *Historisches Wörterbuch der Philosophie*, 6 (Basel: Schwabe, 1984), pp. 571–82.

———. »Über philosophische und theologische Voraussetzungen der scholastischen Naturrechtslehre,« in *Naturrecht in der Kritik*, Hrsg. v. Franz Böckle und Ernst-Wolfgang Böckenförde (Mainz: Matthias Grünewald, 1973), pp. 39–60.

———. »Zur Kontroverse von Suárez und Vásquez über den Grund der Verbindlichkeit des Naturrechts,« *Archiv für Rechts- und Sozialphilosophie* 45 (1959), 235–55.

Vázquez, Gabriel. *Commentariorum, ac disputationum in primam partem Summae Theologiae*, Venedig, Pellizzarius, 1606.

———. *Commentariorum ac disputationum in primam secundae S. Thomae. Tomus primus*, Alcalá, Ioannes Gratianus, 1614.

———. *Commentariorum ac disputationum in primam secundae S. Thomae. Tomus secundus*, Alcalá, Iustus Sanchez Crespo, 1605.

Vereecke, Louis. *Conscience morale et loi humaine selon Gabriel Vazquez S.J.* (Tournai: Desclée et Cie, 1957).

von Aquin, Thomas. *Summa Theologiae*. In: *Opera Omnia iussu impensaque Leonis XII P.M. edita* (Tom. VI) (Rom: Ex Typographia Polyglotta, 1891).

———. *Summa Theologiae*. In: *Opera Omnia iussu impensaque Leonis XII P.M. edita* (Tom. VII) (Rom: Ex Typographia Polyglotta, 1892).

Welzel, Hans. *Naturrecht und materiale Gerechtigkeit*, 4. Aufl. (Göttingen: Vandenhoeck & Ruprecht, 1962).

CHAPTER 7

Is Francisco Suárez a Natural Law Ethicist?

Tobias Schaffner

1 A Call for a Reorientation of Suárezian Scholarship

The primary aim of the present contribution is to call for a fundamental reorientation of the approach to Francisco Suárez's ethics or moral theology. For the past century or more, most scholars have regarded Suárez as adhering to a rule-based or legalistic conception of ethics. This interpretation of his ethics is particularly popular among scholars who are critical of his thought. The critics tend to contrast Suárez's conception of ethics with Aquinas's. They claim that Aquinas endorses an ethics which makes the ideas of ends or goods central, whereas Suárez builds his ethics around the narrow concept of law (*lex*) or around the even more narrow concept of natural law (*lex naturalis*).

In Section 2, I will show that the critics' interpretation of Suárez's conception of ethics is grossly misleading. It results from a narrow focus on his treatise on law, his *De legibus ac Deo legislatore*. A correct understanding of Suárez's conception of ethics can only be achieved by considering the entirety of his work. Once one adopts such a comprehensive approach, it becomes evident that he is not a "natural *law* ethicist."[1] Instead he endorses an ethics of goods or, more specifically, a virtue-based Christian eudaemonism, which closely follows that of Aquinas.

In Section 3, I will draw on this comprehensive approach to Suárez's ethical writings in order to rebut a more specific objection to his ethics. Most critics, in fact, see in Suárez's narrow definition of law a clear sign for his legalism. I will establish that far from being a sign of legalism, his narrow definition of law is a distinctive characteristic of his ethics of goods. We will see that Suárez's concept of law can only be properly understood if one takes note of its intimate connection with his interpretation of Jesus's Sermon on the Mount. This theological dimension is completely overlooked by today's critics, including critics who are orthodox Catholics.

Instead of turning straight to Suarez's work, I will start by considering the account which serves as the model of the proposed reorientation of the approach to his conception of ethics. Perhaps surprisingly, it is a major shift

1 This label or term will be explained in section 1.1 below.

 | DOI 10.1163/9789004322707_009

in 20th-century approaches to Thomas Aquinas's conception of ethics which inspires my call to reorient scholarship on Suárez.

1.1 *A Shift in Thomistic Scholarship: From Legalism to Goods*

In a widely read article published in 1974, Vernon Bourke argued that Aquinas is not a "natural *law* ethicist."[2] As Bourke points out in the article, Aquinas did not consider ethics to consist of a code of precepts of natural law. Bourke reacted with his article against interpretations of the *Summa theologica* (STh) which focused exclusively on its treatise on law, i.e. *Summa* I–II, q. 90–108. This legalistic approach was popular among many moral theologians writing in the 19th and early 20th centuries.[3] Influenced by their own legalism, these scholars assumed that one could equate Aquinas's conception of (natural) law with his ethics. Bourke rejected this reading of the *Summa*. As he pointed out, Aquinas's conception of ethics needs to be constructed from the whole *Summa theologica* as well as from his other writings.

Bourke's essay is of interest to us mainly as a sign that a general reorientation was taking place in Thomistic scholarship in the 1960s and 1970s.[4] In terms of sources, it was a shift from a narrow focus on Aquinas's treatise on law to an appreciation of the whole *Summa*. In terms of conceptions of ethics, it was a shift from a legalistic ethics to an ethics of goods or a teleological ethics. In terms of substance, it was a shift from a consideration of law (and chiefly natural law) to a consideration of Aquinas's teachings on beatitude, human action, passions, habits, moral and theological virtues, grace, and the life and teachings of Jesus.

Such a comprehensive approach to the *Summa* clearly reveals that Aquinas adheres to an ethics of goods. Law plays a role in his account of ethics, but not the chief role. Aquinas does not depict human action as simple obedience to

2 Vernon J. Bourke's article "Is Thomas Aquinas a Natural Law Ethicist?" *The Monist* 58.1 (1974), 52–66. The title of my contribution is, of course, an adaptation of Bourke's title.

3 For a critical account of this approach see e.g. Pinckaers, *The Sources of Christian Ethics*, trans. Mary Thomas Nobel (Washington, D.C.: Catholic University of America Press, 1995 [French edition 1985]), pp. 14–17, 98–100, 268–70, 343.

4 After Vatican II (1962–65) we can observe a *general* reorientation of Thomistic scholarship; for an overview, see e.g. Thomas S. Hibbs, "Interpretations of Aquinas's Ethics since Vatican II," in *The Ethics of Aquinas*, ed. Stephen J. Pope (Washington, D.C.: Georgetown University Press, 2002), pp. 412–25. This reorientation was prepared by pioneering research earlier in the 20th century, e.g. by Odon Lottin, which broke with the legalism of the 19th century. For references to Lottin's work and a helpful overview, see Clifford G. Kossel, "Thomistic Moral Philosophy in the Twentieth Century," in Pope, *The Ethics of Aquinas*, pp. 385–411.

moral and legal obligations. For him, human beings should seek to realise, or participate in, moral goods through self-directed actions.

Today, there are two popular interpretations of Aquinas's ethics of goods. The first is mostly advanced by philosophers, the second mostly by theologians. The first type of interpretation, proposed by Germain Grisez and John Finnis, highlights pre-moral basic goods, such as life, knowledge, and sociability, together with requirements of practical reasonableness.[5] This strand of interpretation is known as "New Natural Law Theory."[6] The second type of interpretation—the one advanced by theologians such as the Dominicans Jean-Pierre Torrell and Servais Pinckaers—is more sensitive to Aquinas's account of moral and theological virtues: it considers our ends to consist in virtuous goods (such as compassion, justice, or love) rather than in pre-moral goods.[7] It also differs from New Natural Law Theory by taking note of the role of revelation in Aquinas's work, and it highlights that, for him, ethics consists of an account of our way to God in the next life. According to this approach, Aquinas adheres to a virtue-based, distinctly Christian eudaemonism.[8]

The revised understanding of Aquinas's ethics as an ethics of goods has led many Thomists to sharply contrast his conception of ethics to the one (allegedly) found in Suárez's work.

1.2 *The Double Standard of Suárez's Critics Exposed*

The Thomist critics of Suárez claim that he departed from Aquinas's ethics of goods by adhering to a legalistic ethics.[9] Yet, as we will see, this depiction of

5 This movement has its origin in Germain Grisez, "The First Principle of Practical Reason: A Commentary on the *Summa theologiae*, 1–2, Question 94, Article 2," *Natural Law Forum* 10 (1965), 168–201 (note that Grisez's article predates Bourke's article by eight years); see further esp. John Finnis, *Natural Law and Natural Rights* [henceforth Finnis, NLNR] (Oxford: Oxford University Press, [2]2011); idem, *Aquinas: Moral, Political, and Legal Theory* (Oxford: Oxford University Press, 1998).

6 It is not altogether clear to what extent Finnis presents his goods-based ethics as a self-standing theory inspired by Aquinas or as a faithful interpretation of Aquinas's ethics. In his *Aquinas* he offers an interpretation of Aquinas's ethics which is ultimately almost identical to his (i.e. Finnis's) own account of pre-moral basic goods in NLNR; see also NLNR, p. 98, where he supports his conception of ethics by referring to STh I–II, q. 10, a. 1, and q. 94, a. 2.

7 Jean-Pierre Torrell, *Aquinas's Summa: Background, Structure, and Reception*, trans. Benedict M. Guevin (Washington, D.C.: The Catholic University of America Press, 2005); Pinckaers, *The Sources of Christian Ethics*. On the importance of Pinckaers see Hibbs, "Interpretations," p. 421.

8 For the relationship between the objects of the virtues (such as temperance or justice) and happiness, see STh II–II, q. 145.

9 See e.g. Grisez, "The First Principle of Practical Reason," pp. 186–87, and the authors referred to in n. 13–14 below.

Suárez's moral theology is grossly misleading. It is the result of a double standard applied by the Thomist critics: they endorse a comprehensive approach to Aquinas's work, i.e. an approach which takes note of all parts of the *Summa theologica* (as well as his other writings), while they limit their reading of Suárez's vast work to his *De legibus* and often only to the first two of its ten books.

It is the argument of this essay that a comprehensive approach to Suárez's work reveals that he, in fact, adhered to a conception of ethics which in all its main tenets is the same as that of Aquinas (see Section 2 below). It is not the difference in the two theologian-philosophers' works, but the difference in the critics' *approach* to these works that leads to the radically different depictions of Aquinas and Suárez.

The extreme narrowness of the critics' approach must be evident to anyone with even a rudimentary knowledge of Suárez's work. The critics only consider his *De legibus*. Yet, Suárez lectured on Aquinas's entire *Summa theologica*, as the Jesuit *Ratio studiorum* demanded. His published commentary of the *Summa theologica* covers all of the *Prima Pars* and *Tertia Pars* as well as large parts of the *Secunda Pars*.[10] His commentary of the *moral part* of the *Summa theologica*, i.e. Aquinas's treatise on man in the *Prima Pars* and all of the *Secunda* and *Tertia Pars*, takes up 19 of the 26 folio volumes of the (incomplete) 19th-century *Opera Omnia*.[11] The ten books of *De legibus*—Suárez's loose commentary on Aquinas's treatise on law (STh q. 90–108)—occupy only 2 of these 19 volumes. The critics thus leave 17 volumes completely unconsidered. Even a superficial consideration of the critics' approach to Suárez's ethical writings reveals where its problem lies: it was the Thomist critics who decided to focus on law, not Suárez himself.

How, one may wonder, could Suárez's critics overlook such an evident shortcoming in their approach to his work? It seems that they are led astray by a popular but mistaken account of the history of moral theology. For many historians of Catholic moral theology argue that the legalism predominant in

10 For a good discussion of the relationship between Suárez's work and Aquinas's *Summa theologica*, see P. Monnot, P. Dumont, and R. Brouillard, "Suárez," in *Dictionnaire de Théologie Catholique*, eds. A. Vacant, E. Mangenot, and E. Amann (Paris: Letouzey et Ané, XIV, 1941), cols. 2638–2728.

11 Francisco Suárez, *Opera Omnia*, editio nova, a Carolo Breton (Parisiis: Ludovicus Vivès, 1856–78) (hereafter OO). I am arriving at 19 out of 26 volumes by first discounting the index volumes (i.e. volumes 27 and 28) and then discounting, as not being proper commentaries on ethical parts of the *Summa*, volumes 1, 2, 11, 23, 24, 25, and 26. An important text of moral philosophy edited and published after the Vivès edition is Suárez's lectures on the virtue of justice, see *Römische Vorlesungen ›De Iustitia et Iure‹*, ed. Joachim Giers (Freiburg: Herder, 1958).

the discipline during the 19th and early 20th centuries originated in the 16th- and 17th-century commentaries on the *Summa theologica* (such as Suárez's).[12] These historians claim that Suárez, like the 19th-century moral theologians who allegedly followed his lead, equated ethics with natural law. Many scholars thus assume that one can reconstruct Suárez's ethics from the views on natural law set out in his *De legibus*. Yet, such an exclusive focus on Suárez's *De legibus* leads inevitably to the impression that he is a legalistic ethicist. Suárez's critics thus adhere to a self-fulfilling prophecy: they assume that he equates ethics with law, use this as a justification to read only his *De legibus*, and then find their initial assumption confirmed.

If my argument in this essay is right, then, the historical account needs to be revised by reversing the causal explanation. It is not Suárez's work which led to a legalistic moral theology, but a legalistic moral theology in the 19th and early 20th centuries led to a misrepresentation of his work as legalistic. This can be established down to particular authors.

Thus, in 1930, Walter Farrell attacked Suárez for his departures from Aquinas's natural law theory.[13] Yet, Farrell's approach to Aquinas and Suárez is steeped in the legalism still typical in early 20th-century moral theology: it focuses exclusively on their treatment of natural moral law. There is not a word on beatitude or on the virtues. From the 1960s onward, Bourke and other scholars started to reject the legalistic approach adopted by Farrell, but they did so only with respect to Aquinas's conception of ethics. With respect to Suárez's conception of ethics, Farrell's interpretation has had a continuing influence on scholars throughout the 20th and 21st century; it was, for instance, a direct influence on Thomas E. Davitt, Germain Grisez, and John Finnis, and an indirect influence (through Davitt) on William Daniel.[14] Typically for Suárez's critics, Farrell, Davitt, Daniel, and Finnis limit their examination of his conception of ethics either exclusively or largely to his *De legibus*. In adopting such a narrow focus on Suárez's treatise on law, these critics remain partly

12 This assumption underpins the accounts of Grisez, "The First Principle of Practical Reason"; Finnis, NLNR, esp. p. 47; Pinckaers, *The Sources of Christian Ethics*; and a host of other scholars.

13 Walter Farrell, *The Natural Moral Law according to St. Thomas and Suárez* (Ditchling: St Dominic's Press, 1930).

14 Thomas E. Davitt, *The Nature of Law* (St Louis: Herder Book Co., 1951); William Daniel, *The Purely Penal Law Theory in the Spanish Theologians form Vitoria to Suárez* (Rome: Gregoriana University Press, 1968); Grisez, "The First Principle of Practical Reason," pp. 184–85; Finnis, NLNR (see the Index for references to Davitt, Daniel, and Farrell). Finnis's interpretation of Suárez has, in turn, influenced a large number of scholars writing after 1980.

(i.e. precisely with regard to Suárez) captured in the legalism characteristic of Catholic moral theology in the 19th and early 20th centuries.

These considerations show that it is high time for a reorientation of our approach to Suárez's ethical writings.[15] Of the two interpretations of Aquinas's conception of ethics as an ethics of goods, this reorientation should seek inspiration from the second, i.e. theological, approach briefly sketched above: Suárez was, after all, first and foremost a theologian, regardless of what the many studies which portray him as a father of international law, modern philosophy (due to his *Metaphysical Disputations*), or modern legal philosophy may want us to believe.

2 Suárez's Christian Eudaemonism

Following the Christian tradition,[16] Suárez's ethical writings start from a consideration of our ultimate end of life: our return to God.[17] For him, like for Aquinas and indeed all Christians, God created the world, including us rational animals,[18] and God seeks to guide us back to him using not just law but a host of "principles" (see the next two paragraphs). The overarching framework for Suárez, like for Aquinas,[19] is the neo-platonic scheme which informs the Christian intellectual framework: the movement of creation out from God

15 My call for a reorientation of scholarship on Suárez's ethical writings cannot claim to be original, even if it opposes the narrow approach adopted by the majority of scholars. A comprehensive approach to Suárez's ethics has been adopted (amongst others) by Dumont and Brouillard, "Suárez"; Elisabeth Gemmeke, *Die Metaphysik des sittlich Guten bei Franz Suárez* (Freiburg: Herder, 1965) (who draws extensively on the work of Eleuterio Elorduy); Terence Irwin, *The Development of Ethics: Volume II: From Suárez to Rousseau* (Oxford: Oxford University Press, 2008), pp. 1–69; and Markus Kremer, *Den Frieden verantworten. Politische Ethik bei Francisco Suárez (1548–1617)* (Stuttgart: Kohlhammer, 2008).

16 I am painfully aware that my own contribution considers only one of Suárez's sources: the *Summa theologica*.

17 See Suárez, *De fine hominis* (OO IV). Suárez and the tradition use many terms for the union with God: for the idea of return (*reditus*), see n. 19 and 20 below.

18 Suárez, *De opere sex dierum* and *De anima* (both in OO II); Aquinas, STh Ia, q. 44–102.

19 Aquinas uses the exact terms *reditus* and *exitus* in his *In I Sent.*, d. 2, *div. textus* (for this reference and a discussion, see M.-D. Chenu, *Toward Understanding St. Thomas*, trans. A.-M. Landry and D. Hughes [Chicago: Henry Regenery Company, 1964], pp. 304–14); see also STh II–II, q. 20, a. 1, ad 3 (*reditus ad beatitudinem*). Aquinas expresses the idea of *reditus*/*exitus* using a slightly different terminology in the preface to STh Ia, q. 2, which should be read in conjunction with the preface to I–II. For a short introduction to the structure of the *Summa theologica*, see Torrell, *Aquinas's Summa*, esp. pp. 17–62.

(*exitus*) and back to God (*reditus*).[20] This intellectual framework is complemented by reflection on Jesus as "our way to God."[21]

In the created world, human beings (and angels)[22] are peculiar in their capacity to participate in God's divine plan by taking the way back to Him in a self-directed and free (i.e. not necessitated by natural instinct) way. Human beings are capable of returning to God in a self-directed way thanks to what the Thomists call "intrinsic principles."[23] Human beings are partly *born with* intrinsic principles indispensable to return to God, i.e. the potencies of reason and will,[24] partly *capable of acquiring* intrinsic principles indispensable for this purpose, i.e. the good habitual dispositions called "acquired virtues,"[25] and partly aided by God *infusing* virtue in us.[26]

These intrinsic principles are necessary means to return to God, but they are not sufficient on their own. Human beings also need so-called extrinsic principles.[27] As Suárez indicates in the preface to his *De legibus*, law is only one among a number of means that assist us on our way to divine vision or beatitude:

> [God] recalls them [i.e. us human beings] and shepherds them back, enlightening them by His *teaching*, admonishing them with His *counsels*, impelling them by His *laws* and, above all, succouring them with the aid of His *grace* [...][28] [emphasis added by me]

20 For Suárez's reliance on the *exitus—reditus* scheme, see e.g. *De fine hominis*. Prooemium, 1 and 8; and V. 2. 4–5; on the preface to *De legibus*, see further below.

21 Suárez treats this so-called Christology in his *De incarnatione* (OO XVII and XVIII); Aquinas, STh IIIa, q. 1–59; the quote in the text is from the preface to STh Ia, q. 2. On the place of Christology in the *Summa*, see Torrell, *Aquinas's Summa*, pp. 29, 48–62. Torrell recognises the importance of Suárez's Christology; ibid., p. 103.

22 I will not discuss Suárez's treatment of angels.

23 For the points made in this sentence, see Aquinas, STh, preface to I–II and I–II, q. 114.

24 Suárez, *De anima* (OO II); idem, *De anima*, Tom. I–III, ed. Salvador Castellote (Madrid: Sociedad de Estudios y Publicaiones, 1978–91).

25 Suárez, *De actibus, qui vocant passions, tum etiam de habitibus* (OO IV); DM XLIV (OO XXV) and *Römische Vorlesungen ›De habitibus in communis‹*, ed. Wilhelm Ernst (Leipzig: St Benno-Verlag, 1964).

26 See Suárez, *De fide, spe et caritate* (OO XII); Aquinas, STh II–II, q. 1–46.

27 For the term "extrinsic principle," see the preface to STh I–II, q. 90; Suárez, DL I. 3. 13 (*ab aliquo principio extrinseco*); *De gratia*, Prooemium (OO VII, viii–ix).

28 DL Prooemium. Unless otherwise indicated, translations from *De legibus* are taken from *Selection from Three Works of Francisco Suárez S.J.*, trans. Gwladys L. Williams and John Waldron, with certain revisions by Henry Davis (Oxford: Clarendon Press, 1944). The use of curly brackets—i.e. "{}"—indicates passages where I have corrected this translation.

The reader familiar with the *Summa theologica* instantly recognises the parallel between this passage and Aquinas's preface to his treatise on law where Aquinas notes that "the extrinsic principle moving to good is God, Who both instructs us by means of His Law, and assists us by His Grace."[29] Suárez lists four means, or, as the Thomists call them, extrinsic principles, which contribute to our return to God: doctrine or teachings (*doctrina*), counsels (*consilium*), laws (*lex*), and grace (*gratia*).[30] He develops his account of counsel in what amounts to a mini-treatise on counsel in his *De religione* and his account of grace in his *De gratia*.[31] What ultimately matters for the eudaemonism of Suárez and Aquinas is our reunion with God. Law, together with the other principles, only assists us (in the case of law by instructing and coercing us) to perform the actions and omission through which we are able to return to God.

Mainstream interpretations neglect Suárez's idea of God and the various principles involved in our return to Him. This makes it necessary to add some observations on these topics.[32] For Suárez, God is "an immense ocean of all perfection."[33] Endorsing the Platonic idea of absolute goodness, Suárez describes God as follows:

> For he [i.e. God] is both the most perfect being in the genus of being and the highest good in the genus of morality. This goodness is in him nothing other than his essential perfection by reason of which he is essentially most just, most merciful, and so forth. Therefore, God as highest good formally includes all these perfections.[34]

Like Aquinas, Suárez is not merely interested in speculation about God as He is in Himself, but also in God as the ultimate end of human beings.[35] His moral

29 Aquinas, STh I–II, preface to q. 90.

30 He also expressly affirms elsewhere in his treatise that law is a means to happiness, peace, and justice; see DL I. 4. 6.

31 Suárez, *De statu religionis*, I. VII through to XI (OO XV, 35–56); *De gratia* stretches over no fewer than three volumes: OO VII–IX.

32 On counsel, see Section III.3 below.

33 Suárez, *De fine hominis*, trans. Sydney Penner. Available at: sydneypenner.ca/SuarTr.shtml (accessed September 2014). V. III. 3 (OO IV, 51–52).

34 Suárez, *De fine hominis*, V. III. 4 (OO IV, 52).

35 See Suárez, *De fine hominis*. Prooemium, 4 (OO IV, xiv). On this point, Gemmeke, *Die Metaphysik des sittlich Guten*, p. 25. See also Suárez, *De anima*, ed. Salvador Castellote, Tom. I, IX, q. 9A, 260–61. For Aquinas, see the Preface to STh I–II.

theology has an eminently practical orientation: to elucidate us on our end and the way to attain it.

Suárez follows Aquinas in assuming the existence of a hierarchy of ends: our ultimate end of life consists of (supernatural) perfect happiness in the next life. Subordinate to this end are the supernatural imperfect happiness attainable in this life (consisting of the acts of the theological virtues) and natural happiness in this life.[36] Our ultimate end or perfect happiness consists in seeing God or absolute goodness (i.e. the divine vision) in the next life. It is supernatural because it is neither knowable by reason unaided by revelation nor attainable without divine assistance (e.g. grace).

We can only enjoy the divine vision in the next life if we start the journey to God in this life: we need to become God-like by performing morally right actions, as it is through such actions that we acquire moral virtues, and possessing these moral virtues is a prerequisite to understand and contemplate moral perfection.[37] Suárez describes the connection between moral actions and our ultimate end as follows:

> [C]ertain things are per se, and for the reason of their essential [*entitativae*] perfection, agreeable to human nature, either because they are his ultimate end, like God, or because they connect man with his end, like to cognise or to love God, which per se rightly dispose man in the direction of [*in ordine ad*] this end, or remotely, like justice, and so forth;[38] this is how it comes to be that such things are proportionate to rational nature, in as much as it is capable of happiness, and inclined thereto; and so also an act tending to such objects [i.e. ends] is said to be right [*rectus*], because through this act man rightly tends to the end owed to himself.[39]

36 *De fine hominis*, VII. I–II (OO IV, 69–89); for supernatural imperfect happiness in this life, see esp. ibid. VII. II. §§1 and 3; for Aquinas, see STh I–II, q. 5, a. 3, ad 1m (hope), and a. 5 referring to q. 63.

37 For the view that the virtues are prerequisites for beatitude, see e.g. Suárez, *De fine hominis*, X. I. 8; for essentially the same point concerning supernatural happiness in this life, ibid. VII. II. 15.

38 According to Suárez, remote means are agreeable to their end by mediation of proximate means; remote means are ordered to proximate means as their end or terminus; see *De fine hominis*, I. IV. 6 (OO IV, 9–10).

39 *De bonitate et malitia objectiva humanorum actuum* [henceforth DBM], II. 2. 14 (OO IV, 295; translation adapted from Irwin, *The Development of Ethics*, p. 35). Suárez goes on to note that other things lack perfection per se, but they acquire this perfection "through human or free acts"—for instance, if an indifferent type of act is prescribed or prohibited

This passage is important for several reasons. First of all, it indicates how one should understand Suárez's many references to acts which are agreeable or proportionate to human or rational nature. According to Suárez, God, love of God, and justice are objects (or ends of actions) agreeable to human nature. A reference to what is agreeable to human nature is thus ultimately a reference to a moral good or state of perfection; it is never a reference to human nature in an empirical sense.[40] Second, Suárez explains what makes an act right (*rectus*). Acts are said to be right when they tend to objects which are either our perfection (God) or directly or indirectly dispose us to perfection.

Suárez's conception of ethics is dynamic.[41] He does not seek to derive moral oughts from an account of human nature as it is (this would constitute a "naturalistic fallacy"), but rather offers an account of our end, i.e. perfection (God and the objects which dispose us to God), and of the way in which we gradually reach that end, i.e. of *becoming* perfect. His account of ethics seeks to outline the particulars of the teleological and theological *exitus-reditus*-scheme.

It is striking that most, if not all, recent attempts by philosophers at explaining Suárez's concept of ethics fail to place his discussion of law within the context of his views about God and happiness. Instead, philosophers make his concept of law central and discuss other aspects of his views only insofar as they are relevant to his concept of law. This reading inevitably leads to ascribing to Suárez a legalistic outlook on ethics. It also eliminates from Suárez's thinking the *telos* which governs his teachings: God.

What follows from these considerations for the proposed reorientation of scholarship on Suárez's ethics? The primary text to be considered in order to reconstruct Suárez's account of ethics is not the *De legibus*. Rather, scholars need to consider his account of the ultimate end of life, as well as goodness in general, reason and the will, human action, habits, the theological virtues (love, faith, and charity), and of the state of perfection.[42] Moreover, those parts of the *Summa theologica* on which Suárez did not publish a commentary, like the cardinal virtues—practical reason (*prudentia*), justice, temperance, and courage—should by no means be regarded as having no place in his thought. To the contrary, the cardinal virtues are central for Suárez's ethics, as is

---

by positive law. On this passage, see Gemmeke, *Die Metaphysik des sittlich Guten*, p. 207; Irwin, *The Development of Ethics*, p. 35.

40 This is overlooked by Finnis, NLNR, 44–45 and 55. Suárez expressly denies that human nature is natural law at DL II. V. 5–9.

41 For his view that moral goodness is a potential to be actualised by human beings, see DM XXIII. VIII. 6–8; Gemmeke, *Die Metaphysik des sittlich Guten*, pp. 52 and 88.

42 This claim is supported by the very many cross-references between treatises in his work.

evidenced by the innumerable references to these virtues throughout his work.[43] Suárez simply did not live long enough to publish a commentary on Aquinas's treatment of the cardinal virtues and the virtues connected to them.

Concerning the substantive moral guidance which Suárez provides, it should be noted that this guidance is primarily given with a view to our ultimate end of life, attaining God in the next life. It is in line with this theological concern that Suárez offers the greatest amount of moral guidance in his treatise on love, namely when discussing the order of charity (*ordo caritatis*) and the virtues connected to love, such as peace.[44]

The comprehensive approach to Suárez's work sketched in the present section would, of course, need to be developed in a longer study. The brief account given above suffices, however, to indicate that Suárez is not a "natural *law* ethicist." This image is the result of a highly selective reading of his work and ultimately of a projection of 19th-century legalism in moral theology onto his work. In the next section, I will seek to clarify Suárez's ethics of goods by addressing an obvious objection that could be made to the above account: some critics will insist that he departs from Aquinas by adopting a narrow concept of law (*lex*). Is this not a clear indication of his legalism? As we will see, in Suárez's case, the narrowness of his definition of law is a distinctive characteristic of his ethics of goods.

3 A Narrow Definition of Law as a Mark of an Ethics of Goods

3.1 *The Critics on Suárez's Narrow Definition of Law* (lex)

All commentators of Suárez's ethics point out that he works with a narrower conception of law (*lex*) than Thomas Aquinas: law, for Suárez, consists only of precepts, whereas Aquinas also counts counsels as part of law.[45] Suárez's critics regard this departure from Aquinas as one of the clearest indications of his legalism. There are two main reasons for this.

43 Check e.g. the entries for *prudentia, temperentia, fortitudo*, and *justitia* in the (by no means complete) *Index rerum* (OO XXVIII); on justice and the virtues connected to justice, see also his *De iustitia Dei* (OO XI) and the *Römische Vorlesungen ›De Iustitia et Iure‹*, edited by Giers.

44 See his *De fide, spe et caritate* (OO XII).

45 DL I. I. In that opening chapter, Suárez suggests two additional points to restrict the term *law*: law in the proper sense applies only to rational beings (not to animals and inanimate objects) and, in its proper sense, is moral law, not law of art, etc.

First, the critics claim that, as a legalistic ethicist who works with a narrow definition of law, Suárez tends to conceive of ethics primarily as a matter of obedience to affirmative and negative precepts or, more generally, of obedience to commands or imperatives by a superior.[46] It would seem, then, that for Suárez, the distinctive characteristic of law is its obligatory and coercive force (*vis coactiva*), which emanates from the will of the legislator. According to the critics, Aquinas, by contrast, explains the obligatory force of law not by reference to the command or will of a superior, but by highlighting that law *directs* us to means (i.e. actions and omissions) which are necessary in order to attain a given end.[47] It seems that, for Aquinas, goodness of ends and necessity of means are characteristic of law. The fact that this directive force of law (*vis directiva*) is also present in the case of counsels does not embarrass Aqinas, because he accepts that counsels form part of law (*lex*).[48]

Connected to this first line of criticism is a second claim. The critics also ascribe to Suárez the view that if a given act is neither prescribed nor prohibited by law, it is a matter of moral indifference for the legal subject to perform the act.[49] This position would commit Suárez to hold, for instance, that there is no way to judge between the person who uses his wealth for his own well-being and the person who shares his wealth with those in need, since we do not have an obligation to be compassionate. Suárez's conception of law and ethics thus seems to transform the choice between non-obligatory acts into a matter of arbitrary choice. Moreover, given that he adheres to a *narrow* definition of (natural) law there are *few* actions and omissions which are prescribed. As a consequence, our freedom to choose how we should act seems to be minimally restrained by the obligations of natural law. We will see below that Suárez does not hold the views which the critics ascribe to him. It is, however, helpful to first contrast this understanding of human action and law with Aquinas's understanding.

---

46 See e.g. Finnis, NLNR, 45, 48, 340–41.

47 Finnis, NLNR, 45–46 and 54–55; STh, q. 99, a. 1.

48 Note that those who interpret Aquinas as adhering to an ethics of goods emphasise that for Aquinas, natural law (*lex naturalis*) encompasses all dictates of natural reason (including counsels), see e.g. Grisez, "The First Principle of Practical Reason," p. 186; Finnis, NLNR, 280–81.

49 See e.g. John Mahoney, *The Making of Moral Theology: A Study of the Roman Catholic Tradition* (Oxford: Clarendon Press, 1987), pp. 228–29 ("freedom is absolute indeterminism"); Pinckaers, *The Sources of Christian Ethics*, pp. 268–70, 330–54 (without express reference to Suárez); Finnis and others have connected this affirmation of autonomy with Suárez's conception of subjective rights, see NLNR, 206–08 (influenced by Michel Villey, see the reference at NLNR, 228).

Aquinas considers human actions primarily as a way to realise moral ends, not as acts of obedience to law.[50] Deliberate actions are, for him, first and foremost performed in pursuit of some good or end or object (all broadly synonymous). For Aquinas, the virtuous person deliberating over how to act is concerned with a meaningful choice between virtuous ends, not just with observing moral and/or legal obligations. The virtuous person who shares his wealth with the poor is acting in order to realise the (true) good of compassion and beneficence.[51] The person who uses his wealth, say, to accumulate luxury goods is pursuing a merely apparent good, namely vainglory and/or the pleasure experienced from owning beautiful things.[52] For Aquinas, the way in which we use our wealth is not a matter of moral indifference, nor is any other deliberate individual action morally indifferent.

The critics are right that we can expect a moral philosopher who distinguishes only between obligatory and prohibited actions on the one hand and indifferent actions on the other, to pay considerable attention to law and commands. But they are mistaken in assuming that Suárez is such a legalistic ethicist. This I will establish in three steps. I will first establish that his emphasis on obligatory actions is not motivated by creating room for arbitrary choice, but to explain the existence of non-obligatory intrinsically good actions (section 3.2). Second, I will show that for Suárez, the most natural way to acknowledge the existence of such actions is to work with a narrow conception of law, i.e. a conception of law which leaves room for morally good actions, which are not obligatory (section 3.3). I will conclude by explaining the scriptural basis for Suárez's distinctions (section 3.4).

3.2 *Non-obligatory Intrinsically Good Acts*

We have seen that for Suárez there are intrinsically good acts. These are acts which are agreeable with our rational human nature, and hence with God or morally good objects which are connected to God, such as justice (see section 2 above). In sum, all virtuous acts are intrinsically good—both typically self-regarding acts, such acts of temperance or fortitude, and other-regarding acts, such as acts of justice, generosity, gratitude, or love. For Suárez, *mere agreeableness of an act with human nature is, however, not a sufficient condition to render the act obligatory under natural law*: there are intrinsically good acts

50 STh I–II, q. 19, a. 2, a. 3, a. 4; q. 20; and q. 21, a. 1.

51 Aquinas expressly notes that these actions are a matter of pursuing a good at STh II–II, q. 117, a. 6; for compassion, beneficence, and almsdeed, see STh II–II, q. 30–32; on the relationship between these virtues and liberality, see STh II–II, q. 117, a. 5, ad 3.

52 STh II–II, q. 132 (vainglory); q. 169, a. 1 (virtue and vice concerning outward apparel).

which are non-obligatory. According to him, we need to distinguish between two categories of intrinsically good acts.

The first category consists of intrinsically good acts which are *obligatory*. For him, only those intrinsically good acts which are *strictly necessary* for moral rectitude (*honestas morum*) or salvation are obligatory under natural law, for instance, keeping promises or saying the truth.[53] An obligatory, intrinsically good act fulfils two conditions: agreeableness with God or moral objects connected to God (e.g. keeping promises is agreeable to the object of faithfulness; saying the truth is agreeable to the object of truth or truthfulness),[54] and necessity for moral rectitude.

A second category consists of acts which are agreeable with God or objects connected to God, but whose performance is not necessary for moral rectitude. For Suárez, our natural reason indicates that there are many non-obligatory acts which one may perform according to right reason—for instance, to show gratitude.[55] Right reason, of course, points out that gratitude is agreeable to rational human nature, and hence morally good. We are, however, not under a natural law obligation (in a strict sense) to be grateful, it is merely better (*ad melius*) that we show gratitude to a benefactor.[56]

Not only does Suárez distinguish between obligatory and non-obligatory intrinsically good acts, he also distinguishes between morally excellent acts and morally good acts of an inferior order (*opus honestum inferioris ordinis*).[57] He offers the act of marrying as an example of a moral act of an inferior order: marrying someone is good, but leading a life of celibacy devoted to God is more excellent. Such morally excellent acts are recommended by counsels of excellence.

Morally excellent acts are acts which make us attain moral perfection (and ultimately God) better (*ad melius*) than if we merely perform acts of an inferior order of goodness. Yet, the performance of morally excellent acts is not prescribed by law: we are not under an obligation (even a light obligation) to perform them.[58] God wills the performance of these excellent acts with a

53 DL II. IX. 6 (commenting on STh II–II, q. 106, a. 1, ad 2, and a. 5); see also the reference to morally good and necessary actions (*honestos [et] necessarios*) at II. VI. 23.

54 The reader can find convenient exposition of the Thomist position on these objects of virtue in STh II–II, q. 80, a. 1, ad 3, in conjunction with q. 109.

55 *De statu religionis* I. VII. 3 (OO XV, 35); for gratitude, see DL II. IX. 6–7.

56 DL II. IX. 6–7.

57 On good actions of an inferior order, see *De statu religionis* I. VII. 6 (OO XV, 36); see also DL II. VIII. 11; II. II. 15 (marriage). On God's willing human beings to elect what is better, or to be perfect, see also DBM XI. I. 3 (OO IV, 431).

58 DL II. VI. 9; *De statu religionis* I. VII. 6, and I. IX. 22–24 (OO XV, 36, 47).

simple will (*voluntas simplex*) or mere wish rather than with a morally efficacious will.[59] Suárez observes that we can disregard a divine counsel and instead do the opposite of what is being counselled; we are not blamed for not observing the counsel when we perform a morally good act of an inferior order (e.g. get married).[60] To explain this type of act he also refers to the decision of a widow(er) to marry again: it is morally more excellent not to marry again after the death of one's spouse, but it is still morally good to enter into a second marriage, even if this is a good action of an inferior order.[61] The widow(er) who marries again acts morally uprightly (*honeste*). Or, to use an example of my own, a person may omit to share his surplus wealth with the poor, if he acts in pursuit of a good of a lesser order, say, in order to save money so as to have some reserves for times of need.[62]

The critics are right that Suárez holds that we often dispose of freedom of choice. Yet, like Aquinas, Suárez considers that our freedom to choose concerns a choice between morally good ends, not between morally indifferent options.[63] In his view, the freedom of choice arises from the fact that, in order to live a morally upright life, we may refrain from performing the more excellent actions and opt for the less excellent, albeit still good, actions instead.[64] For Suárez, moral goodness has a certain breadth or latitude: non-obligatory acts of moral excellence, non-obligatory acts of an inferior order of moral goodness, and obligatory morally good acts.[65] His position on the breadth

59 DL I. IV. 7; II. VI. 9; *De statu religionis* I. IX. 26 (OO XV, 48). On God's willing human beings to elect what is better, or to be perfect, see also DBM XI. I. 3 (OO IV, 431). Finnis misconstrues Suárez's account of morally efficacious willing because he fails to appreciate its proper context, namely the contrast with counsels, see NLNR, chapter XI, Obligation.

60 DL II. VI. 9.

61 For the example of marrying again, see DL I. 15. 10.

62 Suárez treats primarily God's liberality; see *De iustitia Dei* I.a26–30 (OO XI, 523–25). He does not expressly affirm that saving money for later virtuous use is good. For Aquinas, see STh II–II, q. 117, a. 3, ad 2 and ad 3; a. 4, ad 1. Suárez affirms that we may be under an obligation of charity to refrain from claiming repayment of a loan if the debtor is in great need, see *De caritate* XIII. IV. 8 (OO XII, 745).

63 Suárez follows Aquinas in denying that there are morally indifferent actions in concrete form; there are only indifferent actions in the abstract; see DBM Disp. X, III. 3, 7 and 9 (OO IV, 421–23), where Suárez confirms the teachings of Aquinas, e.g. in STh I–II, q. 18, a. 9. Suárez describes as probable Aquinas's view, according to which choosing an indifferent act for the sake of its indifference is evil and prohibited by eternal and natural law, DL II. II. 15; III. XII. 16–17.

64 See expressly *De statu religionis* I. IX. 28 (OO XV, 49).

65 On this latitude, *De statu religionis* I. VII. 6 and I. IX. 22–25, where Suárez rejects the view that there is no mean between precepts and counsels (OO XV, 36 and 47–48); DL II. IX. 7.

of moral goodness together with his insistence that an intrinsically good act needs to be necessary for moral goodness (*honestas*) in order to be obligatory allow him to acknowledge that we have a choice between different good ways of living, some more excellent than others.

The critics are also mistaken to contend that he replaces Aquinas's conception of obligation with an altogether different conception. For Suárez too, obligation arises from a means-end relationship: an action is obligatory, because it is necessary (i.e. indispensable) to attain a given end. For him, obligation is not solely based on the superior's will or command.[66] He wants to distinguish between natural law, which concerns actions which are *strictly necessary* to preserve moral goodness, and counsels, which concern means that help for the better attainment (*ad melius*) of moral goodness.

It seems helpful to add three observations. First, Suárez adheres here to a position which is identical in substance to Aquinas's position, as we can see from the following passage of the *Summa theologica*:

> Moral {due} is twofold: because reason dictates that something must be done, either as being so necessary that without it the order of virtue would be destroyed; or as being useful for the better maintenance of the order of virtue [*ad hoc quod ordo virtutis melius conservetur*]. And in this sense some of the moral precepts are expressed by way of {precise} command or prohibition, as "Thou shalt not kill, Thou shalt not steal": and these are properly called "precepts." Other things are prescribed or forbidden, not as a {precise due} [*praecise debita*], but as something better to be done [*propter melius*].[67]

Suárez only deviates from Aquinas in reserving the term law (*lex*) for actions which are prescribed or forbidden, a point to which I will return in subsection 3.3 below.

Second, for Suárez, there is an essential difference between affirmative precepts of natural law and negative precepts of natural law (i.e. prohibitions): whereas God refrains from prescribing certain intrinsically good actions (e.g. gratitude), he prohibits *all* intrinsically evil actions through

66 See DL I. VII. 9; and his definition of precept: "a precept is a certain rule prescribing a means, through which the end is to be reached, and only that is said to be prescribed in the strict sense, which is strictly and absolutely necessary to reach the end," *De vitiis et peccatis* II. V. 12 (OO IV, 531).

67 STh I–II, q. 99, a. 5.

natural law.[68] A large number of critics overlook this essential difference. They claim that for Suárez, God prescribes *all* intrinsically good acts or that *all* acts which are agreeable to human nature are *prescribed* by natural law.[69] This claim serves to support their portrayal of Suárez as a legalistic ethicist, since such an ethicist would characteristically equate good acts with legally obligatory acts. Yet, they are wrong to ascribe this position to Suárez. In numerous passages, he *expressly* notes that God does not prescribe the performance of all morally good acts through natural law or positive divine law: although God is omnipotent and could have made the performance of all morally good acts obligatory, he refrained from doing so.[70]

Third, state legislators do not have the power to prescribe *all* intrinsically good actions, but they can render certain intrinsically good actions necessary or obligatory by means of positive law.[71] Moreover, unlike God, who prohibits *all* intrinsically evil acts through natural law, human legislators do not have the power to do so, nor would it be practically reasonable for them to prohibit all morally evil actions.[72] They tolerate some morally evil actions in order to avoid greater evil (e.g. toleration of prostitution in order to avoid rape and adultery).[73]

The analysis of this subsection will now serve us to see why a narrow definition of law is a distinctive mark of an ethics of goods.

3.3 *A Narrow Definition of Law as a Way to Define Non-obligatory Goodness*

The critics are right to claim that Suárez departs from Aquinas's definition of law (*lex*). For Suárez, unlike for Aquinas, law consists only of affirmative and negative precepts to the exclusion of counsels. Yet, the critics are mistaken to think that Suárez emphasises the obligatory force of law because he adheres to a legalistic ethics. The argument of the previous section establishes that he is

68 DL II. XIII, 4 and II. XVI. 11; *De statu religionis* I. VII. 3 (OO XV, 35).

69 See e.g. Grisez, "The First Principle of Practical Reason," p. 187; Ernst-Wolfgang Böckenförde, *Geschichte der Rechts- und Staatsphilosophie: Antike und Mittelalter* (Tübingen: Mohr Siebeck, [2]2006), p. 383.

70 *De statu religionis* I, 7. 3–4 (OO XV, 35).

71 See DL III. XII. 19; see also DL II. VIII. 12.

72 DL III. XI. 7 and III. XII. 11–15.

73 On state authorities tolerating evil in general, DL I. XV. 11; and III. XII. 6, 15, and 18; on their toleration of prostitution and unjust prices (*laesio enormis*), see I. XV. 10; on their toleration of premarital sexual intercourse (*fornicatio simplex*), see III. XII. 12. Suárez's teachings correspond to those of Aquinas; see STh II–II, q. 10, a. 11 (prostitution); I–II, q. 93, a. 3, ad 3, and II–II, q. 77, a. 1, ad 1 (*laesio enormis*); and II–II, q. 69, a. 2, ad 1 (*fornicatio simplex*). On the evilness of simple fornication, see II–II, q. 154, a. 2.

far from neglecting non-obligatory morally good acts (which are e.g. the subject matter of counsels). Indeed, he develops his analysis of counsels into what could be called *a mini-treatise on counsel* which complements his treatise on law (*De legibus*).[74] None of his critics have taken note of this treatise on counsels. Had they done so, they would have seen that ethics for him cannot be reduced to law.

An ethics of goods is a teleological ethics. It offers guidance on ends as well as means (actions and omissions) to reach those ends. The guidance concerning the means is not limited to strictly necessary or legally obligatory means, but includes means which help for the better (*ad melius*) attainment of the end. There is no law prescribing us to adopt these better means, they are the subject matter of counsels: For Suárez, the concept of law is not so broad as to encompass such means. He works with a broad category of morally good acts and a narrower category of obligatory or legally prescribed acts. His position thus differs radically from those who advocate a large area of moral indifference: they too work with a narrow definition of law, but they hold that all actions which are not either prescribed or prohibited are morally indifferent.

There remains, however, one last puzzle to be solved. It *seems* that Suárez is making a great effort to construct and defend a narrow concept of law for what are, in the end, rather trivial reasons, namely in order to accommodate acts such as, for instance, acts of gratitude or to justify the goodness of a widow(er)'s remarriage. The answer to this puzzle brings us back to the heart of his theology.

3.4 *The Scriptural Basis of Suárez's Distinction*

Ultimately, Suárez's concept of ethics becomes fully intelligible only if we take into account the theological dimension of his work. As it turns out, Suárez (like the scholastic tradition) develops his ethics from a careful engagement with the Gospel. His distinction between law and counsels is inspired by the account of Jesus's Sermon on the Mount as reported in the Gospel of Matthew.[75]

The Gospel recounts how Jesus is approached by a young man who asks him what he must do to attain eternal salvation. Jesus responds by saying that he must keep the commandments.[76] Suárez interprets Jesus as saying that the commandments, i.e. divine law, prescribe actions and omissions which are

74 See *De statu religionis* I. VI–XI (OO XV, 31–56), to which he expressly refers at DL X. 2. 14.

75 Pinckaers, *The Sources of Christian Ethics*, pp. 172–73, highlights the importance of the Sermon on the Mounts for Aquinas's ethics, but clearly ignores its centrality for Suárez's ethics.

76 *De statu religionis* I. 6. 6 (OO XV, 33): "si vis ad vitam ingredi, serva mandata."

strictly necessary for moral goodness and salvation. God wills the performance of these actions and omissions with an efficacious will.

According to the Gospel of Matthew, the young man replies to Jesus that he has observed the commandments. He wants to know what more he can do. At this point Jesus answers: "If you want to be perfect, go, sell all you have [...] and follow me."[77] Suárez interprets this as meaning that for the sake of attaining perfection, it is necessary to observe not just the commandments, but also the counsels of perfection: a life of poverty, chastity, and obedience are necessary means for moral perfection. Jesus merely wishes (simple will) that we choose to lead a life of poverty, chastity, and obedience; he does not command us to do so.[78]

It is this account of the Gospel which underpins Suárez's distinctions between law and counsel, between strict necessity and greater usefulness (*ad melius*), and between efficacious willing and simple willing. The perfect person and the less perfect person need to observe the commandments, as these concern actions strictly necessary for "ordinary salvation."[79] For "ordinary salvation," it is necessary, but also sufficient, to observe the commandments. To follow Jesus's counsels of perfection helps for the better (*ad melius*) attainment of "ordinary salvation."[80] For a special place in heaven, one approaching God's perfection more closely and adorned with aureoles, it is strictly necessary to also observe the evangelical counsels.[81]

Like the young man in the Gospel, Suárez is keen to identify the actions which are necessary for salvation and therefore obligatory because he wants to know where the line runs between an ordinary life and a life of Christian perfection. His careful attention to obligatory action (together with his view that God adds a special obligation to certain morally good actions) is not an indication that he believes in a large domain of morally indifferent actions. Rather, it expresses his belief that there are morally good actions which are not

77 Matt. 19 quoted by Suárez at *De statu religionis* I. 6. 6, and I. 11. 2 (OO XV, 32 and 51): "Si vis perfectus esse, vade, et vende omnia quae habes, etc. et sequere me."

78 *De statu religionis* I. IX. 26 (OO XV, 48).

79 *De statu religionis* I. 9. 16 and I. 11. 1 (OO XV, 45 and 51). Observing these precepts is a matter of justice; see ibid. I. 11. 7 (OO XV, 53).

80 Suárez makes this point concerning the state of perfection which involves vows of poverty, chastity, and obedience at *De statu religionis* I. 2. 9; I. 9. 16; and I. 11. 1 (OO XV, 11, 45, and 51).

81 Suárez mentions the different states of beatitude at *De statu religionis* I. 2. 6 (OO XV, 10), and *De finibus hominis* XII (OO IV, 133), where he refers to his treatment at *De Deo uno et triuno* I. II. 20–21 (OO I, 119–27). On aureoles, see *De finibus hominis* XI. 3 (OO IV, 132–33). See Aquinas, STh III, q. 96, a. 5, ad 1, on the aureole gained by a life of virgin chastity.

obligatory or prescribed by law. Suárez is concerned about the freedom to do what is excellent.[82]

We can conclude by noting that, for the past one hundred years or more, the scholarship on Francisco Suárez's ethics has portrayed him as a legalistic ethicist. Two elements in particular have helped support this picture. First is a narrow focus on his concept of law, a focus often disguised by praise for the eminent importance of *De legibus* and/or its huge influence on later works (see section 1 above). Second, commentators have seen in Suárez's narrow definition of law a mark of legalism (see section 3 above). The present contribution has offered clear evidence that a comprehensive approach to Suárez's work leads to a different picture: he adheres to a virtue-based, distinctly Christian eudaemonism, and the narrowness of his concept of law is a characteristic of this type of teleological ethics.

Bibliography

Aquinas, Thomas. *Summa Theologiae: Complete English Edition in Five Volumes*, trans. The Fathers of the Dominican Province (New York: Benziger Brothers, 1948 [1920]).

Böckenförde, Ernst-Wolfgang. *Geschichte der Rechts- und Staatsphilosophie: Antike und Mittelalter* (Tübingen: Mohr Siebeck, ²2006).

Bourke, Vernon J. "Is Thomas Aquinas a Natural Law Ethicist?" *The Monist* 58.1 (1974), 52–66.

Chenu, M.-D. *Toward Understanding St. Thomas*, trans. A.-M. Landry and D. Hughes (Chicago: Henry Regenery Company, 1964).

Daniel, William. *The Purely Penal Law Theory in the Spanish Theologians from Vitoria to Suárez* (Rome: Gregoriana University Press, 1968).

Davitt, Thomas E. *The Nature of Law* (St Louis: Herder Book Co., 1951).

Farrell, Walter. *The Natural Moral Law according to St. Thomas and Suárez* (Ditchling: St Dominic's Press, 1930).

Finnis, John. *Aquinas: Moral, Political, and Legal Theory* (Oxford: Oxford University Press, 1998).

———. *Natural Law and Natural Rights* (Oxford: Oxford University Press, ²2011 [¹1980]).

Gemmeke, Elisabeth. *Die Metaphysik des sittlich Guten bei Franz Suárez* (Freiburg: Herder, 1965).

Grisez, Germain. "The First Principle of Practical Reason: A Commentary on the *Summa theologiae*, 1–2, Question 94, Article 2," *Natural Law Forum* 10 (1965), 168–201.

82 On freedom for excellence, see Pinckaers, *The Sources of Christian Ethics*, pp. 327–78.

Hibbs, Thomas S. "Interpretations of Aquinas's Ethics since Vatican II," in *The Ethics of Aquinas*, ed. Stephen J. Pope (Washington, D.C.: Georgetown University Press, 2002), pp. 412–25.

Irwin, Terence. *The Development of Ethics*, vol. 2: *From Suárez to Rousseau* (Oxford: Oxford University Press, 2008).

Kossel, Clifford G. "Thomistic Moral Philosophy in the Twentieth Century," in *The Ethics of Aquinas*, ed. Stephen J. Pope (Washington, D.C.: Georgetown University Press, 2002), pp. 385–411.

Kremer, Markus. *Den Frieden verantworten. Politische Ethik bei Francisco Suárez (1548–1617)* (Stuttgart: Kohlhammer, 2008).

Mahoney, John. *The Making of Moral Theology: A Study of the Roman Catholic Tradition* (Oxford: Clarendon Press, 1987).

Monnot, P., P. Dumont, and R. Brouillard. "Suárez," *in Dictionnaire de Théologie Catholique*, eds. A. Vacant, E. Mangenot, and E. Amann (Paris: Letouzey et Ané, XIV, 1941), cols. 2638–2728.

Pinckaers, Servais. *The Sources of Christian Ethics*, trans. Mary Thomas Nobel (Washington, D.C.: Catholic University of America Press, 1995 [French edition 1985]).

Suárez, Francisco. *Opera Omnia* [OO], editio nova, a Carolo Breton (Parisiis: Ludovicus Vivès, 1856–78).

———. *De Deo uno et triune* (OO I).

———. *De anima* (OO II).

———. *De anima*, Tom. I–III, ed. Salvador Castellote (Madrid: Sociedad de Estudios y Publicaiones, 1978–91).

———. *De fine hominis* (OO IV).

———. *De fine hominis*, trans. Sydney Penner. Available at: sydneypenner.ca/SuarTr.shtml [accessed September 2014].

———. *De bonitate et malitia objectiva humanorum actuum* (OO IV).

———. *De voluntario et involuntario* (OO IV).

———. *De actibus, qui vocant passions, tum etiam de habitibus* (OO IV).

———. *De vitiis et peccatis* (OO IV).

———. *De gratia* (OO VII–IX).

———. *De fide, spe et caritate* (OO XII).

———. *De statu religionis* (OO XV).

———. *Disputationes metaphysicae* (OO XXV–XXVI).

———. *Römische Vorlesungen 'De Iustitia et Iure'*, ed. Joachim Giers (Freiburg: Herder, 1958).

———. *Römische Vorlesungen 'De habitibus in communis'*, ed. Wilhelm Ernst (Leipzig: St Benno-Verlag, 1964).

———. *Selection from Three Works of Francisco Suárez S.J.*, trans. Gwladys L. Williams and John Waldron, with certain revisions by Henry Davis (Oxford: Clarendon Press, 1944).

Torrell, Jean-Pierre. *Aquinas's Summa: Background, Structure, and Reception*, trans. Benedict M. Guevin (Washington, D.C.: The Catholic University of America Press, 2005).

CHAPTER 8

Law, Natural Law, and the Foundation of Morality in Francisco de Vitoria and Francisco Suárez[1]

Anselm Spindler

In STh I–II, q. 90, Aquinas develops a general definition of law (*lex*). This definition itself is of great import to the discussion of law in the 'School of Salamanca', but the underlying methodological idea has been very influential as well. The idea is that the various types of law (i.e. eternal law, natural law, human law, and divine law) must be investigated on the basis of a general concept of law which somehow captures what the four types of law have in common or what the term "law" means for all cases. It is somehow supposed to mean the same thing, and therefore the general concept of law draws a line between things that can be called a law and things that cannot.[2] Francisco de Vitoria and Francisco Suárez share this methodical idea. However, they start from quite different understandings of the general concept of law, and this has profound effects on how this concept applies to the different types of law.

In this paper, I want to investigate how Vitoria's and Suárez's concepts of law differ and how this affects their views on natural law (*lex naturalis*), i.e. the laws of morality. I will argue that Suárez starts from a voluntaristic conception of law which leads him to what Schneewind has called the "older,"

1 This paper is based on my dissertation, *Das natürliche Gesetz bei Francisco de Vitoria: Warum Autonomie der einzig mögliche Grund einer universellen Moral ist* (Stuttgart-Bad Cannstatt: Frommann-Holzboog, 2015).

2 It has been argued that, for Aquinas, the four types of law do not relate to the general concept of law in the sense of species exemplifying the same genus, but rather as types of law that exemplify the general concept of law in the sense of an analogy (see e.g. Karl-Wilhelm Merks, *Theologische Grundlegung der sittlichen Autonomie. Strukturmomente eines ›autonomen‹ Normenbegründungsverständnisses im lex-Traktat der Summa theologiae des Thomas von Aquin* [Düsseldorf: Patmos, 1978], p. 110). This may be true, but it cannot mean that just anything that is in some respect similar to a law can be called a law (and Merks, of course, does not suggest that it does). So, even if the concept of analogy serves Aquinas as the concept by which he relates the various types of law to the general definition of law, the general definition of law still has the critical purpose of separating things that can be called a law from things that cannot.

 | DOI 10.1163/9789004322707_010

medieval understanding of "morality as obedience,"[3] according to which God is the legislator of the laws of morality. Vitoria, on the other hand, argues for a rationalistic conception of law which allows him to develop what Schneewind has called the "new," modern understanding of "morality as self-governance" or autonomy.[4] In order to do so, I will first compare Vitoria's and Suárez's interpretation of Aquinas's definition of law (section 1). I will then reconstruct their theories of natural law (sections 2 and 3). Finally, I will explore Vitoria's theory of natural law a little bit further to show why he believes a theory of the kind Suárez has in mind is inadequate to capture the universal scope of morality and in what sense his own theory can be said to be based on a concept of autonomy (section 4).[5]

1 Vitoria and Suárez on the Concept of Law

In STh I–II, q. 90, Aquinas defines law as *quaedam rationis ordinatio ad bonum commune, ab eo qui curam communitatis habet, promulgata.*[6] Given this definition of law, Vitoria and Suárez agree on three points: They agree that this definition of law expresses a general concept of law that captures what the four types of law (i.e. eternal law, natural law, human law, and divine law) have in common or what the term "law" means in every case. They also agree that Aquinas's definition of law does capture the essence of law quite accurately. This, in turn, implies that they agree that natural law is a law in the sense of this general definition of law. And yet, Vitoria and Suárez develop two quite different theories of natural law, which is partly due to the fact that they work with two quite different interpretations of Aquinas's definition of law. Their disagreement mainly turns on the question of what the term *ordinatio rationis* means.[7]

3 Jerome Schneewind, *The Invention of Autonomy: A History of Modern Moral Philosophy* (Cambridge: Cambridge University Press, 1998), p. 4.

4 Ibid.

5 While I believe that most commentators are correct in assuming that Suárez traces natural law back to divine legislation, I will attempt to show that Vitoria's theory of natural law has so far been largely misinterpreted. Therefore, the discussion of Vitoria's theory of natural law will take up more space than the discussion of Suárez's theory of natural law.

6 STh I–II, q. 90, a. 4.—All quotes from Aquinas's *Summa theologiae* are taken from http://www.corpusthomisticum.org/iopera.html, last retrieved 7 April 2014.

7 There may well be considerable disagreement between Vitoria and Suárez with respect to other aspects of law, but I will focus on this one, because it is, in my view, the most important one with respect to their contrary views of natural law.

1.1 *Vitoria on the Concept of Law*

Vitoria's understanding of law in general comes to light in the first article of his commentary on STh I–II, q. 90. In this article, he is concerned with the question of whether law belongs to the faculty of reason (*ratio*) or to the faculty of the will (*voluntas*). He begins with a brief summary of Aquinas's line of thought: Aquinas, as Vitoria presents him here, argues that law has two essential characteristics. It is a rule of action and it imposes an obligation or an imperative on its subjects. These characteristics, however, must be associated with reason, because reason is the faculty that serves as the rule of human action and that imposes obligations on agents. Therefore, law must belong to reason and not to the will.[8]

After reviewing Aquinas's argumentation, Vitoria points out that there are many authors who hold a different view, e.g. Gregory of Rimini, who believes that law is not (or at least not exclusively) *in ratione* but rather (or at least also) *in voluntate*; a view that, according to Vitoria, many *moderni* have adopted as well.[9] This view, as Vitoria presents it, is based on a generalisation of features of divine and eternal law which are defined with reference to Augustine as *ratio vel voluntas Dei*.[10]

Now, Vitoria does not challenge this view of divine and eternal law. But he insists in support of Aquinas that law in general, and properly speaking, belongs immediately to reason and not to the will. This is indicated by the fact that in the legislator, an act of the will and the act of legislation can consistently be opposed to each other: On the one hand, by wanting his subjects to perform certain actions, the legislator does not yet give a law, because he is not imposing an obligation on anyone. From the mere fact that he wants his subjects to do *x*, no obligation to do *x* follows on the part of his subjects. On the other hand, the legislator can give a law and consistently will his subjects not to act accordingly. From these observations, Vitoria argues that legislation cannot be an act of the will. And given that law is not an act of the will, he concludes that law must be an act of reason.[11] As further support for this view

8 ComSTh I–II, a. 90, a. 1.—All quotes from Vitoria's commentary on Aquinas's treatment of law (i.e. ComSTh I–II, q. 90–108) are taken from Joachim Stüben, ed., *Francisco de Vitoria. De lege. Über das Gesetz* (Stuttgart: Frommann-Holzboog, 2010).

9 Ibid.

10 Ibid.

11 "Sed quod pertineat immediate ad rationem, probatur: Si Pontifex ferat legem: Volo, quod Christiani ieiunent, iste actus non est lex, quia non obligat, quantumcumque velit, nisi imperet. Ergo lex non est actus voluntatis. Et econtrario arguitur: Si aliquid praeciperet, quod tamen nollet fieri, obligaremur per illud. Ergo." Ibid.

of law, Vitoria adds that a good or a bad action can be characterised with reference to law, and this reference leads to reason: A good action is an action that is in conformity with law and a bad action is an action that is in nonconformity with law. But what is in conformity with law is also in conformity with reason, and what is in nonconformity with law is also in nonconformity with reason. Therefore, reason itself, and not the will, is the faculty of law.[12]

Vitoria takes this conclusion to raise the further question of which act of reason in particular is an act of legislation. Therefore, in a brief remark, he follows Aquinas's specification of the act of reason involved in lawmaking: Law itself is not an act (*operatio*) of reason at all, but rather the product of an act (*operatum*) of reason. It is the expression of an assent or a judgement of reason that results from a process of deliberation.[13]

By this argumentation, sketchy though it may be, Vitoria shows that he holds an interpretation of Aquinas's definition of law according to which reason is the proper faculty of law. For Vitoria, too, law is *quaedam rationis ordinatio*,[14] and he insists that this must be taken literally to mean that reason, and not the will, is the source of obligation and of rules of action, and therefore the proper faculty of law. I call this a rationalistic interpretation of Aquinas's definition of law.

1.2 *Suárez on the Concept of Law*

In his *Tractatus de Legibus*, Suárez develops quite a different understanding of Aquinas's definition of law. In chapter 4 of Book I, he starts from the premise that law can be found in three different states, namely in the legislator (*legislator*) who gives the law, in the subject (*subjectum*) to whom the law is given, and in the medium (*materia exterior*) which serves to bridge the gap between the mind of the legislator and the mind of the subject.[15] As a consequence, he believes that in order to know what a law is, we have to investigate what law is in each of these states and especially which acts of the legislator and of the subject are necessary and sufficient to create a law.[16]

12 "[A]ctus bonus est, quod est conformis legi, et malus, quod est difformis. Sed conformis vel difformis legi est etiam conformis vel difformis rationi. Ergo." Ibid.

13 "Sed similiter posset quaeri, quis actus rationis est lex. Hoc petit Doctor in secundo argumento. Ad quod respondet, quod, sicut in operibus exterioribus est considerare operationem et operatum, ita etc. Dicit ergo: Est assensus vel iudicium, quod concludit in syllogismo." Ibid.

14 STh I–II, q. 90, a. 4.

15 DL I, c. IV, 4.—All quotes from *De legibus* are taken from Francisco Suárez, *Tractatus de legibus ac Deo legislatore* (Paris: Vives, 1856).

16 For reasons of brevity, I will not be concerned with the *materia exterior* aspect of law.

Law, considered from the perspective of its subjects, consists in an act of the intellect but does not require an act of the will. For law imposes an obligation on its subjects, and in order to do so, it must precede the acts of the will of the subjects, because the will is the faculty of free action that is thought to be under an obligation but which does not necessarily act in accordance with law. On the other hand, in order to impose an obligation on the will of an agent, a law must be proposed to the will as a rule of action imposing an obligation. Thus, even if an act of the will of the subject is not required for law, an act of the intellect (or reason) is required on the part of the subject. It is an act of judgement by which the existence of a law comes to be known to the agent and by which the law is being proposed to the will as a rule imposing an obligation to act in a certain way.[17]

But if law is considered from the point of view of the legislator, it requires not only an act of the intellect but an act of the will as well. The starting point of the process of legislation is an intention of the legislator's will directed at the common good.[18] This intention is followed by a process of deliberation carried out by the intellect with the goal of determining which law would serve the common good of the community.[19] These two acts, however, are only background conditions of legislation; they are not the acts in which the *substantia legis* can be found. They are followed by a judegment of the legislator's intellect that fixes the content of the law based on the previous process of deliberation—not just any content, but content that is just and prudent given the common good as the general goal of legislation.[20] This judgement of the intellect, however, is not sufficient for legislation. As Suárez argues, an act of the legislator's will is required by which he converts his judgement into a law

17 "Praeterea de lege, prout esse potest in homine legi subjecto, certum est consistere in actu mentis, et per se solum requirire judicium intellectus, et non actum voluntatis: hic enim necessarius est ad observationem seu executionem legis, non ad existentiam eius. Nam lex praevenit voluntatem subditi, et illam obligat: actus vero intellectus necessarius est ut proponat et proxime applicet voluntati legem ipsa, et ideo necessario requirit judicium rationis." DL I, c. IV, 5.

18 "intentio boni communis, seu bene gubernandi subditos," DL I, c. IV, 6.

19 "consultatio de hac, vel illa lege, quae sit justa, vel conveniens rei publicae," ibid.

20 "Post illos ergo ex parte intellectus videtur proxime concurrere judicium illud, quo legislator statuit et devernit rem talem esse convenientem reipublicae, et expedire ut ab omnibus servetur. Hoc manifestum est, quia sine tali judicio non potest lex prudenter et rationabiliter ferri: est autem de ratione legis ut sit justa, et consequenter ut sit prudens [...]." Ibid.

that imposes an obligation on its subjects.[21] This view, too, rests on the premise that law has a double purpose: On the one hand, it has a cognitive purpose, i.e. it is meant to let people know what to do. That is why legislation involves a judgement of the legislator's intellect that fixes the content of a law. On the other hand, law has a motivational purpose, i.e. it is meant to give people a reason to act in a certain way by imposing an obligation to perform or refrain from certain actions. And since the will is the faculty concerned with movement in the actions of rational beings, legislation involves not only judging which law would be most suitable for the community but also willing that the subjects of the law act accordingly. It is only through this act of the legislator's will that law imposes an obligation on its subjects.

These considerations are central to the argumentation that leads Suárez to his definition of law in chapter 12, which runs as follows: *[L]ex est commune praeceptum, justum ac stabile, sufficienter promulgatum*.[22] He believes that this definition of law is equivalent to Aquinas's definition in STh I–II, q. 90. But he insists—contrary to Vitoria—that one has to keep in mind that the term *ratio* in *ordinatio rationis* in Aquinas's definition must be read as to refer both to a judgement of the legislator's intellect, and to an act of his will by which he imposes an obligation on his subjects.[23] I call this a voluntaristic interpretation of Aquinas's definition of law—not in the sense often associated with voluntarism, according to which legislation is completely arbitrary, but in the moderate sense that, while there are reasonable standards for the evaluation of the content of law, it is an act of the will of a superior that accounts for the binding force of law.

2 Vitoria on Natural Law

So, the difference between Vitoria and Suárez with respect to the general concept of law is, very roughly, that Vitoria believes that reason is the proper faculty of law, while Suárez is convinced that the will is the proper faculty of law. Since they share the view that the general concept of law somehow captures what the four types of law have in common, it is not surprising that they arrive

21 "[U]ltra hoc judicium, requiri ex parte voluntatis actum quo princeps acceptet, eligat, ac velit observari a subditis id quod intellectus judicabit expedire. [...] [R]atio autem est breviter, quia lex non tantum est illuminative, sed motiva et impulsiva: prima autem facultas movens ad opus in intellectualibus rebus est voluntas." DL I, c. IV, 7.

22 DL I, c. XII, 4.

23 DL I, c. XII, 3.

at very different theories of natural law (*lex naturalis*). What I want to show is that, even though Vitoria and Suárez both belong to what Schneewind considers to be the pre-Enlightenment era in the history of moral philosophy, they do not share the view that morality is obedience to divine legislation. While Suárez does indeed believe that natural law is the product of divine legislation, Vitoria argues that natural law is the law of practical reason, and therefore an expression of the autonomy of rational agents.

However, this claim implies a substantial critique of existing interpretations of Vitoria's theory of natural law. So far, there have been two dominant readings: The first one, developed by Daniel Deckers, argues that Vitoria's theory of natural law is a classical Thomist justification of morality according to which the laws of morality are based on nature as it is expressed in the natural inclinations (*inclinationes naturales*) of agents.[24] The second one, put forward by Ernst-Wolfgang Böckenförde, argues against the first, stating that Vitoria's theory of natural law represents a classical Scotist foundation of morality according to which the laws of morality originate in God's will.[25] I will not challenge Deckers's and Böckenförde's understanding of the theories of natural law that Thomas Aquinas and John Duns Scotus have developed, even though I believe it is profoundly mistaken.[26] I will only attempt to show that Vitoria's theory of natural law is not naturalistic or theological, but rather—and quite in line with his theory of law in general—a rationalistic justification of morality according to which the laws of morality are the laws of practical reason and therefore an expression of the autonomy of rational agents.

24 Daniel Deckers, *Gerechtigkeit und Recht: eine historisch-kritische Untersuchung der Gerechtigkeitslehre des Francisco de Vitoria (1483–1546)* (Freiburg (Schweiz): Univ.-Verlag, 1991). A similar interpretation can be found in John Doyle, *Francisco de Vitoria, Reflection on Homicide and Commentary on Summa theologiae IIa-IIae Q. 64: Thomas Aquinas* (Milwaukee: Marquette University Press, 1997).

25 Ernst-Wolfgang Böckenförde, "Die spanische Spätscholastik," in idem, *Geschichte der Rechts- und Staatsphilosophie: Antike und Mittelalter* (Tübingen: Mohr, 2002). A similar interpretation can be found in Gideon Stiening, "*Suprema potestas* [...] *obligandi*—Der Verbindlichkeitsbegriff in Francisco Suárez' *Tractatus de Legibus*," in *Kontroversen um das Recht. Beiträge zur Rechtsbegründung von Vitoria bis Suárez*, eds. Kirstin Bunge, Stefan Schweighöfer, Anselm Spindler, and Andreas Wagner (Stuttgart: Frommann-Holzboog, 2013), pp. 341–67.

26 See chapters 2 and 3 in Anselm Spindler, *Das natürliche Gesetz bei Francisco de Vitoria: Warum Autonomie der einzig mögliche Grund einer universellen Moral ist* (Stuttgart-Bad Cannstatt: Frommann-Holzboog, 2015).

2.1 *Vitoria's Treatment of Natural Law in ComSTh I–II, q. 94, a. 1–2*

My goal in this section, though, is mainly the negative one of rejecting Decker's and Böckenförde's interpretations of Vitoria's theory of natural law.[27] And in order to do so, I will begin with Vitoria's commentary on STh I–II, q. 94, a. 1–2. In the first of these articles, Vitoria is concerned with the question of whether or not natural law is a habit (*habitus*). And he follows Aquinas's argumentation: Law in general, and therefore natural law as well, is a precept (*dictamen*) and a judgement (*judicium*); hence it is the product of an activity of reason. But if law in general and natural law in particular are products of reason, then they cannot be habits in the strict (Augustinian)[28] sense, because then they would have to be the cause—and not the product—of an activity of reason.[29] However, in a different sense, the term *habitus* stands for that which is habitually known or conserved by a habit in a person's soul. In this sense, natural law can be called a habit because natural law is identical to the principles of practical reason, which, just like the principles of theoretical reason, are not *habitus* in the strict sense but can be called *habitus* in a wider sense because they are known habitually.[30]

Given this rationalistic approach to natural law, Vitoria closes his commentary with a remark that concerns the meaning of the term "natural" in natural law.[31] He presupposes a distinction between a Platonic and an Aristotelian understanding of knowledge, where the Platonic conception takes knowledge to be based on innate ideas, while the Aristotelian conception insists that all

---

27 An alternative interpretation will already begin to emerge in this section, but it is not until section 4 that I will be able to show that Vitoria actually has a concept of autonomy.

28 "[H]abitus est quo aliquid agitur cum opus est," STh I–II, q. 94, a. 1, Sed contra.

29 "[L]oquendo proprie de habitu lex naturalis non est habitus, quia habitus non est aliquid, quod fit per rationem, sicut lex, quae est dictamen et iudicium," ComSTh I–II, q. 94, a. 1.

30 "[A]liter capitur habitus non proprie, ut aliquando ipse actus vocatur habitus vel consuetudo, quia tenetur habitu. Et isto modo aliquando ipsa lex naturalis dicitur habitus, non quia sit habitus, sed quia habitu tenetur. Sicut enim in speculativis non ponimus habitus circa prima principia, ita nec in practicis," ComSTh I–II, q. 94, a. 1.—This is a a very important specification of Vitoria's theory of law. In ComSTh I–II, q. 90, a. 1, Vitoria's phrasing suggests that reason in general is the faculty of law; but it is practical reason in particular, which is concerned with intentional action as its object and the judgement of which has the character of law. Also, in ComSTh I–II, q. 94, a. 1–2, Vitoria sometimes suggests that natural law is restricted to the principles of practical reason. In articles 4–6, however, he makes it clear that conclusions from these principles belong to natural law as well.

31 "Non ergo dicitur lex naturalis, quia insit nobis a natura—nam pueri non habent legem naturalem nec habitum –, sed quia ex inclinatione naturae iudicamus, quae recta sunt, non quod insit qualitas a natura," ComSTh I–II, q. 94, a. 1.

knowledge must be acquired and originates in experience.[32] This leads to two possible understandings of natural law: the first, Platonic understanding takes natural law to be based on innate ideas, while the second, Aristotelian understanding takes natural law to be acquired through an activity of reason. Vitoria then argues that the Platonic understanding is not compatible with a rationalistic concept of natural law, because it cannot make sense of the idea that natural law is a product of an activity of reason and because it cannot account for the fact that children do not have natural law (not even implicitly). Therefore, he favours the Aristotelian understanding of natural law, i.e. he takes natural law to be a product of reason that is acquired through an activity of reason. And yet it can be called "natural"—not in the sense that it is innate knowledge, but in the sense that the precepts of natural law are the first principles of practical reason, i.e. judgements that practical reason somehow "naturally" makes about what to do.

So, in ComSTh I–II, q. 94, a. 1, Vitoria develops a basic understanding of natural law that turns out to be a direct continuation of his theory of law in general: Practical reason is the faculty of law, and in a certain sense this is especially true in the case of natural law, because its precepts are the principles of practical reason.[33] In ComSTh I–II, q. 94, a. 2, where Vitoria is concerned with the question whether or not natural law contains more than one precept, he continues to argue along these lines. Here, too, he follows Aquinas's argumentation: The claim that the precepts of natural law are identical to the principles of practical reason is based on the idea that practical reason (*ratio practica*) differs from theoretical reason (*ratio speculativa*). While reason in the mode of theoretical cognition produces descriptive judgements about the world based on the concept of being (*ens*), reason in the mode of practical cognition pruduces normative judgements about intentional action based on the concept of the good (*bonum*).[34] That is why practical reason (which, just like theoretical reason, can be reconstructed according to a broadly Aristotelian understand-

32 Vitoria expresses a distinction of this sort in one of his lectures: "[A]nima nostra est tanquam tabula rasa, in qua nihil est depictum, ut Aristoteles disputavit contra Platonem. [...] [N]ihil sit in intellectu, quin prius non fuerit in sensu." Francisco de Vitoria, "Relectio de eo, ad quod tenetur homo, cum primum venit ad usum rationis," in *Francisco de Vitoria, Vorlesungen II. Völkerrecht, Politik, Kirche*, eds. Ulrich Horst, Heinz-Gerhard Justenhoven, and Joachim Stüben (Stuttgart: Kohlhammer, 1997), p. 114.

33 As I will attempt to show in section 4, this means that the most fundamental of those principles is exclusively concerned with the role of practical reason as the faculty of law.

34 For this approach to practical reason, see Vitoria's treatment of prudence (*prudentia*) in ComSTh II–II, q. 47, a. 1–5. In: Vicente Beltrán de Heredia, ed., *Francisco de Vitoria. Comentarios a la Secunda secundae de Santo Tomás*, Salamanca: 1952.

ing of science) has a special set of principles, namely self-evident propositions that cannot be subjected to demonstration and that serve as the foundation and the limit of practical reasoning. The self-evidence of these principles is due to the fact that the predicate of these propositions can, by analysis, be shown to be implied in the subject.[35] The principles of practical reason, and thus the precepts of natural law, even have the status of *dignitates* or *principia per se nota nobis*, so they are not expert knowledge but self-evident for all human beings, because everyone knows the meaning of the terms involved.[36] Vitoria quotes Aquinas's first principle of practical reason as an example, namely the principle that what is good must be done and pursued, and what is bad must be avoided.[37] But the fact that there is not only this one principle of practical reason (or precept of natural law) but a plurality of them can be shown with reference to the concept of natural inclinations (*inclinationes naturales*): Since an action against a natural inclination is always an action against natural law as well, and since there are several natural inclinations directed at basic human goods, such as self-preservation, it follows that there must be a a plurality of precepts of natural law.[38]

Vitoria confronts this view of natural law with a doubt (*dubium*) that asks whether or not "this conclusion" is valid, a question that is obviously aimed at the argument at the end of the preceding paragraph.[39] It is not evident, however, what the precise problem is that this doubt is supposed to bring to light. A hint may be found in another of Vitoria's texts, namely his lecture *De temperantia*, in which he is concerned with dietary rules. He does not

35 "Sicut in speculativis sunt plura prima principia, quae sunt per se nota, ita in practicis." ComSTh I–II, q. 94, a. 2.

36 "Sunt enim quaedam per se nota ex natura, sed non sunt nota nobis, ut: Deus est. Et ad haec intellectus noster se habet sicut oculus noctuae ad lumen solis, ut ait Aristoteles. Alia sunt taliter in se nota, quod etiam sunt nota nobis, ut quodlibet totum est maius sua parte. Et hae propositiones vocantur dignitates, quas quilibet audiens probat." Ibid. This explication of the principles of practical reason suggests that, in line with his argumentation in ComSTh I–II, q. 94, a. 1, Vitoria believes that the term "natural" in "natural law" is purely metaphorical. It does not stand for a foundation of natural law in nature, but for the special epistemic status of the principles of practical reason.

37 "bonum est faciendum." Ibid. Vitoria is obviously using an abbreviated version of Aquinas's original phrasing: "bonum est faciendum et prosequendum, et malum vitandum." See STh I–II, q. 94, a. 2.

38 "Facere contra inclinationem naturalem est facere contra legem naturalem. Sed sunt plures inclinationes naturales. Ergo sunt plura principia. Sic arguit Doctor: Est inclinatio naturalis ad conservandum se. Ergo tenetur conservare se," ComSTh I–II, q. 94, a. 2.

39 "Est dubium, an valeat ista consequentia. Aliqui dicunt, quod nihil valet." Ibid.

develop his view of natural law in this text, but he uses natural law (which he calls *ius naturale* instead of *lex naturalis*[40]) as the normative standard against which dietary rules must be tested. Thus, the starting point in this lecture is a brief argument that is meant to establish that there is a moral duty of self-preservation. The basic idea of this argument is that acting against a natural inclination *ipso facto* is acting against natural law, and since acting against natural law is morally wrong, acting against a natural inclination is morally wrong as well. What is striking about this passage is that Vitoria leaves the precise relation between natural law and natural inclinations quite open: There is a foundational relation between natural law and natural inclinations, according to which either natural law is based on natural inclinations, or natural inclinations are based on natural law. But for the limited purpose of *De temperantia*, Vitoria leaves this matter undecided.[41]

What I would like to suggest is that the doubt Vitoria raises in ComSTh I–II, q. 94, a. 2, is precisely the question of how the foundational relation of natural law and natural inclinations is supposed to work. However, Vitoria begins his argumentation by stating the interest he has in a theory of natural law: The theory of natural law is an attempt at a rational reconstruction of certain moral precepts that is completely independent of divine revelation.[42] Thus, the "before" in *ante legem scriptam* does not merely express a temporal relation but a logical one as well. There may be an overlap in content between natural and divine law, but the point of a theory of natural law is to show that certain moral precepts are open to a rational reconstruction that in no way depends on a reference to divine revelation.

Given this interest in a theory of natural law, Vitoria develops an understanding of natural law that is meant to address the doubt from which he started. And he does so by taking up the central idea of the previous article, according to which the precepts of natural law are identical to the principles of practical reason. Given this approach to natural law, to say that human beings have natural inclinations that hint at certain moral requirements is to say that

---

40 For the relation of the terms *lex* and *ius*, see ComSTh II–II, q. 57, a 1. In Joachim Stüben, *Francisco de Vitoria, De iustitia. Über die Gerechtigkeit* (Stuttgart: Frommann-Holzboog, 2012). At least in one sense, the term *ius* is a synonym for *lex*, so Vitoria can use the terms *ius naturale* and *lex naturalis* interchangeably.

41 "[I]nclinatio naturalis vel sequitur ex iure naturali, vel e contrario ius naturale oritur ex inclinatione naturali." Francisco de Vitoria, "Relectio de temperantia," in *Francisco de Vitoria, Vorlesungen I. Völkerrecht, Politik, Kirche*, eds. Ulrich Horst, Heinz-Gerhard Justenhoven, and Joachim Stüben (Stuttgart: Kohlhammer, 1995), p. 312.

42 "Sed quaero ab aliquo, ante legem scriptam, quomodo probaret, quod occidere se ipsum est peccatum? Non posset probari alio modo quam hoc." ComSTh I–II, q. 94, a. 2.

the intellect "naturally" makes certain judgements about basic human goods and that the will, as the rational faculty of action, is inclined accordingly. These judgements, however, are not natural in the sense that they refer to innate ideas or that they are based on some pre-rational desire, but in the sense that the propositions in question are self-evident *dignitates* that everyone *sine docente* immediately understands upon reflection. Thus, Vitoria believes that natural inclinations are based on natural law, and not the other way around. And if the relation between natural law and natural inclinations is conceived in this way, he believes that it is indeed a valid argument to reason from natural inclinations to certain moral duties. One has to keep in mind, however, that one is reasoning "backwards" instead of "forwards." The point is not that duties can be derived from natural inclinations, but, conversely, that the natural inclinations of the will are an effect of the judgement of reason that certain basic goods are to be pursued.[43]

This reversed picture of the relation of natural law and natural inclinations that we find in ComSTh I–II, q. 94, a. 2, is, I think, strong evidence against Deckers's naturalistic interpretation of Vitoria's theory of natural law. Deckers believes that there is a priority of natural inclination over natural law,[44] while Vitoria clearly argues that things are the other way around. There is no such thing as a pre-rational inclination of the will, because the will as a rational faculty is oriented toward that which practical reason judges to be good and is, therefore, to be done and pursued.

2.2 *Vitoria's Treatment of Natural Law in ComSTh I–II, q. 100, a. 8*

But what about Böckenförde's alternative reading? Böckenförde agrees that Vitoria rejects the kind of ethical naturalism that Deckers has in mind and argues that, instead, Vitoria thinks of natural law as the law of morality that originates in God's will.[45] However, as I attempt to show in this section, this interpretation of Vitoria's theory of natural law is not convincing either.

This claim is based on Vitoria's commentary on STh I–II, q. 100, a. 8. In this article, Vitoria discusses the question of whether or not there can be a

43 "Dico ergo, quod est sufficiens illa probatio: Est contra inclinationem naturalem—ergo est prohibitum; est secundum inclinationem naturalem—ergo est praeceptum, quia intellectus meus sine aliquo docente iudicat, quod bonum est vivere, quod diligendi sunt parentes etc., et naturaliter inclinatur voluntas ad illa omnia. Unde ex hoc principio bene infertur, quod id, ad quod naturaliter homo inclinatur, est bonum et quod naturaliter abhorret, est malum." Ibid.

44 Deckers, *Gerechtigkeit und Recht*, p. 115.

45 Böckenförde, "Die spanische Spätscholastik."

dispensation from the precepts of the Decalogue. Vitoria thinks that the Decalogue is the foundation of all moral precepts (*praecepta moralia*) of the Old Law (*lex vetus*); the Old Law, in turn, is part of divine law (*lex divina*) given by God through revelation.[46] Also, he assumes that these moral precepts are not only part of divine law but also part of natural law, because they are concerned with types of actions that have an intrinsic moral quality[47] and not, like ceremonial and judicial precepts, with types of actions that have a moral quality only in virtue of an act of divine legislation.[48] Therefore, the question of whether or not there can be a dispensation from the precepts of the Decalogue is equivalent to the question of whether or not there can be a dispensation from the precepts of natural law.

Vitoria's goal is to show that Aquinas was right in supposing that there cannot be a dispensation from any of the precepts of the Decalogue, and his major opponent in this debate is Scotus. Ockham may have held a radical view according to which God could issue a dispensation from all precepts of the Decalogue.[49] But Vitoria considers this to be an *irrationabilis opinio*: On the one hand, if God had chosen to pass a law prescribing the hatred of him, one would have to say that hating God could be a work of merit, because obeying a divine command is meritorious.[50] Also, it would follow that someone could love and hate God at the same time, because obeying a divine command is an expression of love.[51] On the other hand, Ockham must presuppose an absurd picture of God's freedom, because he has to assume that God himself could hate or lie, and this, according to Vitoria, is contrary to fundamental premises about the essence of God.[52] Hence Vitoria dismisses Ockham's view altogether.

---

46 See ComSTh I–II, q. 100, a. 3.

47 These actions are "de se bona." ComSTh I–II, q. 100, a. 1.

48 "[P]er legem facta sunt bona vel mala." Ibid.

49 "Est una opinio, quae dicit, quod Deus potest dispensare in omnibus praeceptis decalogi absolute et in omnibus aliis praeceptis particularibus. Hoc dico, quia non potest dispensare, quod ego licite peccem et male agam. Et dicunt, quod etiam potest praecipere, non solum dispensare. Fuit haec opinio Alliaci I *Sent.*, d.19, et Occam etiam." Ibid.

50 "[H]oc sequitur ex illa [i.e. the view of Ockham, A.S], quia si Deus praeciperet, quod ego haberem odio Deum, mererem." Ibid.

51 "Item contra illam opinionem arguit Gregorius: Quia sequeretur, quod aliquis posset simul diligere et odire Deum naturaliter. Probatur: Quia ponamus, quod Deus praecipit isti, quod habeat odio Deum, et servat alia praecepta. Servando illa amat, quia hoc est amare [...]." Ibid.

52 "Secundo arguitur: Quia eiusdem malitiae videtur esse, quod ego mentiar vel quod inducam alium ad mentiendum. Si ergo Deus non potest odire se ipsum, ergo nec praecipere alii, quod odiat Deum, quia sic perderemus Spiritum Sanctum, qui producitur

With Scotus, however, things are more complicated, because he held a sort of middle ground between Aquinas and Ockham, arguing that there can be a divine dispensation from the precepts of the second table but not from the precepts of the first table.[53] But this, too, is a view that Vitoria does not find convincing, and he uses an argument from Durandus to show that not only the precepts of the first table but also the precepts of the second table cannot be the object of divine dispensation.[54] The argument Vitoria adopts from Durandus takes up the idea that the Decalogue, as part of the moral precepts of the Old Law, is concerned with types of actions that have an intrinsic moral quality. They are not good or bad (and therefore to be done or to be avoided) because of an act of divine legislation; rather, they are good or bad per se, and therefore not just contingently but necessarily obligatory or forbidden. Vitoria uses the example of adultery to make his point: Adultery is defined as sexual intercourse with someone else's spouse. This definition already implies that the person engaged in adultery cannot have a right to do so, because he or she is not married to the other person, while this other person is married to a third. If, on the other hand, they were married, the intercourse would be perfectly legitimate; but then it would not be an act of adultery in the first place. So, to say that an action is a case of adultery already implies that the action was morally wrong, and as a consequence, there cannot be a dispensation from the prohibition of adultery, because a dispensation of this kind would imply a contradiction; it would imply allowing or even prescribing an action that is intrinsically wrong. And since even God's will is subject to the principle of non-contradiction, there cannot even be a divine dispensation from the prohibition of adultery. Vitoria calls this an *argumentum ingeniosum* to make it clear that he takes it to be a decisive argument against Scotus. Scotus cannot say that there is a difference between the first and the second table with respect to the

per amorem. Ergo. Item arguitur: Sequeretur, quod Deus posset mentiri. Consequens est omnio falsum, quia alias posset quis dicere, quod mentitus est in Sacra Scriptura et in tota fide, quod Deus est trinus et unus, et tollit omnino certitudinem fidei et Sacrae Scripturae." Ibid.

53 "Alia est opinio media inter extremas, quod Deus non potest dispensare in praeceptis primae tabulae, quae ordinant homines ad Deum, sed quod in omnibus secundae tabulae potest. Est Scoti 3, d. 37, q.1." Ibid.

54 "Arguit Durandus bene, quia est implicatio contradictionis. Quid est adulterium nisi accedere ad uxorem propria alterius non communem? Si cui licet accedere ad talem, iam non propria alterius, sed communis. Ergo. Est ingeniosum argumentum. Et certe videtur, quod tale non sit adulterium, quia tam licet isti quam marito eius accedere ad illam. Ergo. Eodem modo de furto et aliis." Ibid.

possibility of divine dispensation, because a dispensation in the case of *all* Ten Commandments would involve a contradiction.

The final step of Vitoria's argumentation in this article is meant to address three cases from scripture, namely Hosea's adultery, the spoliation of the Egyptians, and the sacrifice of Isaac. For these cases are, by some authors, taken to be clear counterexamples to the view Vitoria is defending. In order to square his view with an interpretation of these cases, he introduces a distinction between two different roles that God plays in this context.[55] Vitoria's point is that in these cases, God did not act as the legislator (*legislator*) of the Decalogue by changing the rules; this, as has been shown, is impossible even for God, because it would involve a contradiction. Instead, God acts as the legitimate owner of all things (*dominus omnium*) who can, by virtue of this status, transfer the rights to certain things as he pleases. What is important, however, is that God, as the *dominus omnium*, is not above natural law but subject to it. To say that God, in the cases under discussion, acted as *dominus omnium* is precisely not to say that he changed the precepts of the Decalogue, but to say that he changed the legal position of certain things. As a consequence, the cases in question are only superficially cases of adultery, spoliation, and murder.

So, in ComSTh I–II, q. 100, a. 8, Vitoria argues that the Decalogue is part of natural law—not because the precepts are concerned with basic human goods, as is the case with the precepts he discusses in ComSTh I–II, q. 94, a. 2, but because the relevant precepts are concerned with intrinsically good or bad actions and are therefore rationally necessary and not subject to any will whatsoever.[56] This argumentation suggests, contrary to Böckenförde's[57] interpretation, that Vitoria does not understand natural law as a moral law that originates in the will of a divine legislator. Rather, and in line with his general concept of law, he understands natural law as the law of practical reason that addresses all rational agents—even God—with rationally necessary requirements of action.

55 "Pro solutione nota, quod Deus omnipotens duo habet: primum, quod est dominus omnium; secundum, quod est legislator. [...] Hoc supposito oportet videre, quod potest Deus facere inquantum est dominus, etiamsi non esset legislator [...]." Ibid.

56 This suggests, I think, that Vitoria is working with *two* models of natural law argumentation that can both be subsumed under the overarching first principle of practical reason, that what is good is to be done and pursued and what is bad is to be avioded. One model works with precepts that are based on a non-naturalistic conception of basic human goods; the other model works with precepts that are based on a non-teleological conception of intrinsically good or bad actions.

57 Böckenförde, "Die spanische Spätscholastik."

3 Suárez on Natural Law

As I argued in the first section of this paper, Suárez's general concept of law is voluntaristic in the sense that it is based on the idea that the obligatory character of law springs from an act of the will of a superior by which he binds his subjects to act in a certain way. What I want to show in this section is that this idea leads Suárez to an understanding of natural law that is voluntaristic in this sense as well.[58]

In chapter 6 of the second book of *De legibus*, Suárez is concerned with the question of whether or not natural law is a law in the proper sense. He begins the discussion by raising a doubt with respect to the lawlikeness of natural law: Given the general concept of law, a law requires the act of the will of a legislator who is superior to the subjects of law. But natural law, it seems, does not depend on any act of will, because natural law is the judgement of reason about the intrinsic moral qualities of certain types of action.[59] Therefore, it seems that one has to conclude that natural law is not a law in the proper sense of the word.[60]

Suárez, however, attempts to show that natural law is a law in the proper sense of the word. In chapter 5, he adopts the view introduced by the *dubium* that serves as the starting point of the discussion in chapter 6, namely the view that natural law in human beings is the judgement of right natural reason (*recta ratio naturalis*).[61] But this is a description of natural law from the perspective of human beings as its subjects and not from the perspective of its

58 As I have already remarked, my interpretation of Suárez's theory of natural law is in line with the interpretation of many others. See e.g. Dominik Recknagel, *Einheit des Denkens trotz konfessioneller Spaltung. Parallelen zwischen den Rechtslehren von Francisco Suárez und Hugo Grotius* (Frankfurt: Peter Lang, 2010); Thomas Pink, "Reason and Obligation in Suárez," in *The Philosophy of Francisco Suárez*, eds. Benjamin Hill and Henrik Lagerlund (Oxford: Oxford University Press, 2012), pp. 175–209; Matthias Kaufmann, "Francisco Suárez' *lex naturalis* zwischen *inclinatio naturalis* und kategorischem Imperativ (DL I; II. 5–16)," in *'Auctoritas omnium legum'. Francisco Suárez'* De legibus ac Deo legislatore *zwischen Theologie, Philosophie und Jurisprudenz*, eds. Oliver Bach, Norbert Brieskorn, and Gideon Stiening (Stuttgart: Frommann-Holzboog, 2013), pp. 155–73.

59 "[...] quia dictamina rationis naturalis, in quibus haec lex consistit, sunt intrinsece necessaria, et independentia ab omni voluntate." DL II, c. VI, 1.

60 "Lex enim propria et praeceptiva non est sine voluntate alicujus praecipientis, ut in l. 1 ostensum est: sed lex naturalis non nititur in voluntate alicujus praecipientis: ergo non est proprie lex." Ibid.

61 "[I]n actuali judicium mentis propriissime existat lex naturalis." Ibid., c. V, 14.

legislator.[62] A description of natural law from the perspective of the legislator, on the other hand, is the subject matter of chapter 6, in which Suárez presents his view as a middle course between two extremes. The first of these extremes, which Suárez attributes to Gregory of Rimini, argues that natural law is not a law in the proper sense. Natural law is the judgement of right reason, and as such it indicates which types of actions are intrinsically good or bad. This judgement of right reason is prior to any act of will, and as a consequence it cannot be called a law in the strict sense of *lex praecipiens*, because a law in this sense requires the act of the will of a superior legislator.[63] The other extreme view, which Suárez attributes to William of Ockham, argues that natural law is indeed a law in the proper sense of the word, because it springs from an act of God's will. God is superior to human beings and acts as the legislator of natural law, who through his will obliges human beings to obey the rules of morality. As opposed to the first view, however, the advocates of this position do not believe that there actually are intrinsically good or bad actions. Thus, the content of natural law is not fixed prior to God's legislation, but God can freely change it, just as he has freely decided to bring natural law into existence in the first place.[64]

In opposition to both of these constrasting views, Suárez wants to show that natural law is indeed a law in the proper sense of the word, but that it still has an objective content that is not subject to the divine will. The first step of his argumentation is meant to show that natural law is law in the proper sense of the general concept of law that he developed previously in Book I.[65] Natural law not only indicates what types of actions are intrinsically good or bad but also imposes an obligation on its subjects to do what is good and to refrain from doing what is bad. This is the case because to act against natural law is to act against a moral obligation.[66] But since only a law in the proper sense of the

62 "Considerandum est ergo legem naturalem, prout de illa nunc loquimur, non considerari in ipso legislatore, sed in ipsis hominibus [...]." Ibid.

63 "In hac re prima sententia est legem naturalem non esse legem praecipientem proprie, quia non est signum voluntatis alicujus superioris, sed esse legem indicantem quid agendum vel cavendum sit, quid natura sua intrinsece bonum ac necessarium, vel intrinsece malum sit." Ibid., c. VI, 3.

64 "Secunda sentientia huic extreme contraria, est, legem naturalem omnino positam esse in divino imperio, vel prohibitione procedente a voluntate Dei [...]." Ibid., 4.

65 "Dico ergo primo: Lex naturalis non tantum est indicativa mali et boni, sed etiam continet propriam prohibitionem mali, et praeceptionem boni." Ibid.

66 "[I]d quod est contra naturalem legem necessario est contra veram legem, et prohibitionem alicujus superioris; ergo lex naturalis, prout in homine est, non solum indicat rem ipsam in se, sed etiam ut prohibitam, vel praeceptam ab aliquo superiori." Ibid., 7.

word can be the source of an obligation, natural law must be thought of as a law in the proper sense of the word.

However, given that natural law is a law in the sense of the general concept of law, it follows that it cannot consist merely in a judgement of right reason that is prior to any act of the will. If natural law is supposed to be a law in the strict sense, there must be a legislator who is superior to the subjects of natural law and who, through an act of his will, creates an obligation to follow the precepts of natural law. Hence, Suárez agrees with Ockham that we must think of God as the legislator of natural law; an act of the divine will is the reason why natural law not only indicates what types of actions are intrinsically good or bad but also imposes an obligation on the part of human beings to act accordingly.[67] And he offers two arguments for the claim that God is the legislator of natural law: On the one hand, God is, through creation, the cause of the world, and, through providence, the governor of the world to which human beings belong. On the other hand, there is a necessary connection between God's judgement about intrinsically good or bad actions and the act of his will by which he makes natural law obligatory for human beings. God's will is rational and just to the highest possible degree, and as a consequence, his legislation of natural law necessarily corresponds to his judgement about intrinsically good or bad types of action.

So Suárez shares Ockham's view that God is the legislator of natural law. But he also draws on the basic insight of Gregory's view to show that natural law does also have objective content.[68] He argues that, while God's will is the origin of the obligatory force of natural law, this act of the divine will presupposes that the actions with which this law is concerned are of a type that already

67 "[O]mnia quae lex naturalis dictat esse mala, et prohibentur a Deo speciale praecepto et voluntate, qua vult nos teneri, et obligari vi auctoritatis ejus ad illa servanda: ergo lex naturalis est proprie lex praeceptiva, seu insinuativa proprii praecepti. Consequentia clara est. Antecendens probatur primo, quia Deus habet perfectam providentiam hominum; ergo ad illum ut ad supremum gubernatorem naturae spectat vetare mala et praecipere bona: ergo quamvis ratio naturalis indicet quid sit bonum vel malum rationali naturae, nihilominus Deus, ut auctor et gubernator talis naturae, praecipit id facere vel vetandum. Secundum, quidquid contra rationem rectam fit, displicet Deo, et contrarium illi placet; quia cum voluntas Dei sit summe iusta, non potest illi non displicere quod turpe est, necnon placere honestum, quia voluntas Dei non potest esse irrationabilis, ut dicit Anselmus, libro 1 Cur Deus homo, cap. 8." Ibid., 8.

68 "Dico secundo: Haec Dei voluntas, prohibitio, aut praeceptio non est tota ratio bonitatis et malitiae, quae est observatione, vel transgressione legis naturalis, sed supponit in ipse actibus necessariam quamdam honestatem vel turpitudinem, et illis adjungit specialem legis divinae obligationem." Ibid.

has an intrinsic moral quality independent of any act of will. Therefore, God, as the legislator of natural law, adds to these intrinsic moral qualities the special obligatory force of law by an act of his will, thus transforming the otherwise only indicative rules of natural law into morally binding precepts for human beings. Suárez explains this double structure of natural law using the example of hatred toward God: Hating God is an intrinsically bad type of action; thus, with respect to its intrinsic badness, the action of hating God cannot be changed without altering the essence of this type of action altogether. As a consequence, the action of hating God is necessarily (and not just contingently) forbidden, because this additional feature of the action, added by God's legislative will, is the only one suitable for an action that is intrinsically bad (as opposed to the additional features of being allowed or obligatory). And because God's will, as Suárez has already remarked, cannot be unjust or irrational, he is not free to add just any normative feature to intrinsically good or bad actions, but he must forbid what is intrinsically bad and prescribe what is intrinsically good to human beings. Hence the objective content of natural law.[69]

This reasoning finally leads Suárez to conclude that natural law actually is a law in the proper sense of the word, the legislator of which is God who, through his will, makes natural law binding for human beings.[70] However, natural law is not a divine positive law by which God sanctions a type of action that, in itself, is morally indifferent. When legislating natural law, he is bound to the intrinsic moral qualities of certain types of actions that exist prior to and independently of any act of his will.

So, as it turns out, there is an intimate connection between Suárez's general concept of law and his view on natural law, because in natural law, too, the formal structure of law can be found: It is based on a judgement of the divine intellect about the intrinsic moral qualities of certain types of actions. This judgement is followed by a command of the divine will by which God imposes an obligation on human beings to do what is morally good and to refrain from doing what is morally bad. Therefore, if Suárez's general concept of law is a voluntaristic concept, because it is based on the idea that the obligatory character of law originates in a command of the will of a superior, Suárez's concept of natural law is a voluntaristic concept as well, and for the same reason. The laws

69 "[S]i odium Dei, verbi gratia, non haberet aliquam rationem intrinsecae malitiae priorem prohibitionem, posset non prohiberi; nam cur non poterit, si non est malum de se? Ergo posset licere, vel esse honestum, quod plane repugnat." Ibid., 11.

70 "Ex dictis ergo concludo et dico tertio, legem naturalem esse veram, ac propriam legem divinam, cujus legislator est Deus." Ibid., 13.

of morality are not the arbitrary product of God's sovereign will, but the laws of morality are laws in the proper sense only if we assume that God wills us to act accordingly. Hence, Suárez's theory of natural law is an instance of what Schneewind has called the pre-Enlightenment idea of "morality of obedience," according to which God is the legislator of the laws of morality.[71]

4 Vitoria on Natural Law and the Foundation of Morality

As I have shown thus far, Vitoria and Suárez developped two quite different theories of natural law, partly because they started from two quite different understandings of law in general. In the final section, I will now explore Vitoria's theory of natural law a bit further to show why he believes that a theory of the kind Suárez has in mind is inadequate to make sense of the universal scope of morality, and to show in what sense his own theory can be said to be based on a concept of autonomy.

I will begin with the interest Vitoria has in a theory of natural law; it is an interest in a rational reconstruction of the universal scope of morality. This is apparent already in his treatment of natural law in ComSTh I–II, q. 94,[72] but it is even more present in his treatment of natural law in his lecture *De eo, ad quod tenetur homo, cum primum venit ad usum rationis*. In this lecture, Vitoria is concerned with the question of which moral duties human beings have because of their faculty of the "use of reason" (*usus rationis*). This question is pointed at a very special case, namely a person who does have the faculty of the use of reason but who grew up *in barbaria* without access to a theological or religious tradition.[73]

Vitoria's use of the word *barbaria* in this context may suggest that he is referring to the inhabitants of the regions of America that, in his time, had been newly discovered and colonised by the Spanish empire and other European powers; inhabitants whom Vitoria himself calls "barbarians" on quite a regular basis.[74] However, it is highly unlikely that this is his point, because in his most

71 Schneewind, *Invention of Autonomy*, p. 4.

72 See above 2.1.

73 "[L]oquamur de homine educato in barbaria sine institutione et mentione deitatis et religionis." Francisco de Vitoria, "Relectio de eo," p. 134f.

74 The most prominent example being his lecture *De Indis*: "Et tota disputatio et relectio suscepta est propter barbaros istos novi orbis, quos Indos vocant, qui ante quadraginta annos venerunt in potestatem Hispanorum ignoti prius nostro orbis." Francisco de Vitoria, "Relectio de Indis," in Horst et al., *Francisco de Vitoria, Vorlesungen II*, p. 370.

famous lecture *De Indis*, he insists that the inhabitants of the "New World" do have forms of theology and religion which are, among other things, strong indicators of their having the faculty of the use of reason.[75] These forms of theology and religion may all seem wrong from a Christian point of view, but one cannot say that the inhabitants of the "New World" grew up without access to a theological and religious tradition.

Therefore, when Vitoria writes that he wants to investigate the case of a person who has the faculty of *usus rationis* but who has grown up without access to a theological and religious tradition, his point is not to make a certain actually existing group of people the object of his enquiry. His point is rather to define a borderline case that reveals something important about "our"[76] moral self-understanding. In our everyday practice of the attribution of moral responsibility, we assume that only grown-up persons can be the object of moral criticism in the full sense, at least if there are no challenge conditions present on the basis of which we suspend the attribution of moral responsibility.[77] Vitoria believes that this practice is based on the assumption that an agent is a possible object of moral criticism if and only if he or she has the faculty of the use of reason (*usus rationis*) and can actually act upon it. This faculty is complex in the sense that it involves both practical reason and the will. If an agent acts on the basis of his or her faculty of the use of reason, this involves his or her will, i.e. the faculty to act on an intention, which in turn is the product of the deliberation of practical reason. Thus, Vitoria argues that *usus rationis* requires two things:

> alterum, ut habeat facultatem consultandi ac deliberandi, quid bonum est et quid malum est et quid consequendum, quid fugiendum, quid vitandum; alterum est, ut habeat potestatem post deliberationem eligendi et relinquendi, quod sic deliberatum est.[78]

75 Ibid., p. 402.

76 When Vitoria makes "our" moral self-understanding the starting point of his enquiry, it is clear that he has the moral practice of 16th-century Spain in view and not our moral self-understanding of the 21st-century Western world. However, I will continue to speak of "our" moral self-understanding or practice, because this reveals the philosophical sense of this style of argumentation and because, as it will turn out, there are some striking similarities between "his" and "our" moral self-understanding.

77 Francisco de Vitoria, "Relectio de eo," pp. 100–35. For an analysis of the concept of moral responsibility as having a "default and challenge" structure, see Claudia Blöser. "The Defeasible Structure of Ascriptions of Responsibility," in *Sonderheft Defeasibility, Grazer Philosophische Studien* (2013).

78 Francisco de Vitoria, "Relectio de eo," p. 110f.

So the faculty of the use of reason is the faculty to act on the basis of reasons which are the product of one's own deliberation. In virtue of being necessary and sufficient for an agent to be morally responsible for his or her actions, this faculty defines the universal scope of morality. Morality extends to all persons with the faculty of *usus rationis*, and its scope is restricted only in cases in which a person we normally address as a responsible agent cannot act upon this faculty, e.g. because he or she is drunk, asleep, or ill. The absence of faith or ignorance about the existence of God, on the other hand, is not a challenge condition in this sense, because these things are perfectly compatible with a person's having the faculty of the use of reason. Therefore, we assume that persons who have this faculty but do not believe in God or do not know anything about God are still subject to the laws of morality and are morally responsible in the full sense.[79]

Now Vitoria's answer to the question of which duties human beings have because of their faculty of the use of reason is his theory of natural law; human beings have an obligation to obey the precepts of natural law because they have the faculty of *usus rationis*. So this theory is supposed to explain why *only* agents with the faculty of the use of reason are subject to the moral law and why *all* agents with this faculty (normally) are subject to the moral law. On Vitoria's account, this interest in a theory of natural law has an effect on what a theory of natural law must look like: Natural law cannot be thought of as the law of morality that originates in God's legislative will, as Suárez would claim later. To be sure, God can legislate laws that impose obligations on human beings, and he did so in the case of the *lex divina* known to us through revelation.[80] But one cannot account for the universal scope of morality, if one understands natural law as divine law as well. For this would mean to bind morality either to the contingent course of Christian salvific history and to the contingent community of Christian believers[81] or to natural knowledge about God that is only available to experts,[82] despite the fact that, in our everyday practice of the attribution of moral responsibility, we do not assume that morality is limited by subjective conditions of this kind. On the contrary, we assume that the

79 "Omnis homo cum primum ad usum rationis pervenit, etiam si Deum neque cognoscat neque possit cognoscere, potest bene moraliter agere." Ibid., p. 146f.

80 See Vitoria's treatment of divine law in ComSTh I–II, q. 98–108.

81 See ComSTh I–II, q. 94, a. 2: "Sed quaero ab aliquo, ante legem scriptam, quomodo probaret, quod occidere se ipsum est peccatum?"

82 See ComSTh I–II, q. 94, a. 2: "Sunt enim quaedam per se nota ex natura, sed non sunt nota nobis, ut: Deus est. Et ad haec intellectus noster se habet sicut oculus noctuae ad lumen solis, ut ait Aristoteles."

moral status of a person is independent of said person being a believer in God or not and of having natural knowledge of God or not.[83]

Therefore, Vitoria draws on his rationalistic understanding of natural law, according to which the precepts of natural law are identical to the self-evident principles of practical reason, which are concerned either with basic human goods or with intrinsically good and bad actions and which can be subsumed under an overarching first principle of practical reason that says that what is good is to be done and pursued and what is bad is to be avoided (*bonum est faciendum et prosequendum, et malum vitandum*).[84] And it is this first, overarching principle of practical reason that serves as the link between Vitoria's understanding of natural law and his interest in a reconstruction of the universal scope of morality. The basic idea of Vitoria's theory of natural law is to understand the faculty of *usus rationis* not only as the reason why an agent is morally responsible but also as the source of the law of morality. On his account, the most fundamental principle of natural law is the precept that what is good is to be done and pursued, and what is bad is to be avoided (*bonum est faciendum et prosequendum, et malum vitandum*). The point of this precept is not that it is an expression of the will of God, who makes obligatory for human beings what he has recognised as being good in itself. Instead, Vitoria identifies this precept with the first, constitutive principle of practical reason, which is already implied in the definition of the faculty of the use of reason that is at the heart of our everyday practice of the ascription of moral responsibility. The faculty of the use of reason is the faculty to determine one's own actions through reasons that are the product of our faculty of practical deliberation.[85] Reason, in this mode of activity, can be called practical reason (*ratio practica*), and it differs from theoretical reason because it produces normative judgements about intentional actions that are based on the concept of the good (*bonum*) and have the character of law. The first, constitutive principle of practical reason analyses the good as that which is to be done and pursued, and opposes good and bad (i.e. that which is to be avoided) in the sense of a contradictory opposition. This principle does not say anything about *what* is good but explicates in a purely formal way what it means to have practical reason. Intentional action is action based on reasons, and action based on reasons is action guided by prac-

83 Francisco de Vitoria, "Relectio de eo," pp. 100–35; Francisco de Vitoria, "Relectio de Indis," p. 384.

84 See section 2 above.

85 "[facultas] consultandi ac deliberandi, quid bonum est et quid malum est et quid consequendum, quid fugiendum, quid vitandum," Francisco de Vitoria, "Relectio de eo," p. 110f.

tical reason. But practical reason cannot assume this role of the faculty guiding intentional action through reasons unless it subscribes to a normative mode of judgement about intentional action and accepts the requirement of non-contradiction.[86] That is why Vitoria can say that a person is a morally responsible agent only if he or she has the faculty to determine his or her actions through a process of deliberation that is subject to this first principle of practical reason. But with this first, constitutive principle, practical reason subjects not only its own judgement to its legislation, but the will and human action as a whole, because it commits human action to the good (that is to be done and pursued) and subjects it to a principle of non-contradiction. So since practical reason, through its reflection on its own first, constitutive principle, appoints itself the role of the faculty that is the normative standard of human action, Vitoria can interpret this principle as the most fundamental precept of natural law. Thus, Vitoria's theory of natural law rests on a concept of autonomy in the sense that practical reason has (to borrow a phrase from Immanuel Kant) a legislation of its own (*eigene Gesetzgebung*)[87] that is expressed in its first, constitutive principle that what is good is to be done and pursued, and what is bad is to be avoided. This legislation of practical reason ensures that all persons whom we take to be morally responsible agents, because they have the faculty of the use of reason, are, at the same time and for the same reason, subject to the laws of morality. Therefore, on Vitoria's account, there is a necessary connection between the universal scope of morality that is implicit in our everyday moral practice and the source of natural law that is the law of morality.

5 Conclusion

In this paper, I have attempted to investigate how a different understanding of Aquinas's general concept of law leads Vitoria and Suárez to two quite different theories of natural law, i.e. the laws of morality. As it turned out, Vitoria's rationalistic interpretation of the general concept of law is in the background of his rationalistic understanding of natural law, according to which natural

86 Thus, Vitoria's interpretation of the first principle of practical reason is implicit criticism of the kind of natural law theory that Suárez has in mind. The judgement of practical reason is not merely indicative of what is good (and therefore practically irrelevant unless God's will enters the picture), but reason, if it is supposed to be practical at all, must assume that what is good *has to be done and pursued*. Practical reason, and not the will of a superior, is the source of obligation.

87 Immanuel Kant, Kritik der praktischen Vernunft, AA 05: 33.

law is the law of practical reason. Suárez, on the other hand, starts from a voluntaristic conception of law in general and therefore argues for a voluntaristic understanding of natural law, according to which natural law is the product of divine legislation. In the course of this investigation, I also attempted to show that recent interpretations of Vitoria's theory of natural law are mistaken in understanding it as a foundation of morality in human nature or in divine legislation. The point of his theory of natural law is rather that natural law must be the law of practical reason, because autonomy is the only possible foundation of a universal morality.

Bibliography

Aquinas, Thomas. *Summa theologiae.* All quotes taken from http://www.corpusthomisticum.org/iopera.html. Last retrieved 7 April 2014.

Beltrán de Heredia, Vicente, ed. *Francisco de Vitoria. Comentarios a la Secunda secundae de Santo Tomás* (Salamanca: 1952).

Blöser, Claudia. "The Defeasible Structure of Ascriptions of Responsibility," in *Sonderheft Defeasibility, Grazer Philosophische Studien* (2013).

Böckenförde, Ernst-Wolfgang. "Die spanische Spätscholastik," in idem, *Geschichte der Rechts- und Staatsphilosophie: Antike und Mittelalter* (Tübingen: Mohr, 2002).

Deckers, Daniel. *Gerechtigkeit und Recht: eine historisch-kritische Untersuchung der Gerechtigkeitslehre des Francisco de Vitoria (1483–1546)* (Freiburg (Schweiz): Univ.-Verlag, 1991).

Kaufmann, Matthias. "Francisco Suárez' *lex naturalis* zwischen *inclinatio naturalis* und kategorischem Imperativ (DL I; II. 5–16)," in *'Auctoritas omnium legum'. Francisco Suárez'* De legibus ac Deo legislatore *zwischen Theologie, Philosophie und Jurisprudenz*, eds. Oliver Bach, Norbert Brieskorn, and Gideon Stiening (Stuttgart: Frommann-Holzboog, 2013), pp. 155–73.

Merks, Karl-Wilhelm. *Theologische Grundlegung der sittlichen Autonomie. Strukturmomente eines ›autonomen‹ Normenbegründungsverständnisses im lex-Traktat der Summa theologiae des Thomas von Aquin* (Düsseldorf: Patmos, 1978).

Pink, Thomas. "Reason and Obligation in Suárez," in *The Philosophy of Francisco Suárez*, eds. Benjamin Hill and Henrik Lagerlund (Oxford: Oxford University Press, 2012), pp. 175–209.

Recknagel, Dominik. *Einheit des Denkens trotz konfessioneller Spaltung. Parallelen zwischen den Rechtslehren von Francisco Suárez und Hugo Grotius* (Frankfurt am Main: Peter Lang, 2010).

Schneewind, Jerome. *The Invention of Autonomy: A History of Modern Moral Philosophy* (Cambridge: Cambridge University Press, 1998).

Spindler, Anselm. *Das natürliche Gesetz bei Francisco de Vitoria: Warum Autonomie der einzig mögliche Grund einer universellen Moral ist* (Stuttgart-Bad Cannstatt: Frommann-Holzboog, 2015).

Stüben, Joachim. *Francisco de Vitoria, De iustitia. Über die Gerechtigkeit* (Stuttgart: Frommann-Holzboog, 2012).

Stüben, Joachim, ed. *Francisco de Vitoria. De lege. Über das Gesetz* (Stuttgart: Frommann-Holzboog, 2010).

Suárez, Francisco. *Tractatus de legibus ac Deo legislatore* (Paris: Vives, 1856).

Vitoria, Francisco de. "Relectio de eo, ad quod tenetur homo, cum primum venit ad usum rationis," in *Francisco de Vitoria, Vorlesungen II. Völkerrecht, Politik, Kirche*, eds. Ulrich Horst, Heinz-Gerhard Justenhoven, and Joachim Stüben (Stuttgart: Kohlhammer, 1997).

———. "Relectio de Indis," in *Francisco de Vitoria, Vorlesungen II. Völkerrecht, Politik, Kirche*, eds. Ulrich Horst, Heinz-Gerhard Justenhoven, and Joachim Stüben (Stuttgart: Kohlhammer, 1997).

———. "Relectio de temperantia," in *Francisco de Vitoria, Vorlesungen I. Völkerrecht, Politik, Kirche*, eds. Ulrich Horst, Heinz-Gerhard Justenhoven, and Joachim Stüben (Stuttgart: Kohlhammer, 1995).

CHAPTER 9

Das Notrecht in der grotianischen Naturrechtstheorie und seine spätscholastischen Quellen

Dominik Recknagel

Hugo Grotius behandelt in seinem Werk *De iure belli ac pacis*[1] eine Vielzahl beispielhafter Fälle von Notsituationen, in denen den involvierten Personen bestimmte Rechte des Handelns zugeschrieben bzw. in bestimmter Weise spezifiziert, beschränkt oder auch genommen werden. Diese Rechte, die hier unter der allgemeinen Bezeichnung der Notrechte behandelt werden sollen, bilden insoweit eine besondere Gruppe von Rechten, Erlaubnissen oder auch gewissen Einschränkungen derselben, als sie speziell für Notsituationen, mithin als Ausnahmen von der allgemeinen Gesetzgebung, besonderer Legitimierungen und Begründungen bedürfen, die hier betrachtet werden sollen. In einer Notsituation bestehen in diesem Sinne Rechte auf Handlungen, die außerhalb von solcherart Situationen gerade nicht erlaubt sind. Neben den zu betrachtenden Rechten kommt es in der Behandlung der Notrechte also auch wesentlich darauf an zu erweisen, worin die Not denn eigentlich bestehen soll.

Bei der Erörterung und Systematisierung der Notrechte kann hier nur retrospektiv eine grobe Einteilung nach modernen Begrifflichkeiten, wie etwa Notwehr, aggressivem oder defensivem Notstand usw., vorgenommen werden, da diese dem Namen nach Grotius nicht zur Verfügung standen, auch in der Unterscheidung verschiedener Notfalltypen der Sache nach von Grotius wenig beachtet werden und damit schwer auf eine Einteilung der angeführten Fallarten angewendet werden können. Auf der einen Seite stehen etwa Fälle von Notwehr und Notstand eng nebeneinander und werden gleichlautend gelöst, auf der anderen Seite werden Fälle, die wir aus heutiger Sicht etwa als

1 Hugo Grotius, *De iure belli ac pacis libri tres, in quibus ius naturae et gentium item iuris publici praecipua explicantur.* Curavit B.J.A. de Kanter-van Hettinga Tromp. Editionis anni 1939, quae Lugduni Batavorum in aedibus E.J. Brill emissa est, exemplar photomechanice iteratum, Annotationes novas addiderunt R. Feenstra et C.E. Persenaire, adiuvante E. Arps-de Wilde. Aalen: scientia, 1993; dt. Übers. im Text folgen: Hugo Grotius, *Drei Bücher vom Recht des Krieges und des Friedens 1625.* Übersetzt und eingeleitet von Walter Schätzel (Tübingen: Mohr, 1950).

 | DOI 10.1163/9789004322707_011

parallele Fälle von Notwehr bezeichnen würden, von Grotius unterschiedlich bewertet.

Betrachtet man die Fälle, die Behandlung und Systematisierung grotianischen Notrechts, dann ergibt sich ein Bild zweier rechtssystematisch scheinbar unvereinbarer Teile: Auf der einen Seite stellt Grotius ein umfassendes und beinahe großzügig zu nennendes Programm gerechtfertigter Handlungen zur Rettung des eigenen Lebens, der Ehre und der eigenen Güter in Notsituationen vor, das naturrechtlich verankert wird und umfassende Geltung beansprucht. Auf der anderen Seite hält er eine auf den ersten Blick willkürlich scheinende Reihe von Ausnahmen und Einschränkungen dieser Notrechte bereit, die offenbar der behaupteten Rechtfertigung von Nothandlungen widerstreiten. Solche Einschränkungen, die schon den Widerspruch Pufendorfs[2] herausgefordert haben, scheinen fundamental gegen den Charakter von Notrechten zu widerstreiten, sind aber, wie zu zeigen sein wird, Ausdruck des grotianischen Verständnisses dieses naturrechtlichen Regelungsbereichs. Zudem wird im grotianischen Notrecht ein gesonderter Bereich zu betrachten sein, in dem Handlungen in bestimmten Notsituationen nicht mehr – wie noch im Fall der direkten Notwehr – als gerechtfertigt, aber dennoch als entschuldigt angesehen werden.

Das grotianische Notrecht ist in der Forschung weitgehend bezüglich des Nehmens fremden Eigentums in Notsituationen näher untersucht worden.[3] Anlass dazu hat die Eigentumstheorie des Grotius im Allgemeinen sowie die Theorie der ursprünglichen Gütergemeinschaft im Besonderen gegeben. Dabei stimmen die Interpretatoren weitgehend darin überein, dass Grotius von einer im ursprünglichen Vertrag über das Privateigentum vorgesehenen

---

2 Samuel von Pufendorf, *De Jure Naturae Et Gentium Libri Octo*, Londini Scanorum, Junghans, 1672, pp. 244–47 (II,6,6). Vgl. auch John Salter, »Grotius and Pufendorf on the Right of Necessity,« *History of Political Thought* 26 (2005), 284–302, hier 295f.

3 Salter, »Grotius and Pufendorf«; Steven Buckle, *Natural Law and the Theory of Property: Grotius to Hume* (Oxford: Clarendon, 1991), pp. 45–51; Brian Tierney, *The Idea of Natural Rights: Studies on Natural Rights, Natural Law, and Church Law 1150–1625* (Atlanta, GA: Scholars Press, 1997), pp. 329–33; Richard Tuck, *Natural Rights Theories: Their Origin and Development* (Cambridge: Cambridge University Press, 1993), p. 80; Dominik Recknagel, *Einheit des Denkens trotz konfessioneller Spaltung. Parallelen zwischen den Rechtslehren von Francisco Suárez und Hugo Grotius* (Frankfurt am Main: Peter Lang, 2010), pp. 92–97. Das Selbstverteidigungsrecht wird im Rahmen grotianischer Naturrechtslehre als eine Hinsicht subjektiver Rechte zum Schutz des von Natur aus Zustehenden behandelt. Vgl. u.a. Karl Olivecrona, »Die zwei Schichten im naturrechtlichen Denken,« *Archiv für Rechts- und Sozialphilosophie* 63 (1977), 79–103; Tuck, *Natural Rights Theories*, p. 78; Tierney, *Idea of Natural Rights*, p. 328; Paul Ottenwälder, *Zur Naturrechtslehre des Hugo Grotius* (Tübingen: Mohr, 1950), p. 47.

Ausnahme für die Zeiten der Not ausgeht, sich fremde Güter zur Rettung des eigenen Lebens aneignen zu dürfen, da dies die Partner des Vertrages über das Privateigentum nicht anders haben beabsichtigen und vereinbaren können. Weniger Einigkeit dagegen herrscht darüber, ob diese ursprüngliche Gütergemeinschaft schon den Charakter des Eigentums, hier des Gemeineigentums[4], hat, oder aber vielmehr ein gemeinsames Nutzungsrecht[5] vor jeder Eigentumsregelung an den äußeren Gütern darstellt. Dennoch hat dieser Teil der grotianischen Naturrechtstheorie keine erwähnenswerte Debatte ausgelöst, vielmehr gilt diese Regelung als »Modifikation des Prinzips des Privateigentums« aufgrund früherer Vereinbarungen[6], als »nicht mehr als eine Grenze des natürlichen Umfangs des Eigentums« und damit als Ausdruck des Sprichwortes »Eigentum hat seine Grenzen«[7].

In diesem Beitrag soll anhand der Parallelen zur Notrechtsdebatte in der Scholastik und insbesondere der Schule von Salamanca der Nachweis erbracht werden, dass die Notrechtslehre des Hugo Grotius weniger einen »Einschnitt in der Geschichte der begrifflichen Bestimmung des Notstandes und des Notrechts«[8], als vielmehr eine Verarbeitung und Tradierung der Inhalte der scholastischen Diskussion sowohl hinsichtlich der grundlegenden Prinzipien

4 Wie etwa Tuck, *Natural Rights Theories*, p. 80; Manfred Brocker, *Arbeit und Eigentum. Der Paradigmenwechsel in der neuzeitlichen Eigentumstheorie* (Darmstadt: Wiss. Buchges., 1992), p. 70f.; Reinhard Brandt, *Eigentumstheorien von Grotius bis Kant* (Stuttgart: Frommann-Holzboog, 1974), p. 40.

5 Buckle, *Natural Law*, p. 36; Recknagel, *Einheit des Denkens*, p. 193.

6 So Tuck, *Natural Rights Theories*, p. 79.

7 So Buckle, *Natural Law*, p. 47.

8 Klaus Lichtblau, »Art. Notstand,« in *Historisches Wörterbuch der Philosophie*, Hrsg. v. Joachim Ritter (Basel: Schwabe, 1971–2007), Bd. 6, Sp. 940–46, Zitat Sp. 941. (Bezeichnenderweise werden in diesem Artikel weder Thomas von Aquin noch die gesamte Schule von Salamanca erwähnt.) Auch andere Beiträge zum Notrecht beschäftigen sich kaum oder gar nicht mit der Schule von Salamanca oder Hugo Grotius und lassen die Geschichte des Notrechts mit Pufendorf oder Kant beginnen. Vgl. u.a. Weyma Lübbe, »Lebensnotstand – Ende der Normativität? Untersuchung einer Grauzone im Unrecht des Tötens,« in *Tödliche Entscheidung. Allokation von Leben und Tod in Zwangslagen*, Hrsg. v. Weyma Lübbe (Paderborn: mentis, 2004), pp. 104–21; Joachim Hruschka, »Zurechnung und Notstand. Begriffsanalysen von Pufendorf bis Daries,« in *Entwicklung der Methodenlehre in Rechtswissenschaft und Philosophie vom 16. bis zum 18. Jahrhundert*, Hrsg. v. Jan Schröder (Stuttgart: Steiner, 1998), pp. 163–76, hier 163; Jean-Christophe Merle, »Notrecht und Eigentumstheorie im Naturrecht, bei Kant und bei Fichte,« *Fichte-Studien* 11 (1997), 41–61. Zumindest verweist Renzikowski auf das scholastische Erbe der *duplex-effectus*-Lehre im neuzeitlichen Notrecht. Vgl. Joachim Renzikowski, »Entschuldigung im Notstand,« *Jahrbuch für Recht und Ethik* 11 (2003), 269–285, hier 279.

des rechtmäßigen Verhaltens in Notsituationen als auch hinsichtlich der Ausnahmen und Einschränkungen dieser Notrechte darstellt, also bereits in der scholastischen Debatte von Thomas von Aquin bis in die Spätscholastik vorbereitet und konkretisiert worden ist.

1 Das scholastische Erbe

Grotius blickt auf eine reiche Tradition der Notrechtsdebatte zurück, deren Anfänge bis zu Aristoteles und der Schule der Stoa zurückreichen und die über Thomas von Aquin an die Vertreter der Schule von Salamanca weiter vermittelt wird. Unter anderem soll in der Erörterung des Notrechtserbes auch auf eines der bekanntesten Schulbeispiele dieser Debatte, das sogenannte ›Brett des Karneades‹ eingegangen werden, kommt Grotius doch selbst mit einer naturrechtlich verankerten Lösung darauf zu sprechen. Der Namensgeber, der Vertreter der akademischen Skepsis Karneades[9], ist es, den Grotius zum Anwalt derer ernennt, die das Bestehen eines Naturrechts gerade bestreiten. Gegen dessen These vom Nutzen als alleiniger Grundlage des Rechts nimmt die grotianische Erörterung und Begründung des Naturrechts überhaupt ihren Ausgang.[10]

Schon Aristoteles behandelt Fälle von Notrecht. In der Nikomachischen Ethik werden Musterfälle entworfen, die bis in die Neuzeit im notrechtlichen Zusammenhang aufgegriffen und behandelt werden. So eröffnet Aristoteles in der Unterscheidung von freiwilligen und unfreiwilligen Handlungen eine Klasse von »Handlungen gemischter Natur«, die zwar freiwillig geschehen, da »das Prinzip, das bei derartigen Handlungen die Glieder des Leibes bewegt, [...] in dem Handelnden selbst« liegt, »schlechthin aber vielleicht unfreiwillig [sind], da niemand sich für derartiges an sich entscheiden würde.«[11] Zu solcherlei Handlungen zählt Aristoteles die durch einen Tyrannen, in dessen Gewalt unsere Eltern und Kinder sind, erpresste Tat, deren Verweigerung die

9 Vgl. zur Person des Karneades, der klassischen Ausrichtung und den Varianten des Falles um das ›Brett des Karneades‹ sowie der Behandlung derselben bei Cicero und Laktanz Alexander Aichele, »Was ist und wozu taugt das Brett des Karneades? Wesen und ursprünglicher Zweck des Paradigmas der europäischen Notrechtslehre,« *Jahrbuch für Recht und Ethik* 11 (2003), 245–68.

10 Grotius, *De iure belli ac pacis*, 7 (Prol. 5). Vgl. Richard Tuck, »Grotius, Carneades and Hobbes,« *Grotiana, N.S.* 4 (1983), 43–62.

11 Aristoteles, *Nikomachische Ethik*. Nach der Übers. v. Eugen Rolfes bearb. v. Günther Bien (Hamburg: Meiner, 1995), 44f. (III,1,1110a15–19).

Tötung dieser Geiseln nach sich ziehen würde, oder auch das Überbordwerfen von Gütern zur Verhinderung des Kenterns bei einem Seesturm. »Schlechthin freiwillig«, so Aristoteles, »tut das niemand, dagegen um sich und die anderen zu retten, tut es jeder, der Vernunft besitzt.«[12]

Das grundlegende Dilemma dieser Notstandsfälle macht Aristoteles im Anschluss namhaft: die Wahl zwischen zwei Übeln »ist zuweilen schwer zu entscheiden.«[13] Und es wird klar, warum diese Fälle dennoch mehr der freiwilligen Handlung zuneigen: in der Wahl zwischen zwei Übeln und der Ausübung des einen oder anderen Übels bzw. des Tuns und Unterlassens einer schlechten Handlung bleibt der Handelnde doch frei, denn er kann die erzwungene oder erpresste Handlung unterlassen und die Konsequenzen dieser Unterlassung gewärtigen. Zudem ist die Kollision der Rechtsgüter in der Wahl zwischen Tun und Unterlassen einer Handlung offenbar brisant, da die konträre Stellung der Verhaltensoptionen ein Drittes nicht zulässt und das Nicht-Tun gleichbedeutend mit dem Unterlassen, eine umgehende Entscheidung über das Verhalten also erzwungen ist.

Eng verbunden mit dem Notrecht ist die Epikie bzw. Billigkeit[14]. In der noch vorzustellenden Debatte bis auf Grotius ist diese angesichts des wechselseitigen Heranziehens gleichlautender Beispiele und Bezeichnungen diesbezüglicher Situationen als Notsituationen schwer begrifflich vom Notrecht zu trennen. Die Billigkeit wird von Aristoteles im Zusammenhang von Recht und Gerechtigkeit behandelt. Billigkeit sei demnach:

> eine Korrektur des Gesetzes, da wo dasselbe wegen seiner allgemeinen Fassung mangelhaft bleibt. [Sie kommt dann zur Anwendung, wenn] in concreto ein Fall eintritt, der in der allgemeinen Bestimmung [des Gesetzes] nicht einbegriffen ist, so ist es [...] richtig gehandelt, das Versäumte zu verbessern, wie es auch der Gesetzgeber selbst, wenn er den Fall vor sich hätte, tun, und wenn er ihn gewußt hätte, es im Gesetz bestimmt haben würde.[15]

Eine solche Aufgabe der billigen Anwendung des Gesetzes scheint nun auch mit dem Notrecht vorzuliegen. Auch hier wird eine »Verbesserung« einer allgemeinen Gesetzesvorschrift geltend gemacht, nämlich dann, wenn die

12 Ibid., 44 (III,1,1110a5–11).

13 Ibid., 45 (III,1,1110a30–35).

14 Vgl. Karl Heinz Sladeczek, »Art. Billigkeit II,« in Ritter, *Historisches Wörterbuch der Philosophie*, Bd. 1, Sp. 939–43.

15 Aristoteles, *Nikomachische Ethik*, 126 (V,14,1137b20–24).

durch ein Gesetz verbotene Handlung mit einer anderen, ebenfalls verbotenen, kollidiert. Der Unterschied allerdings besteht darin, dass bei der billigen Anwendung des Gesetzes letztlich nicht zwei verbotene Handlungen zur Wahl stehen, sondern dass eine nach dem Wortlaut des Gesetzes verbotene Handlung unter bestimmten Umständen im Einzelfall plötzlich zur gebotenen Handlung wird.

In der scholastischen Tradition wird die *Summa Theologiae* des Thomas von Aquin zum wichtigen Bezugspunkt für die Diskussion von Notrechtsfällen. Hier finden sich einschlägige Stellen, in denen auf eine mögliche Abweichung vom Wortlaut des Gesetzes Bezug genommen wird. Im sechsten Artikel der Frage 96 der *Prima secundae* beschäftigt sich Thomas mit der Frage, ob es den Gesetzesunterworfenen erlaubt sei, gegen den Wortlaut des Gesetzes zu handeln. Thomas erwidert, dass es für den Einzelfall sehr wohl geboten sein kann, sich gegen den Wortlaut des Gesetzes zu verhalten, da nicht der Wortlaut sondern die Absicht des Gesetzes, das Gemeinwohl zu befördern, entscheidend ist. Steht also für den Einzelfall fest, dass eine Befolgung des Wortlautes offenbar dem Gemeinwohl widerspricht, dann ist ein solcher Fall gegeben, und es ist im Sinne der Absicht des Gesetzgebers, mithin zur Beförderung des Gemeinwohls, zu handeln.[16] Thomas verbindet an dieser Stelle Fälle von Notstand und Billigkeit. Das in diesem Zusammenhang von ihm angeführte Beispiel erscheint als Paradefall einer billigen Anwendung des Gesetzes: Das allgemeine Gesetz einer Stadt, die Tore im Belagerungsfall zugunsten des Gemeinwohls stets verschlossen zu halten, wird dann im Sinne des Gesetzgebers gegen den Wortlaut dieses Gesetzes angewendet, wenn Bürger, die zur Verteidigung der Stadt einen Ausfall gewagt und nunmehr von den Feinden verfolgt werden, in die Stadt zurückkehren wollen. Dann sind zur Rettung dieser Bürger, also zugunsten des Gemeinwohls, die Tore zu öffnen. Eine Entscheidung über diese billige Anwendung des Gesetzes haben in erster Linie diejenigen, die die Autorität besitzen, von den Gesetzen zu dispensieren. In einer plötzlichen Gefahr aber, in einer Notsituation, »dispensiert die Not selbst, da die Not nicht dem Gesetz unterworfen ist«[17], so dass auch der Untertan, in diesem Fall der Torwächter, der die Entscheidung der Obrigkeit nicht abwarten kann, die Tore öffnen darf.

16 Thomas von Aquin, *Summa Theologiae*, in Ders., *S. Thomae Aquinatis Opera Omnia*, Curante Roberto Busa S.I. (Stuttgart-Bad Cannstatt: Frommann-Holzboog, 1980), Bd. 2:184–926, 483 (I–II q. 96 a. 6, resp).

17 Ibid., » [...] ipsa necessitas dispensationem habet annexam, quia necessitas non subditur legi.«

Die enge Verbindung von Billigkeit und Notrecht ist deutlich und wird auch von den Kommentatoren der *Summa Theologiae* nicht übersehen.[18] Dennoch scheint hier eine Trennlinie vorzuliegen, die sich an dem Übel ausrichtet, das vermieden werden soll. Im Falle der billigen Anwendung des Gesetzes ist das Übel, das aus dieser Anwendung folgt, die Missachtung des Wortlautes des Gesetzes im Einzelfall, das sich schließlich bei der Beurteilung der Auswirkungen gar nicht als Übel sondern für das Gemeinwohl als nützlich und gut erweist. Insoweit liegen damit auch keine zwei Übel vor, zwischen denen man notwendig wählen müsste. Mithin liegt auch keine Not in der billigen Anwendung des Gesetzes vor, da feststeht, dass der Intention des Gesetzgebers der Vorrang vor dem Wortlaut des Gesetzes zu geben ist. Die Not im Fall der Stadttore besteht also nicht in der Wahl zwischen dem Öffnen oder dem Verschlossenhalten – denn das Öffnen der Tore ist in diesem Einzelfall nach vernünftiger Einsicht geboten und vom Gesetzgeber im Sinne des Gemeinwohls intendiert – sondern in der unmittelbar geforderten Handlung des Toreöffnens, die keinen Umweg über die Legitimierung durch den Gesetzgeber erlaubt. Unter diesem Betrachtungswinkel sind auch die weiteren Notrechtsfälle in der *Secunda secundae* der *Summa Theologiae* zu bewerten.

In der Frage 66 über den Diebstahl beschäftigt sich Thomas u.a. mit der Frage, ob es in Fällen der Not erlaubt ist zu stehlen.[19] Für diesen klassischen Fall des Mundraubs hält Thomas zwei Lösungen parat, die in den folgenden Debatten mit unterschiedlicher Gewichtung aufgegriffen werden. Zum einen unterstellt er unter Verweis auf Ambrosius und die Dekretisten[20] dem Eigentümer des

---

18 Vgl. Thomas de Vio Cajetan, *Pars Operum Sancti Thomae Aquinatis Operum, seu Summae Theologiae Divi Thomae Aquinatis, Doctoris Angelici Pars Prima [– tertia], Reverendiss. Thomae a Vio, tit. sancti Xisti, presbyteri Cardinalis Caietani Commentariis lustrata*, Lugduni, Giunta, 1554, t. (2,1), 136 (ST I–II 96,6): »Si de manifestis, contradicit dictis ex secunda secundae, quod in manifestis extra casum necessitatis non est opus interpretatione, sed virtus epiichiae sufficit.«; Francisco de Vitoria, *De lege / Über das Gesetz*, Hrsg., eingel. und ins Deutsche übers. v. Joachim Stüben. Mit einer Einleitung v. Norbert Brieskorn (Stuttgart-Bad Cannstatt: Frommann-Holzboog, 2010), p. 66 (96,6); Francisco Suárez, *Commentaria ac Disputationes in Primam Secundae D. Thomae, De legibus seu legislatore Deo. Tractatus de legibus, utriusque fori hominibus utilis, in decem libros dividitur*, in Ders., *R. P. Francisci Suarez e Societate Jesu Opera Omnia. Editio nova*, ed. C. Berton (Paris, 1856–78), vol. V, 154–56 (II,16,6–9) und vol. VI, 30 (VI,7,2).

19 Thomas von Aquin, *Summa Theologiae*, 613f. (II–II, q. 66, a. 7).

20 Vgl. Tierney, *Idea of Natural Rights*, pp. 70–76. Tierney verfolgt die Tradition des Notrechts von Ambrosius über Huguccio, Thomas von Aquin, William von Ockham und Jean Gerson bis zur Schule von Salamanca.

benötigten Gutes die Verpflichtung, dieses dem Notleidenden zu überlassen, weil überzähliges Eigentum nach dem Naturrecht zu dem Zweck bestehe, es den Bedürftigen zu geben.[21] Zum anderen erkennt er die Rechtmäßigkeit dessen an, der sich in einer schweren und unmittelbaren Notlage befindet, seine Not durch die offene oder heimliche Aneignung fremden Eigentums zu lindern, da dies im strikten Sinne kein Diebstahl oder Raub sei.[22] Und dies folgt nach Thomas aus der Begründung, dass das, was der Notleidende sich in extremer Not zur Rettung seines Lebens nimmt, aufgrund der Not zu seinem Eigentum wird.[23] Ein bemerkenswertes Ergebnis dieser Argumentation besteht natürlich darin, dass der Diebstahl als solcher weiterhin als unerlaubte Handlung deklariert bleiben kann, insofern man den Mundraub eben begrifflich ausnimmt, ein anderes aber darin, dass die Not die Verteilung und Zuordnung des Privateigentums beeinflussen und aufheben kann – eine These, die in der Folge Anlass zu vielerlei Debatten gibt.

Einen weiteren klassischen Notrechtsfall verhandelt Thomas in der Frage 120 bezüglich der Epikie: Hier nennt er den berühmten Fall des geliehenen Schwertes, das nach allgemeiner Aussage des Gesetzes, Geliehenes sei zurück zu erstatten, dem Eigentümer auszuhändigen ist. Diese allgemeine Vorschrift stößt allerdings dann an eine Grenze, wenn der Eigentümer inzwischen »der Raserei verfallen« ist oder damit droht, das Schwert zur Bekämpfung des Vaterlandes zu verwenden. Dann bestimme die Epikie oder Billigkeit, das Schwert nicht zurück zu geben, da die allgemeine Absicht des Gesetzes, das Gemeinwohl zu befördern, in diesem Einzelfall dem Wortlaut des Gesetzes widerstreitet, in der Anwendung des Gesetzes die Absicht dem Wortlaut aber vorzuziehen sei.[24]

Wie im Fall der Öffnung der Stadttore während einer Belagerung wird auch hier zugunsten des Gemeinwohls vom Wortlaut des Gesetzes billig abgesehen. Auch hier besteht die Not nicht in der Entscheidung zwischen Rückgabe oder Verweigerung derselben, die zugunsten des Gemeinwohls klar entschieden werden kann, sondern in der Drohung des Schwerteigentümers, Unheil anzurichten. Ein ähnlich verhandelter und gleichfalls in den Kommentaren immer wieder herangezogener Fall ist der der Nichteinhaltung des Fastengebots,

---

21 Thomas von Aquin, *Summa Theologiae*, 614 (II–II, q. 66, a. 7, resp).

22 Ibid.

23 Ibid., 614 (II–II, q. 66, a. 7, ad 2).

24 Ibid., 676 (II–II, q. 120, a. 1, resp). Vgl. hierzu und zur Wandelbarkeit des Rechts bei Suárez Robert Schnepf, »Francisco Suárez über die Veränderbarkeit von Gesetzen durch Interpretation,« in *Die Ordnung der Praxis. Neue Studien zur Spanischen Spätscholastik*, Hrsg. v. Frank Grunert und Kurt Seelmann (Tübingen: Niemeyer, 2001), pp. 75–108.

demzufolge die Nichteinhaltung nicht in jedem Fall sündhaft, sondern, wenn aus vernünftiger Ursache geschehen oder vom Gesetzgeber gutgeheißen, erlaubt ist.[25]

Anders dagegen entscheidet Thomas die Fälle von Notwehr gegen einen Angriff auf Leib und Leben. Hier überwiegt die Absicht, die Wirkung zu erzielen, das eigene Leben zu retten, der zweiten Wirkung der Handlung, den Angreifer zu töten, da der Mensch mehr gehalten ist, »für sein eigenes Leben Vorsorge zu treffen als für ein fremdes Leben.«[26] Die Rechtmäßigkeit der Notwehr ist also nach Thomas keineswegs Ergebnis einer billigen, dem Wortlaut widersprechenden Anwendung des Gesetzes des Tötungsverbots, sondern folgt im Sinne der *duplex-effectus*-Lehre aus der vorrangigen Rechtmäßigkeit der Selbstverteidigung gegenüber der nur als Nebenwirkung unbeabsichtigten Tötung eines Menschen.

Auch der Notstandsfall des Überbordwerfens von Waren zur Rettung des Schiffes und seiner Mannschaft bei Seesturm, den Thomas wie Aristoteles bezüglich der Unterscheidung freiwilliger und unfreiwilliger Handlungen und einer in diesem Fall vorliegenden Mischung von Gewolltem und Ungewolltem in einer Handlung einführt[27], wird im Sinne der *duplex-effectus*-Lehre behandelt. Denn die als Nebenwirkung unbeabsichtigte und ungewollte Vernichtung von Waren tritt zurück hinter die vorrangige Wirkung der Rettung der Mannschaft aus Lebensgefahr, auf die der Wille gerichtet ist.

2 Die Schule von Salamanca

Aus den beschriebenen Varianten des Notrechts und der Billigkeit entfaltet sich in der Schule von Salamanca eine vielschichtige Debatte, zu deren Darstellung hier in erster Linie die Notrechtserörterungen des Francisco de Vitoria, ergänzt um signifikante Bereicherungen der jeweiligen Fallkonstruktionen durch weitere Vertreter dieser Schule, herangezogen werden sollen. Schließlich wird zu zeigen sein, dass die Ergebnisse dieser Debatte auch bei Grotius zur Anwendung kommen und dessen Notrechtstheorie entscheidend beeinflussen.

25 Thomas von Aquin, *Summa Theologiae*, 702 (II–II, q. 147, a. 3, ad 2).

26 Ibid., 611 (I–II q. 64 a. 7, resp): » […] quia plus tenetur homo vitae suae providere quam vitae alienae.«

27 Ibid., 366 (I–II q. 6, a. 6, resp). Vgl. Pascal Gläser, *Zurechnung bei Thomas von Aquin. Eine historisch-systematische Untersuchung mit Bezug auf das aktuelle deutsche Strafrecht* (Freiburg: Alber, 2005), pp. 65f., 142f.

2.1 *Die Selbstverteidigung*

Francisco de Vitoria, der erste große Vertreter der spanischen Scholastik, nimmt in seinen Vorlesungen und Summenkommentaren unter anderem Bezug auf die thomasischen Vorgaben. In der Argumentation für den Fall der Tötung eines Menschen zu Zwecken der Selbstverteidigung folgt Vitoria weitgehend der *duplex-effectus*-Lehre, die bei Thomas den Nebeneffekt der Tötung eines Menschen dem eigentlichen Zweck der Selbstrettung unterordnete. Die Tötung zur Selbstverteidigung ist nicht, so Vitoria, eine Ausnahme [*exceptum*] vom Tötungsverbot und aus diesem Grunde erlaubt, und auch nicht als solche gut [*per se bonum*] zu nennen.[28] Auch kann nicht anhand der Unterscheidung zwischen der Tötung Schuldiger bzw. Unschuldiger oder der Tötung aus öffentlicher bzw. privater Befugnis die Grenze zwischen erlaubter und verbotener Tötung festgelegt werden.[29] Vielmehr bemüht Vitoria in einer bemerkenswerten Variation die von Aristoteles bekannte Einteilung freiwilliger, unfreiwilliger und »gemischter« Handlungen, verwendet also dessen Argumentationsmuster des Handelns in Notstandsfällen für den Bereich der Notwehr, indem er die Absicht [intentio] des Handelnden zugrundelegt: »Sechstens sage ich, daß ein Mensch auf zweifache Weise getötet werden kann. Einmal absichtlich und mit sicherem Vorsatz, z.B. im Falle des Richters, der beabsichtigt, einen Übeltäter seines Lebens zu berauben; zum anderen unabsichtlich.«[30] Da es nun »einer Privatperson immer verboten ist, absichtlich einen Menschen umzubringen«[31], ordnet Vitoria die Fälle des Tötens in Notwehr folgerichtig den unabsichtlichen Handlungen zu, die in einer bestimmten Situation der Not, dennoch aber nicht unfreiwillig geschehen.[32] Damit folgt er in der Begründung der Notwehr der aristotelischen und auch thomasischen Begründung des Handelns in Notstandssituationen, wie etwa das schon angeführte Überbordwerfen von Waren in Seenot. Dort wurden Handlungen, die man ›sonst‹ unterlassen würde, zum Zweck der Lebenserhaltung erlaubt und deren ungewollte Ergebnisse als Nebeneffekte bezeichnet.

---

28 Alcorta, J. Ignacio. *La teoría de los modos en Suárez* (Madrid: Consejo Superior de Investigaciones Científicas, 1949).
Burns, James P. (11).

29 Ibid., 470–73 (11).

30 Ibid., 474f. (17): »Sexto dico, quod dupliciter potest occidi homo: uno modo ex intentione et certo proposito, ut iudex intendit privare vita malefactorum, alio modo praeter intentionem.« Vgl. Heinz-Gerhard Justenhoven, *Francisco de Vitoria zu Krieg und Frieden* (Köln: Bachem, 1991), pp. 133–40.

31 Vitoria, *De homicidio*, 474f. (20): »[...] ex intentione occidere hominem semper est prohibitum homini privato.«

32 Ibid., 474f. (17).

Auf eine klassische Fallkonstruktion des Notrechts, das ›Brett des Karneades‹, kommt Vitoria mit Bezug auf die Berechtigung zur Selbsttötung zu sprechen und führt damit ein bemerkenswertes Gegenbeispiel zu dem soeben eröffneten Recht auf Selbstverteidigung in der Not an. Schon bei Cicero findet sich dieser Paradefall – hier aber noch nicht unter dem Namen des akademischen Skeptikers Karneades, sondern unter Berufung auf den Stoiker Hekaton:[33]

> ›Wenn ein Tor bei einem Schiffbruch eine Planke erwischt, wird sie ihm dann der Weise entwinden, wenn er kann?‹ Er sagt ›Nein‹, weil es ungerecht sei. [...] Wie? Wenn nur eine Planke da ist, aber zwei Schiffbrüchige – und die weise, reißt sie dann jeder an sich, oder verzichtet der eine für den anderen? Es verzichte einer, aber für den, für den es zu leben seinetwegen oder um des Gemeinwesens willen wichtiger ist.[34]

Und später findet sich dieser, immer wieder als Musterbeispiel des *ius necessarium* zitierte Fall, nunmehr unter namentlichem Bezug auf Karneades, bei Laktanz, in den *Institutiones divinae*.[35] Darauf nun nimmt Vitoria Bezug, wenn auch in einer Abwandlung der Ausgangslage:

> Wenn ein Sklave mit seinem König Schiffbruch erlitten hätte und sich mit diesem König auf einer Planke oder einem Nachen befände, der nur einen der beiden tragen könnte, dürfte der Sklave ohne Hoffnung auf Rettung ins Meer springen, um den König vor dem Tode zu bewahren.[36]

Damit bestätigt Vitoria das Argument Ciceros, dass zugunsten des dem Gemeinwesen Nützlicheren, also in diesem Fall des Königs, auf das Leben verzichtet

33 Vgl. Aichele, »Brett des Karneades,« p. 248.

34 M. Tullius Cicero, *De officiis. Vom pflichtgemäßen Handeln, Lateinisch/Deutsch*, Übers., komm. und hrsg. v. Heinz Gunermann (Stuttgart: Reclam, 1976), 296f. (III,23,89f.): »›Si tabulam de naufragio stultus arripuerit, extorquebitne eam sapiens, si potuerit?‹ Negat, quia sit iniurium. [...] Quid? si una tabula sit, duo naufragi, eique sapientes, sibine uterque rapiat an alter cedat alteri? Cedat vero, sed ei, cuius magis intersit vel sua vel rei publicae causa vivere.«

35 Laktanz, *Institutiones divines*, Introd., texte crit., trad. et notes par Pierre Monat (Paris: Éd. du Cerf, 1973–2007), Livre 5, t. 1 [2000], 208–23 (V,16f.).

36 Vitoria, *De homicidio*, 478f. (22): »Si servus esset cum rege in naufragio et essent in tabula vel navicula, quae utrumque non posset sustinere, licet servo desilire in mare sine spe evadendi, ut regem servet a morte.«

werden sollte, erweitert dieses aber im Sinne christlicher Nächstenliebe.[37] Während Vitoria den Verzicht auf das eigene Leben zugunsten des Lebens eines anderen als lobenswert bezeichnet und mit der Nächstenliebe begründet, für den es aber keine Verpflichtung aus dem Gesetz geben könne,[38] wird es Lessius sein, der – diesen Fall in einem anderen Zusammenhang, nämlich des Nehmens fremder Güter in Notsituationen, behandelnd – dem lobenswerten Verzicht aus Nächstenliebe eine rechtliche Verpflichtung auf diesen Verzicht hinzufügt.

Thomas de Vio Cajetan, ein Zeitgenosse Vitorias und Herausgeber des ersten vollständigen Kommentars zur *Summa Theologiae* des Thomas von Aquin[39], bestätigt die Berechtigung zur Tötung des Angreifers als Nebeneffekt der intendierten Selbstverteidigung im Sinne der *duplex-effectus*-Lehre[40], erweitert diese jedoch mit derselben Begründung auf die Tötung eines Unschuldigen in der Not, sofern sie als Nebeneffekt [*per accidens*] erfolgt[41].

Ebenso entwickelt Domingo de Soto, Schüler und Nachfolger Vitorias auf dem Salamanceser Lehrstuhl, aus dem Grundsatz, dass Gewalt mit Gewalt zu widerstehen immer und nach jedem Recht erlaubt sei, ein Recht auf Selbstverteidigung und damit auch auf das Mittel der Tötung des Angreifers, sofern eine Verteidigung auf andere Weise nicht möglich ist. In Ausübung dieses Rechtes könne niemandem Unrecht zugefügt werden.[42] Hierbei sei jedoch zu prüfen, um nicht doch, wie Soto hinzufügt, schuldhaft zu handeln

---

37 Vitoria, *De homicidio*, 490f. (27). Auch hier zeigt sich, wie für die Erforschung des Notrechts allgemein üblich, die weitgehende Ausblendung der langen Tradition der Behandlung des ›Brettes des Karneades‹ durch die Schule von Salamanca. Vgl. etwa Wilfried Küper, »›Es kann keine Not geben, welche, was unrecht ist, gesetzmäßig machte.‹ – Immanuel Kants Kritik des Notrechts,« in *Festschrift für Ernst Amadeus Wolff zum 70. Geburtstag am 01.10.1998*, Hrsg. v. Rainer Zaczyk et al. (Berlin: Springer, 1998), pp. 285–305, hier 297f.: »Dieser Schiffbrüchigen-Fall – wohl zuerst von Grotius, später von Pufendorf bei Laktanz wiederentdeckt – geht nach Laktanz auf den griechischen Skeptiker Karneades zurück […]«.

38 So auch Suárez, *De legibus*, 188 (III,30,10).

39 Vgl. Karl Deuringer, *Probleme der Caritas in der Schule von Salamanca* (Freiburg im Breisgau: Herder, 1959), p. 12.

40 Thomas de Vio Cajetan, *Secunda secundae Partis Summae Sacrosanctae Theologiae Sancti Thomae Aquinatis, Doctoris Angelici.* Reverendiss. Domini Thomae A' Vio, Caietani, tituli sancti Xisti, Presbyteri Cardinalis Commentariis illustrate, Lugdunum, Hugonem a Porta, 1558, 241 (q. 67, a. 2).

41 Ibid.

42 Domingo de Soto, *De iustitia et iure libri decem*, Lugdunum, Gulielmum Rovillium, 1559, 298f. (V,1,8). Soto setzt wie Cajetan das Mittel der Tötung des Angreifers mit der vom Arzt zur Wiederherstellung der Gesundheit verabreichten Medizin gleich.

[*inculpatae tutelae*], »ob man sich nicht auf eine andere Weise, als den Tod zuzufügen, verteidigen kann, wie etwa durch die Flucht, das Erbitten des Friedens oder die leichte Verletzung des Feindes, bevor man ihn durchbohrt.«[43] Bei einer bestimmten Gruppe von Angreifern ist man zudem verpflichtet, wie Soto glaubt, »eher den Tod zu erdulden, als den Angreifer zu töten, auch wenn der Angriff ungerecht wäre. Und dies ist dann der Fall, wenn der Angreifer ein König, ein Herzog oder eine andere Person wäre, die besonders notwendig für das Gemeinwesen ist.«[44] In dieser Verpflichtung zeigt sich deutlich das Erbe der thomasischen notwendigen Gesetzesausrichtung auf das Gemeinwohl, zu dessen Pflege das Gesetz überhaupt besteht.

Dies bekräftigt auch der Jesuitenpater Leonardus Lessius, Schüler von Francisco Suárez in Rom und »Vermittler der Gedanken der spanischen Spätscholastiker an Grotius«[45], indem er ausführt, dass aus dem Tod einer solchen Person »großer Schaden für das Gemeinwesen folgen würde, wie etwa ein Bürgerkrieg um die Nachfolge.«[46] Lessius fordert zudem für die Rechtmäßigkeit der Verteidigung das Vorliegen einer gegenwärtigen Gefahr, da man sich entfernteren Gefahren auch auf andere Weise entziehen könne[47], und erweitert das Recht der Selbstverteidigung, indem er es von der Rettung des Lebens auf die Bewahrung der Unversehrtheit der Glieder ausweitet.[48]

Weiterhin dehnt Soto das Recht zur Tötung des Angreifers bzw. Räubers auf den Schutz der eigenen Güter aus[49], welches dann gelte, wenn der Raub auf andere Weise nicht zu verhindern ist, »weil meine Güter das Mittel

43 Ibid., 299 (V,1,8): »[…] an possit aliter quam per illatam mortem se defendere: nempe vel fugiendo, vel pacem deprecando, vel leviter hostem caedendo, antequam ei liceat illum transfigere.«

44 Ibid., 300 (V,1,8): »Est enim unus quo invasus teneretur, ut reor, potius mortem perpeti quam invasorem interficere, etiam ubi aggressio iniuriosa esset. Et enim si aggressor esset rex, vel dux, vel alia persona quae valde esset reipublicae necessaria.«

45 Robert Feenstra, »Der Eigentumsbegriff bei Hugo Grotius im Licht einiger mittelalterlicher und spätscholastischer Quellen,« in *Festschrift für Franz Wieacker zum 70. Geburtstag*, Hrsg. v. Okko Behrends et al. (Göttingen: Vandenhoeck & Ruprecht, 1978), pp. 209–34, hier 223f.

46 Leonardus Lessius, *De iustitia et iure caeterisque virtutibus cardinalibus libri sex*, Lovanii, Ioannis Masii, 1605, 84 (II,9, dub. 8): »[…] si invasor sit Princeps vel persona admodum utilis Reipub. ego vero parum utilis, teneri me perpeti mortem […] quo ex interitu alterius, sequeretur magnum Reipub. damnum; ut, bella civilia ob successionem […]«.

47 Ibid.

48 Ibid.

49 Soto, *De iustitia et iure*, 300 (V,1,8).

sind, das Leben, den Rang und die Ehre zu erhalten.«[50] Dabei erlaubt Soto die Abwehr der Gewalt des Räubers und die Tötung desselben nicht nur unmittelbar während der Tat, sondern auch dann noch, wenn sich der Räuber mit dem Diebesgut bereits auf der Flucht befindet. Dann dürfe dieser mit einem Wurfgeschoss niedergestreckt werden, um die geraubten Güter zurück zu erlangen.[51] Dies gelte aber unter der Bedingung, »dass die Güter einen gewissen Wert besitzen, denn es wäre ein Vergehen, für geringe Güter, die etwa einen Wert von zwei oder drei Dukaten besitzen, das Leben der Gefahr auszusetzen und einen anderen zu töten.«[52] Nach der Flucht allerdings ist es dem Beraubten nicht erlaubt, Gewalt anzuwenden, sondern er ist dann verpflichtet, den Richter anzugehen.[53]

Damit ergibt sich bezüglich des Tötens zur Selbstverteidigung in der Schule von Salamanca ein aus der *duplex-effectus*-Lehre des Thomas von Aquin entwickelter umfassender Katalog der Berechtigung zu Verteidigungshandlungen in Notsituationen. Zum einen nimmt dieser hinsichtlich der die gewaltsame Selbstverteidigung legitimierenden ›schützenswerten Güter‹ neben dem bloßen Leben nunmehr auch die Körperglieder und Güter auf und erlaubt die Tötung Unschuldiger. Zum anderen führt er Beschränkungen ein, indem das Vorliegen einer gegenwärtigen Gefahr gefordert wird, weiterhin der Angegriffene darauf verpflichtet wird, zuerst zu versuchen, sich anderweitig aus seiner Notlage zu befreien, und schließlich dem Angegriffenen gegenüber einer bestimmten Gruppe von Angreifern, nämlich jener, die große Bedeutung für das Gemeinwohl besitzt, das Recht der Verteidigung gerade entzogen wird.

2.2 *Das Nehmen fremden Gutes in der Not*

Beide Begründungsstrategien Thomas von Aquins nachvollziehend beschäftigt sich Vitoria mit der Frage des Nehmens fremden Gutes in Notsituationen. Auch er behandelt zum einen die Pflicht des Reichen, dem Notleidenden zu geben, und zum anderen das Recht des Notleidenden, das Nötige an sich zu nehmen. Von der Seite der Verpflichtung des Gebenden her nähert sich Vitoria dem Thema Mundraub in seinem Kommentar zur Frage 32 der *Secunda*

50 Ibid.: »Et ratio est quod bona mea, media sunt ad vitae sustentationem, & status, atque honoris.«

51 Ibid., 301 (V,1,8).

52 Ibid.: »[...] sic intelligimus si bona aliquanti sint pretij. Nam pro re vili, nempe pro valore duorum triumve ducatorum, ut vitam periculo exponere delictum esset, sic & alium interficere.«

53 Ibid.

secundae, die dem Almosengeben gewidmet ist.[54] Hier erkennt Vitoria nach dem Vorbild Cajetans[55] eine Verpflichtung des Reichen, dem in äußerster Not befindlichen Armen von seinen Gütern abzugeben. Diese Verpflichtung sei in solcher Weise bindend, dass der Reiche, sofern er die geforderte Hilfe versage, für den Schaden restitutionspflichtig würde.[56] Soto[57] erweitert diese Verpflichtung dahingehend, dass der Reiche, sobald er einen Überfluss an lebens- und standesnotwendigen Gütern besitzt, auch außerhalb äußerster Not zu einem Almosen verpflichtet ist. Weiter ist nach Soto der Reiche verpflichtet, in Fällen äußerster Not auch von seinen standesnotwendigen Gütern zu geben. Schließlich ist er verpflichtet, selbst von seinen lebensnotwendigen Gütern zu geben, wenn »das Leben einer für das Gemeinwohl bedeutsamen Persönlichkeit erhalten werden kann. In diesem Fall muß der Private ›sein leibliches Leben dem leiblichen Wohl der ganzen Gemeinschaft hintansetzen‹.«[58] In dieser Pflicht zeigt sich eine erstaunliche Parallelität zur Ausnahme vom Recht zur Selbstverteidigung gegenüber höhergestellten Persönlichkeiten, wie sie etwa bei Cajetan und Lessius gegeben ist.

Bezüglich der Berechtigung der Nehmenden bestätigt Vitoria den von Thomas aufgestellten Grundsatz, dass im Falle der Not alle Güter gemein seien, der Bedürftige daher rechtmäßig das zur Linderung der Not Benötigte nehmen könne.[59] Mit deutlicher Betonung der ursprünglichen Gütergemeinschaft, die in Zeiten der äußersten Not widerauflebe, habe der Bedürftige nunmehr ein Recht auf das Benötigte und der Reiche beginge ein Unrecht, wenn er dieses verweigern würde. Aus demselben Grund lehnt Vitoria es ab, dem Notleidenden die Pflicht zur Restitution des Genommenen, sobald er in eine glücklichere Lage zurückgekehrt ist, aufzuerlegen.[60] Dieser rechtliche Status

54 Francisco de Vitoria, *Comentarios a la Secunda secundae de Santo Tomas*, ed. Vicente Beltran de Heredia, O.P. t. 2: De caritate et prudentia (qq. 23–56) (Salamanca: Spartado, 1932), 178 (q. 32, a. 5, 5). Vgl. hierzu Deuringer, *Probleme der Caritas*, p. 32. Eine grundsätzliche Einteilung von Notsituationen nimmt Vitoria in ›innere‹ und ›äußere‹ Bedrohungen vor. Erstere sind z.B. Fälle von großem Hunger oder schwerer Krankheit, zweitere hingegen z.B. eine Erpressung durch Geiselnahme.

55 Ibid., 13–15.

56 Vitoria, *Comentarios 2*, 182 (q. 32, a. 5, 10). Vgl. Deuringer, *Probleme der Caritas*, p. 35.

57 Domingo de Soto, *Commentarium in II. II. q. 32 De eleemosyna* (*anno 1539–40*), in Deuringer, *Probleme der Caritas*, pp. 143–58, hier 146 (18), 149 (34), 154 (50).

58 Deuringer, *Probleme der Caritas*, p. 49f. (Zitat 50).

59 Francisco de Vitoria, *Comentarios a la Secunda secundae de Santo Tomas*, ed. Vicente Beltran de Heredia, O.P. t. 3: De justitia (qq. 57–66) (Salamanca: Spartado, 1934), p. 340 (q. 66, a. 7, 2).

60 Ibid., 341 (q. 66, a. 7, 3).

der benötigten Güter führt Vitoria nun zu einer radikalen Konsequenz: »Jene, die in höchster Not sind, können erlaubtermaßen von den Reichen nehmen und diese töten, wenn sie nicht geben wollen, weil sie ein Recht darauf haben in solcher Not.«[61]

Wenn Vitoria mit der konkreten Erlaubnis zur Tötung der unwilligen Reichen auch allein bleibt, ist doch der Grundsatz des Gemeineigentums in der Not in der Schule von Salamanca allgemein anerkannt. Auch Soto nimmt auf diesen Grundsatz Bezug, nennt aber für das Recht, in extremer Not fremde Güter an sich zu nehmen, noch einen anderen Grund: »weil es ein dem Menschen angeborenes Recht ist, sich zu retten«[62], und begründet damit das Recht des Nehmens fremder Güter in der gleichen Weise wie das der Selbstverteidigung. Lessius bestätigt beide Begründungsweisen, indem er zudem das Recht der Rettung des eigenen Lebens für die Fälle des Nehmens in der Not aus dem Grundsatz des Gemeineigentums in solcher Not herleitet.[63] Dabei macht Lessius zwei wichtige Einschränkungen: Im Gegensatz zu Vitoria geht Lessius davon aus, dass eine Verpflichtung zur Entschädigung bzw. Rückgabe des genommenen Gutes bestehe, nämlich dann, wenn die Rückgabe nach der Zeit der Not bequem möglich sei, zumal, wenn das Genommene einen hohen Wert besitze.[64] Der Grund für diese Verpflichtung bestehe darin, dass in den Zeiten der Not nicht das Eigentumsrecht [*dominium rei alienae*] sondern nur das Nutzungsrecht [*ius utendi*] übertragen würde, da dieses ausreiche, um der Gefahr zu entkommen, und dem anderen so wenig Schaden wie möglich zufügen würde. Damit verbunden sei die Pflicht zur Wiedergutmachung, sobald sich die Verhältnisse gebessert haben.[65] Zudem ist das Recht zum Nehmen fremder Güter nach Lessius dann suspendiert, wenn sich der derzeitige Besitzer in einer

---

61 Francisco de Vitoria, *Comentarios a la Secunda secundae de Santo Tomas*, ed. Vicente Beltran de Heredia, O.P. t. 5: De justitia et fortitudine (qq. 89–140) (Salamanca: Spartado, 1935), 264f. (q. 118, a. 4, 3): »Quia illi qui sunt in extrema necessitate possunt licite capere a divitibus et eos interficere si nollent dare, quia habent jus ad illa in tali necessitate.« Dies scheint eine von Vitoria originär in die Debatte eingeführte Berechtigung der Bedürftigen zu sein und nicht, wie Tierney (Tierney, *Idea of Natural Rights*, p. 301) vermutet, ein Argument von Cajetan. Cajetan allerdings hatte die Befugnis des Fürsten betont, in Zeiten äußerster Not die zurückgehaltenen Güter der Reichen einzuziehen, um diese an die Notleidenden zu verteilen. Vgl. Cajetan, *Secunda secundae*, 408f. (super q. 118, a. 3 & 4). Vgl. hierzu Deuringer, *Probleme der Caritas*, p. 20f.

62 Soto, *De iustitia et iure*, 319 (V,3,4): »[...] quoniam tam innatum est homini ius servandi sese [...]«.

63 Lessius, *De iustitia et iure*, 132 (II,12, dub. 12, 67).

64 Ibid., 170 (II,16, dub. 1, 8).

65 Ibid.

gleichen Notlage befindet. Denn dann gelte der Grundsatz, dass die rechtliche Position des Besitzers die bessere sei.[66] Lessius fügt die schon genannten Beispiele von Notsituationen an, die nun im Sinne des Besitzer-Grundsatzes aufgelöst werden. In einer Notsituation ist man als derzeitiger Besitzer des rettenden Gutes selbst gegenüber dem rechtlichen Eigentümer nicht verpflichtet, »das Brot in der Ödnis, das Brett bei einem Schiffbruch oder das Pferd auf der Flucht«[67] zurückzugeben, da in einer solchen Situation alle Dinge unter das Gemeineigentum fallen und damit die Macht des Eigentümers aufhöre.[68]

Damit stellt Lessius die bei Laktanz angeführten Beispiele der Not, die dort im Sinne der christlichen Nächstenliebe mit der Handlungsanweisung versehen wurden, das Brett, das bei einem Schiffbruch nur einen trägt, und das Pferd, das nur einem zur Flucht verhelfen kann, nicht an sich zu nehmen, in den Kontext der Eigentumsdebatte, und gewinnt so aus den beiden Grundsätzen, dass in höchster Not alle Dinge unter das Gemeineigentum fallen und dass sich bei gleicher Not der gegenwärtige Besitzer des rettenden Gutes in der besseren Position befindet, die rechtliche Grundlage für solcherart Notfälle. Der Besitzer hat das Recht, das rettende Gut zu behalten, solange die Not andauert, weil er es unter den Bedingungen des Gemeineigentums als erster okkupierte, der in gleicher Not Befindliche darf es ihm nicht nehmen.[69]

2.3 *Die Billigkeit*

Auch die Grundsätze der Billigkeit kehren in der Notrechtsdebatte der Spätscholastik wieder, erfahren aber einige Modifizierungen. Die von Thomas als Musterfall der Billigkeit eingeführte Entbindung vom Fastengebot wird auch hier bearbeitet. In einer recht dunklen Stellungnahme bestreitet indes Vitoria die billige Entbindung vom Fastengebot für den Fall der Ermangelung der Fastenspeise während einer Belagerung.[70] Der von ihm hier zitierte Notfall[71] reicht nur dazu hin, die üblicherweise vom Gesetzgeber geforderte Entscheidung zur Entbindung für einen Einzelfall in die Verantwortung des Betroffenen zu geben, da die Not nach Vitoria darin besteht, die Entbindung durch den Gesetzgeber nicht abwarten oder rechtzeitig erhalten zu können.

66 Ibid., 132 (II,12, dub. 12, 70).

67 Ibid., 171 (II,16, dub. 1, 13): »[...] panem in solitudine, vel tuam sarcinam aut tabulam in naufragio, vel equum in fuga, non teneor tibi tunc restituere, etiamsi simul in extremum periculum inciderimus [...]«.

68 Ibid.

69 Ibid., 171 (II,16, dub. 1, 20).

70 Vitoria, *De lege*, 66 (q. 96, a. 6).

71 Ibid.

Dennoch aber lehnt Vitoria überraschend die Entbindung selbst ab: »Wenn wir von Feinden belagert wären und zu wenig Fastenspeise hätten, dürfte man dann [...] Fleisch essen? Ich sage: in keiner Weise. Und das ist offenkundig.«[72]

Eine Begründung dieser Verweigerung der billigen Entbindung von einer Vorschrift des göttlichen wie auch des menschlichen Rechts liefert Vitoria in seiner Vorlesung über die Macht des Papstes und der Konzilien mit dem Dammbruchargument: »Denn wenn einmal die Möglichkeit zur Entbindung gegeben und der menschlichen Willkür überlassen ist [...], werden die Entbindungen zahlenmäßig zunehmen und eine große Gefahr nicht nur für das menschliche, sondern auch für das göttliche Recht mit sich bringen.«[73] Daher entbinde Gott nicht und habe auch der Kirche keine Entbindungsbefugnis übertragen, da, »wenn erst einmal die Befugnis zu entbinden erteilt wäre, ein viel größerer Schaden als Nutzen aus einer solchen Entbindung folgen würde, auch wenn diese ansonsten vernünftig wäre.«[74]

Vitoria führt diesen Gedanken konsequent weiter und betont das größere Übel des Entbindens vom Gesetz gegenüber der strikten Einhaltung desselben auch für den Fall einer großen Notlage, aus der große Gefahr drohe. Denn schließlich könnten »gute Gesetze« nicht in Gefahr geraten, unzuträglich zu sein: »Schlechtes folgt nämlich nicht aus der Beachtung guter Gesetze, sondern aus der Entbindung von diesen Gesetzen.«[75] Und sollte dennoch der äußerst seltene Fall »einmal in tausend Jahren« eintreten, dass doch »eine große Anstößigkeit folgen würde«, dann wäre ein Entbinden erlaubt, aber nur, »sofern eine solche Maßnahme gesetzlich verankert und nicht der menschlichen Willkür überlassen wäre.«[76] Das Problem dieser vermeintlichen Erlaubnis zur Entbindung vom Gesetz liegt auf der Hand: Wäre eine solche,

---

72 Ibid.: »[...] ut si essemus obsessi ab hostibus et haberemus parum ciborum quadragesimalium, an liceat comedere carnes feria sexta vel quarta? Dico, quod nullo modo. Et patet:«.

73 Francisco de Vitoria, *De potestate papae et concilii*, in Hrsg. v. Ulrich Horst u.a., *Vorlesungen: Völkerrecht, Politik, Kirche = Relectiones* 1, pp. 352–435, hier 392f. (9): »quia si semel detur locus dispensationi et relinquatur arbitrio humana [...], multiplicabuntur dispensationes cum magno periculo non solum iuris humani, sed etiam divini.«

74 Ibid.: »nimirum summa sapientia, cum intelligeret multo maius detrimentum secuturum semel data licentia dispensandi quam bonum, quod provenire possit ex tali dispensatione etiam alias rationabili.«

75 Ibid., 394f. (9): »Mala enim non sequuntur ex observatione bonarum legum, sed ex dispensatione illarum.«

76 Ibid.: »[...] qui forte posset contingere in mille annis, quando scilicet sequeretur aliquod magnum scandalum. Tunc enim merito posset dispensari, dummodo hoc esset lege cautum nec relinqueretur arbitrio humano.«

wenn auch auf den Einzelfall bezogene Entbindung gesetzlich verankert, so wie von Vitoria gefordert, dann wäre sie keine Entbindung vom Gesetz, also kein Fall von Billigkeit mehr.

Schließlich kommt Vitoria in seinem Summenkommentar zur *Secunda secundae* noch einmal auf die Billigkeit zurück. Er diskutiert die Frage, ob die billige Anwendung des Gesetzes aufgrund eines Mangels infolge der allgemeinen Ausrichtung desselben nur hinsichtlich des Wortlautes oder auch hinsichtlich der Absicht geschehen könne. Er kommt zu dem Schluss, dass in der billigen Anwendung die Absicht des Gesetzes nicht geändert wird und werden darf, hinsichtlich der Änderung des Wortlauts hingegen eine unzulässige begriffliche Erweiterung der Billigkeit auf andere Tugenden geschehen würde. So erschiene auch die erlaubte Tötung des Angreifers in Notwehr als billige Anwendung des Grundsatzes ›Du sollst nicht töten!‹, was jeder Philosophie und Moral widerspräche.[77] Der interessante und wegweisende Punkt an dieser Auseinandersetzung mit der Billigkeit ist, dass Vitoria dem Fall der Tötung eines Angreifers, der wie auch bei Thomas der Notwehr und nicht der Billigkeit zugehört, den Fall der Nichteinhaltung des Fastengebots an die Seite stellt, der bei Thomas noch ein Paradefall der Billigkeit gewesen war.[78] Vitoria füllt das durch seine klare Ablehnung der billigen Anwendung des Gesetzes und die Einschränkung desselben auf Fälle von Gewißheit »über den entgegengesetzten Willen des Gesetzgebers«[79] entstandene Vakuum, indem er diese Fälle den Notrechtsfällen an die Seite stellt.

Dennoch verschwindet der Begriff der Billigkeit nicht aus der Argumentation des Spaniers. Das andere klassische Beispiel der billigen Anwendung des Gesetzes, die Rückgabe des geliehenen Schwertes an einen Drohenden, verbleibt als Fall der Epikie, allerdings unter modifizierten Bedingungen: »Das Geliehene ist zurückzugeben. Wenn sich einmal der Gesetzgeber nicht um den Fall kümmern kann, dann ist es daher die Tugend der Billigkeit, wenn ich durch das Naturrecht urteile, dass man das Schwert einem Wahnsinnigen nicht zurückgeben muss.«[80] Damit zeichnet sich in der Schule von Salamanca ein Wandel des Begriffs der Billigkeit ab, dessen abgeänderter Gehalt auch bei Hugo Grotius anzutreffen sein wird.

---

77 Vitoria, *Comentarios* 5, 271 (q. 120, a. 1, 3).

78 Ibid.

79 Vitoria, *De lege*, 66f. (q. 96, a. 6): »[...] quod constet de voluntate contraria legislatoris et ipse nollet ullo modo, quod servarem, tunc non tenerem [...]«.

80 Vitoria, *Comentarios* 5, 271 (q. 120, a. 1, 3): »[...] reddendum est depositum. Non potest respicere legislator casus quando non. Et ideo tunc est virtus epicheia, quando ego judico per jus naturale quod non debet reddi gladium furioso [...]«.

3 Das Notrecht bei Hugo Grotius

3.1 *Die Selbstverteidigung*

Hugo Grotius führt das Recht zur Selbstverteidigung als einen Fall des gerechten Krieges ein.[81] Der einzige Grund für einen gerechten Krieg, für Privatpersonen ebenso wie für ganze Gemeinwesen, ist das Erleiden von Unrecht. Dabei unterscheidet Grotius zwischen noch nicht erlittenem und bereits erlittenem Unrecht. Zu den gerechtfertigten Handlungen im ersten Fall, dem des noch nicht erlittenen Unrechts, gehören die Notwehr gegen einen Angriff auf Leib und Leben und der Schutz des Seinigen. Zu den gerechtfertigten Handlungen im zweiten Fall, dem des bereits erlittenen Unrechts also, zählt er dagegen die Bestrafung des Verbrechers und die Wiedereroberung des Seinigen.[82] Das Töten des Gegners aus noch nicht erlittenem Unrecht, mithin der Fall der Selbstverteidigung gegen einen Angriff, wird von Grotius gerechtfertigt.[83] Durch die Begründung der Selbstverteidigung aus dem, »was die Natur jedem empfiehlt, und nicht aus dem Unrecht und der Sünde dessen, von dem die Gefahr kommt«[84], erfasst und rechtfertigt Grotius gleichermaßen Fälle von Notwehr wie auch von defensivem Notstand, d.h. der Vorsatz des Angreifers spielt für die Rechtmäßigkeit der Verteidigung keine Rolle, die bloße Gefahr für das eigene Leben reicht naturrechtlich gesehen aus. Damit fügt sich Grotius in die scholastische Tradition der *duplex-effectus*-Lehre ein. Er bezeichnet den Zweck der Selbstverteidigung als natürliche Empfehlung, entwickelt diese zu einem natürlichen Recht *per se* weiter und erfasst auch die von Cajetan, Vitoria, Soto und Lessius vorgenommenen Spezifizierungen und Erweiterungen. So ist nach Grotius das Töten von Unschuldigen in Fällen von aggressivem Notstand gerechtfertigt.[85] Damit übernimmt er die Vorgabe von Cajetan. Für die Rechtmäßigkeit der Verteidigung fordert Grotius wie Lessius das Bestehen einer gegenwärtigen Gefahr.[86] Nicht nur in Fällen der Lebensgefahr gilt nach Grotius das Recht, den Angreifer zu töten, sondern, den Katalog von Lessius nachvollziehend, auch bei der Gefahr der Verstümmelung[87] oder des Verlustes

81 Grotius, *De iure belli ac pacis*, 30 (I,1,2,2).
82 Ibid., 170 (II,1,2,1).
83 Ibid., 171f. (II,1,3).
84 Ibid.
85 Ibid., 172 (II,1,4,1).
86 Ibid., 172 (II,1,5,1).
87 Ibid., 174 (II,1,6).

der jungfräulichen Ehre, die laut Grotius dem Leben gleich zu werten ist[88], ja, dieses Recht besteht sogar zur Abwehr einer Ohrfeige[89].

Das Recht zur Tötung des Angreifers zu Zwecken der Selbstverteidigung ordnet Grotius wie seine Vorgänger in eine allgemeine Handlungstheorie ein, unterscheidet ebenso wie Vitoria hinsichtlich der Absicht zwischen Handlungen mit und ohne Vorsatz, schlägt aber, obwohl er Vitoria direkt zitiert, die Tötungshandlung zu Zwecken der Selbstverteidigung nicht wie dieser den unabsichtlichen, sondern den absichtlichen Handlungen zu.[90] Für Grotius zählt damit die Tötung zu Verteidigungszwecken neben der Vollstreckung einer gerechten Strafe exklusiv zu den absichtlichen Tötungen, die als gerechtfertigt gelten können.

Insofern kann es Grotius auch nicht um eine Entschuldigung der Verteidigungshandlung gehen, wie dies eine andere Textstelle nahelegen würde: »Von derselben Art sind die aus Not vorgenommenen Handlungen, die den Täter zwar nicht verteidigen, aber doch entschuldigen.«[91] Diese bezieht sich, beachtet man die zahlreichen Beispiele im Umfeld[92], allein auf Taten, zu denen man als Untertan, Leibeigener oder Knecht durch Vorgesetzte oder Bundesgenossen gezwungen wird. Und diese Beispiele bezeichnet Grotius im Gegensatz zu den Verteidigungshandlungen als unfreiwillige Taten ohne Vorsatz. Die hier angesprochene Not ist daher nicht die Not des Verteidigers, gerechtfertigterweise sein Leben zu schützen, sondern die Not und Zwangslage des Angreifers, an einem ungerechtfertigten Krieg teilnehmen zu müssen. Somit bezieht sich das angeführte Zitat ausschließlich auf das Töten aus Befehlsnotstand, das Grotius in Abgrenzung zur Notwehr und den bisher verhandelten Arten des Notstandes als Sonderfall einführt, und zwar als ein unfreiwilliges Töten ohne Vorsatz.

Eine bemerkenswerte Ausnahme von der großzügigen Anwendung des Rechts zur Notwehr, auch hier folgt Grotius den Vorgaben von Soto und

88 Ibid., 174f. (II,1,7).

89 Ibid., 176f. (II,1,10,1).

90 Ibid., 738f. (III,11,2).

91 Ibid., 744 (III,11,4,7): »Cuius generis ea praecipue sunt quae necessitas si non defendit tamen excusat.« Auf diese Stelle stützt sich Hruschka (Joachim Hruschka, »Rechtfertigungs- und Entschuldigungsgründe: Das Brett des Karneades bei Gentz und bei Kant,« *Goltdammer's Archiv für Strafrecht* 138 [1991], 1–10, hier 3), um festzustellen: »[...] *Grotius* schreibt, daß eine Notstandslage, wenn sie schon nicht verteidigt, so doch wenigstens entschuldigt – ›necessitas si non defendit tamen excusat‹. Freilich ist bei *Grotius* das Verhältnis zwischen dem ›Verteidigen‹ und dem ›Entschuldigen‹ alles andere als klar.«

92 Vgl. Grotius, *De iure belli ac pacis*, 739–46 (III,11,3–4).

Lessius, bieten die Fälle, bei denen der Angreifer ein Amt innehat, andere von Gewalt abzuhalten und eine größere Anzahl Menschen zu beschützen, wie es bei der Regierung eines Volkes wie etwa Königen und Obrigkeiten der Fall ist. Da in diesen Fällen das Leben des Angreifers vielen Menschen nützlich ist, so Grotius, und dieser Nutzen den Wert des Lebens eines Einzelnen übertrifft, ist hier eine Ausnahme vom Recht auf Notwehr gegeben.[93] Nutzen und Wohlfahrt der Allgemeinheit, die durch den König als Regierendem bezweckt und repräsentiert sind, sind den eigenen Interessen vorzuziehen, d.h. es ist selbst in Notwehr nicht erlaubt, einen angreifenden König zu töten. Die an dieser Stelle zitierte These von Fernando Vázquez Menchaca, ein »Potentat oder Fürst, der einen Unschuldigen angreift, hört auf, Ober-Herr zu sein«[94], verwirft Grotius energisch mit dem Hinweis, dass es dieses Gesetz nirgends gebe und »so wie das Eigentum durch Vergehen nicht verloren wird, so auch nicht die Staatsgewalt«.[95]

Neben diesem Recht auf Selbstverteidigung besteht laut Grotius in genauer Befolgung der Vorgaben Sotos auch ein großzügiges natürliches Recht zur Verteidigung des Seinigen [*res nostrae*], in erster Linie also der materiellen Güter. So »kann der Räuber, wenn es zur Erhaltung des Eigentums nötig ist, sogar getötet werden [...]. Mithin kann nach diesem Recht ein Dieb, welcher mit den Sachen davonläuft, mittels eines Wurfspießes getötet werden, wenn die Sachen nicht anders wiedererlangt werden können.«[96] Beschränkt wird diese Regelung von Grotius durch den Zusatz, dass man bei einem sehr geringen Wert des Raubguts von der Tötung des Diebes absehen und das Geraubte verachten solle[97], wie dies auch schon Soto gefordert hatte.

3.2 *Das Nehmen fremden Gutes in der Not*

Die Schwerpunktverlagerung der scholastischen Tradition fortsetzend behandelt Grotius die Fälle des Gebrauchs fremden Eigentums in Notsituationen allein aus der Perspektive der Berechtigung des Notleidenden zum Nehmen,

93 Ibid., 175 (II,1,9,1).

94 Fernando Vázquez Menchaca, *Illustrium controversiarum aliarumque usu frequentium libri sex*, Francofurtum, Joannis Baptistae Schönwetteri, 1668, 78 (I,18,10): »Unde si ad meam defensionem eum interfecero, non tam principem meum, quam hominem jam privatum interemisse videbor.«

95 Grotius, *De iure belli ac pacis*, 176 (II,1,9,2): »Nam sicut dominia, ita et imperia non amittuntur delinquendo [...]«.

96 Ibid., 178 (II,1,11): »[...] non negabo ad res conservandas raptorem, si ita opus sit, vel interfici posse: [...] posse furem cum re fugientem, si aliter res recuperari nequeat, iaculo prosterni.«

97 Ibid.

wie sie schon bei Vitoria und Soto herausgestellt worden war, und nicht mehr aus der der Verpflichtung des Gebenden.[98] Und die Berechtigung des Notleidenden, wie z.B. im Falle des Mundraubs oder auch im Falle des Abrisses eines fremden Hauses im Brandfall zur Rettung des eigenen, leitet Grotius aus einer vorgestellten, seit Thomas von Aquin tradierten, ursprünglichen Gütergemeinschaft her. Aus dieser folgt, »daß in der höchsten Not das alte Recht des Gebrauches wieder auflebt, als wären die Güter noch gemeinsam.«[99] Der Mundraub ist also von vornherein wie schon bei Thomas kein Diebstahl.

Zur Illustration dieser ursprünglichen Gütergemeinschaft bemüht Grotius ein Bild Ciceros, das den Zustand der ursprünglichen Gütergemeinschaft durch Nutzungsrechte charakterisiert sieht, die keine Ansprüche oder auch gemeinschaftliches Eigentum, sondern vielmehr eine Freiheit der Nutzung niederer Dinge[100] darstellen. Nur die bloße körperliche Inbesitznahme des benötigten Gutes schließt einen Anderen von der Nutzung aus, das Verlassen desselben gibt es sofort wieder zur Nutzung für jedermann frei.[101]

Diese Konstruktion auf den Fall des Mundraubs anwendend, vollzieht Grotius die von Lessius bekannten Einschränkungen des Rechtes zur Nutzung fremder Güter nach und legitimiert sie. Neben der Maßgabe, dass etwa durch Erbitten des benötigten Gutes »zunächst auf alle Weise versucht werden muß, ob der Not nicht auf andere Weise entgangen werden kann«[102], fordert er, dass, »wo es möglich ist, Ersatz geleistet werden [muss, da] dieses Recht kein volles, sondern mit der Ersatzverbindlichkeit behaftet ist, sobald die Not nachgelassen hat.«[103] Den Grund dafür sieht Grotius mit Lessius darin, dass im Falle der Not

98 Ibid., 193 (II,2,6,4). Die Unterstellung der vertraglichen Ausnahme von der Privateigentumsordnung im Notfall als Hinweis auf die kontraktualistische Ausrichtung grotianischer Rechtstheorie wiederholt sich in seiner Theorie vom Widerstandsrecht. Auch hier erkennt Grotius eine Ausnahme, und zwar eine vertragliche, vom Widerstandsverbot für den Fall der höchsten Not, wie etwa die Gefahr des Staatsumsturzes oder des Untergangs vieler Unschuldiger. Ibid., 149 (I,4,7,2).

99 Ibid., 192 (II,2,6,2): »[...] in gravissima necessitate reviviscere ius illud pristinum rebus utendi tanquam si communes mansissent.«

100 Vgl. Salter, »Grotius and Pufendorf,« p. 287f.; Buckle, *Natural Law*, p. 36.

101 Grotius, *De iure belli ac pacis*, 186 (II,2,2,1).

102 Ibid., 193 (II,2,7): »[...] prima sit, omni modo primum tentandum an alia ratione necessitas evadi possit [...]«.

103 Ibid., 194 (II,2,9): »[...] ubi fieri poterit faciendam restitutionem. [...] ius hic non fuisse plenum, sed restrictum cum onere restituendi ubi necessitas cessaret.« Zudem fordert Grotius, dass man sich in der Not nur soviel nehmen dürfe, wie zur Abwendung der gegenwärtigen Gefahr erforderlich ist (Ibid., 803 (III,17,1)).

nicht das Eigentum an der benötigten Sache, das es nach Grotius' Konstruktion auch gar nicht geben kann, sondern nur das Nutzungsrecht an dieser übertragen werde.[104] Es wird deutlich, dass es Grotius nicht darum geht, für den Fall der Not ein ursprüngliches Gemeineigentum mit allen Konsequenzen wieder eingeführt zu sehen, sondern nur das Nehmen fremder Güter selbst in den Zusammenhang dieser ursprünglichen Regelung zu stellen, die eingeführte Privateigentumsordnung hingegen nicht vollständig auszusetzen.

Dafür spricht auch die andere von Lessius übernommene Ausnahme vom Recht auf das Nehmen fremder Güter. So kann dieses Nehmen nach Grotius »nicht zugelassen werden, wenn der Besitzer sich in gleicher Not befindet. Denn unter gleichen Umständen hat der Besitzer den Vorzug.«[105] Und wie Lessius fügt Grotius mittels des Laktanzzitats[106] an dieser Stelle den Paradefall des Notrechts, das ›Brett des Karneades‹, an und löst diesen im Sinne der Eigentumsregelung der Not und nicht mehr, wie noch Vitoria, im Sinne der christlichen Nächstenliebe auf. Wenn sich also zwei Personen in der gleichen Notlage befinden, so ist der im Recht, der sich zuerst in den Besitz des rettenden Gutes bringen kann bzw. schon Besitzer ist. Derjenige, der es als zweiter erreicht, hat kein Recht darauf, es zu okkupieren, weil sich der derzeitige Besitzer in derselben Notlage befindet.[107] Damit hat Grotius den Fall des ›Brettes des Karneades‹ dem Bereich des Notrechts entzogen, indem er eine klare rechtliche Grundlage zur Behandlung entwirft. Er verlässt mit dieser Lösung aber zugleich auch das eigentliche Problem dieses Falls, nämlich die ausweglose und durch die Androhung strafrechtlicher Sanktionen nicht zu

104 Ibid., 803 (III,17,1).

105 Ibid., 194 (II,2,8): »[...] non concedendum hoc si pari necessitate ipse possessor teneatur. nam in pari causa possidentis melior est conditio.«

106 Ibid. Das von Grotius hier zudem angegebene Zitat Ciceros (Cicero, *De officiis*, 244 (III,6,29): »Nonne igitur sapiens, si fame ipse conficiatur, abstulerit cibum alteri [,] homini ad nullam rem utili? Minime vero.«) wird in der Schätzel-Übersetzung sinnentstellt wiedergegeben: Nicht die zu nehmende Speise ist nach Cicero für den Anderen unbrauchbar (dann wäre dies kein Beispiel für den verhandelten Fall der gleichen Bedürftigkeit), sondern der Andere selbst soll »zu nichts nützlich« sein. Dennoch wäre es Sünde, ihm seine Speise zu nehmen.

107 Den theoretischen Fall der gleichzeitigen Ankunft der Schiffbrüchigen am Brett erörtert Grotius nicht. Eine vergleichbare Situation, in der keine der streitenden Parteien im Besitz des rettenden Gutes ist oder in der beide ein gleiches Recht darauf haben, löst Grotius in der Weise auf, dass er empfiehlt, sich das Gut zu teilen. Vgl. Grotius, *De iure belli ac pacis*, 574 (II,23,12).

ändernde Situation dessen, der als zweiter das rettende Brett erreicht, wie dies Pufendorf und später Kant anmerken.[108]

3.3 *Die Billigkeit*

Im Werk von Hugo Grotius ist immer wieder von der Billigkeit oder der billigen Anwendung des Gesetzes die Rede. Und obwohl Grotius die Billigkeit ganz im Sinne der aristotelischen Definition als eine Korrektur, die dort verbessert, wo das Gesetz seiner allgemeinen Ausrichtung wegen versagt, einführt und auch mit dem klassischen Beispiel des an einen Wütenden zurückzugebenden Schwertes versieht[109], weitet er diesen Begriff doch so weit aus, dass er Fälle von Gesetzesinterpretation ebenso wie Fragen der Normenkollision oder von Kompetenzkonflikten, aber auch die bloße Anwendung des natürlichen Rechtes oder die Begnadigung und Nachsicht sämtlich unter den Begriff der Billigkeit fallen lässt.[110] So verwundert es nicht, dass bei Grotius selbst der traditionell stets separierte Fall der Tötung zum Zwecke der Notwehr gegen einen Angriff auf das eigene Leben als Anwendung der Billigkeit bezeichnet wird.[111]

Bibliographie

Quellen

Aquin, Thomas von. *Summa Theologiae*, in Ders., *S. Thomae Aquinatis Opera Omnia*, Curante Roberto Busa S.I. (Stuttgart-Bad Cannstatt: Frommann-Holzboog, 1980), Bd. 2, 184–926.

Aristoteles. *Nikomachische Ethik*, Nach der Übers. v. Eugen Rolfes bearb. v. Günther Bien (Hamburg: Meiner, 1995).

108 Vgl. Pufendorf, *De Jure Naturae Et Gentium*, p. 245 (II,6,6); Immanuel Kant, *Metaphysik der Sitten*, in Ders., *Kants gesammelte Schriften*, Hrsg. von der Königlich Preußischen Akademie der Wissenschaften. Erste Abteilung, Band 6 (Berlin: Reimer, 1907), pp. 205–491, hier 235: »Es kann nämlich kein Strafgesetz geben, welches demjenigen den Tod zuerkennte, der im Schiffbruche, mit einem Andern in gleicher Lebensgefahr schwebend, diesen von dem Brette, worauf er sich gerettet hat, wegstieße, um sich selbst zu retten. Denn die durchs Gesetz angedrohte Strafe könnte doch nicht größer sein, als die des Verlusts des Lebens des ersteren.«

109 Grotius, *De iure belli ac pacis*, 422 (II,16,26,1–2). Vgl. Herbert Schotte, *Die Aequitas bei Hugo Grotius* (Köln: Wasmund, 1963).

110 Ibid., 12–143.

111 Hugo Grotius, *De Aequitate, Indulgentia et Facilitate*, in Schotte, *Die Aequitas bei Hugo Grotius*, 1–23 (Anhang), hier 14 (II,5).

Cajetan, Thomas de Vio. *Pars Operum Sancti Thomae Aquinatis Operum, seu Summae Theologiae Divi Thomae Aquinatis, Doctoris Angelici Pars Prima [– tertia], Reverendiss. Thomae a Vio, tit. sancti Xisti, presbyteri Cardinalis Caietani Commentariis lustrata*, Lugduni, Giunta, 1554.

———. *Secunda secundae Partis Summae Sacrosanctae Theologiae Sancti Thomae Aquinatis, Doctoris Angelici*, Reverendiss. Domini Thomae A' Vio, Caietani, tituli sancti Xisti, Presbyteri Cardinalis Commentariis illustrate, Lugdunum, Hugonem a Porta, 1558.

Cicero, M. Tullius. *De officiis. Vom pflichtgemäßen Handeln, Lateinisch/Deutsch*, Übers., komm. und hrsg. v. Heinz Gunermann (Stuttgart: Reclam, 1976).

Grotius, Hugo. *De iure belli ac pacis libri tres, in quibus ius naturae et gentium item iuris publici praecipua explicantur*, Curavit B.J.A. de Kanter-van Hettinga Tromp, Editionis anni 1939, quae Lugduni Batavorum in aedibus E.J. Brill emissa est, exemplar photomechanice iteratum, Annotationes novas addiderunt R. Feenstra et C.E. Persenaire, adiuvante E. Arps-de Wilde (Aalen: Scientia, 1993).

———. *Drei Bücher vom Recht des Krieges und des Friedens 1625*, Übersetzt und eingeleitet von Walter Schätzel (Tübingen: Mohr, 1950).

Kant, Immanuel. *Metaphysik der Sitten*, in Ders., *Kants gesammelte Schriften*, Hrsg. von der Königlich Preußischen Akademie der Wissenschaften. Erste Abteilung, Band 6 (Berlin: Reimer, 1907), pp. 205–491.

Laktanz, Lucius Caecilius Firmianus. *Institutiones divines*, introd., texte crit., trad. et notes par Pierre Monat (Paris: Éd. du Cerf, 1973–2007).

Lessius, Leonardus. *De iustitia et iure caeterisque virtutibus cardinalibus libri sex*, Lovanii, Ioannis Masii, 1605.

Pufendorf, Samuel von. *De Jure Naturae Et Gentium Libri Octo*, Londini Scanorum, Junghans, 1672.

Soto, Domingo de. *Commentarium in II. II. q. 32 De eleemosyna (anno 1539–40)*, in Karl Deuringer, *Probleme der Caritas in der Schule von Salamanca* (Freiburg im Breisgau: Herder, 1959), pp. 143–58.

———. *De iustitia et iure libri decem*, Lugdunum, Gulielmum Rovillium, 1559.

Suárez, Francisco. *Commentaria ac Disputationes in Primam Secundae D. Thomae, De legibus seu legislatore Deo. Tractatus de legibus, utriusque fori hominibus utilis, in decem libros dividitur*, in Ders., *R. P. Francisci Suarez e Societate Jesu Opera Omnia. Editio nova*, ed. C. Berton (Paris, 1856–1878), vol. V. u. VI.

Vázquez Menchaca, Fernando. *Illustrium controversiarum aliarumque usu frequentium libri sex*, Francofurtum, Joannis Baptistae Schönwetteri, 1668.

Vitoria, Francisco de. *Comentarios a la Secunda secundae de Santo Tomas*, ed. Vicente Beltran de Heredia, O.P. (Salamanca: Spartado, 1932–1935).

———. *De homicidio*, in Ders., *Vorlesungen: Völkerrecht, Politik, Kirche = Relectiones 1*, Hrsg. v. Ulrich Horst, Heinz-Gerhard Justenhoven und Joachim Stüben (Stuttgart: Kohlhammer, 1995), pp. 436–501.

———. *De lege / Über das Gesetz*, Hrsg., eingel. u. ins Deutsche übers. v. Joachim Stüben; mit einer Einleitung v. Norbert Brieskorn (Stuttgart-Bad Cannstatt: Frommann-Holzboog, 2010).

———. *De potestate papae et concilii*, in Ders., *Vorlesungen: Völkerrecht, Politik, Kirche = Relectiones* 1. Hrsg. v. Ulrich Horst, Heinz-Gerhard Justenhoven, und Joachim Stüben (Stuttgart: Kohlhammer, 1995), pp. 352–435.

Sekundärliteratur

Aichele, Alexander. »Was ist und wozu taugt das Brett des Karneades? Wesen und ursprünglicher Zweck des Paradigmas der europäischen Notrechtslehre,« *Jahrbuch für Recht und Ethik* 11 (2003), 245–68.

Brandt, Reinhard. *Eigentumstheorien von Grotius bis Kant* (Stuttgart.: Frommann-Holzboog, 1974).

Brocker, Manfred. *Arbeit und Eigentum. Der Paradigmenwechsel in der neuzeitlichen Eigentumstheorie* (Darmstadt: Wissenschaftliche Buchgesellschaft, 1992).

Buckle, Steven. *Natural Law and the Theory of Property: Grotius to Hume* (Oxford: Clarendon, 1991).

Deuringer, Karl. *Probleme der Caritas in der Schule von Salamanca* (Freiburg im Breisgau: Herder, 1959).

Feenstra, Robert. »Der Eigentumsbegriff bei Hugo Grotius im Licht einiger mittelalterlicher und spätscholastischer Quellen,« in *Festschrift für Franz Wieacker zum 70. Geburtstag*, eds. Okko Behrends, Malte Dießelhorst, Hermann Lange, Detlef Liebs, Joseph Georg Wolf, and Christian Wollschläger (Göttingen: Vandenhoeck & Ruprecht, 1978), pp. 209–34.

Gläser, Pascal. *Zurechnung bei Thomas von Aquin. Eine historisch-systematische Untersuchung mit Bezug auf das aktuelle deutsche Strafrecht* (Freiburg: Alber, 2005).

Hruschka, Joachim. »Rechtfertigungs- und Entschuldigungsgründe: Das Brett des Karneades bei Gentz und bei Kant,« *Goltdammer's Archiv für Strafrecht* 138 (1991), 1–10.

———. »Zurechnung und Notstand. Begriffsanalysen von Pufendorf bis Daries,« in *Entwicklung der Methodenlehre in Rechtswissenschaft und Philosophie vom 16. bis zum 18. Jahrhundert*, Hrsg. v. Jan Schröder (Stuttgart: Steiner, 1998), pp. 163–76.

Justenhoven, Heinz-Gerhard. *Francisco de Vitoria zu Krieg und Frieden* (Köln: Bachem, 1991).

Küper, Wilfried. »›Es kann keine Not geben, welche, was unrecht ist, gesetzmäßig machte.‹ – Immanuel Kants Kritik des Notrechts,« in *Festschrift für Ernst Amadeus Wolff zum 70. Geburtstag am 01.10.1998*, Hrsg. v. Rainer Zaczyk, Michael Kahlo und Michael Köhler (Berlin: Springer, 1998), pp. 285–305.

Lichtblau, Klaus. »Art. Notstand,« in *Historisches Wörterbuch der Philosophie*, Hrsg. v. Joachim Ritter (Basel: Schwabe, 1971–2007), Bd. 6, Sp. 940–46.

Lübbe, Weyma. »Lebensnotstand – Ende der Normativität? Untersuchung einer Grauzone im Unrecht des Tötens,« in *Tödliche Entscheidung. Allokation von Leben und Tod in Zwangslagen*, Hrsg. v. Weyma Lübbe (Paderborn: mentis, 2004).

Merle, Jean-Christophe. »Notrecht und Eigentumstheorie im Naturrecht, bei Kant und bei Fichte,« *Fichte-Studien* 11 (1997), 41–61.

Olivecrona, Karl. »Die zwei Schichten im naturrechtlichen Denken,« *Archiv für Rechts- und Sozialphilosophie* 63 (1977), 79–103.

Ottenwälder, Paul. *Zur Naturrechtslehre des Hugo Grotius* (Tübingen: Mohr, 1950).

Recknagel, Dominik. *Einheit des Denkens trotz konfessioneller Spaltung. Parallelen zwischen den Rechtslehren von Francisco Suárez und Hugo Grotius* (Frankfurt am Main: Peter Lang, 2010).

Renzikowski, Joachim. »Entschuldigung im Notstand,« *Jahrbuch für Recht und Ethik* 11 (2003), 269–85.

Salter, John. »Grotius and Pufendorf on the Right of Necessity,« *History of Political Thought* 26 (2005), 284–302.

Schnepf, Robert. »Francisco Suárez über die Veränderbarkeit von Gesetzen durch Interpretation,« in *Die Ordnung der Praxis. Neue Studien zur Spanischen Spätscholastik*, Hrsg. v. Frank Grunert und Kurt Seelmann (Tübingen: Niemeyer, 2001), pp. 75–108.

Schotte, Herbert. *Die Aequitas bei Hugo Grotius* (Köln: Wasmund, 1963).

Sladeczek, Karl Heinz. »Art. Billigkeit II,« in *Historisches Wörterbuch der Philosophie*, Hrsg. v. Joachim Ritter (Basel: Schwabe, 1971–2007), Bd. 1, Sp. 940–43.

Tierney, Brian. *The Idea of Natural Rights: Studies on Natural Rights, Natural Law, and Church Law 1150–1625* (Atlanta, GA: Scholars Press, 1997).

Tuck, Richard. *Natural Rights Theories: Their Origin and Development* (Cambridge: Cambridge University Press, 1993).

SECTION 4

The Concept of Law (lex), *Theory of Action, and Moral Psychology*

CHAPTER 10

Intellekt, Wunsch und Handlung: Handlungsproduktion und Handlungsrechtfertigung bei Francisco Suárez*

Alejandro G. Vigo

1 Einführung

Das Ziel der vorliegenden Arbeit besteht in einer Rekonstruktion der suaresianischen Auffassung von der Entstehung der Handlung und den Grundlagen für deren moralische Bewertung. Hierfür gehe ich von den Überlegungen zur Natur sowie den Funktionen des praktischen Intellektes und des Willens aus, die Suárez in *DA* IX–XIII anführt.[1] Die Arbeit bewegt sich also zunächst auf dem Gebiet der Handlungspsychologie und -theorie und nicht auf dem Gebiet der normativen Ethik. Ausgehend von der Rekonstruktion der suaresianischen Position zur Handlungsmotivierung gehe ich in einem zweiten Teil kurz darauf ein, wie Suárez versucht, die Grundlagen für die moralische Bewertung der Handlung zu erklären.

Aus inhaltlicher Sicht kann die Position von Suárez als subtiler Versuch eines kritischen Gleichgewichtes zwischen intellektualistischen und voluntaristischen Tendenzen charakterisiert werden, der dem wesentlich komplementären Charakter der von Intellekt und Willen im Prozess der Handlungsmotivierung und -entstehung ausgeübten Funktionen gerecht zu werden sucht. Aus methodischer Sicht wirkt eine von *DA* ausgehende Betrachtung Verfälschungen entgegen, die häufig dem Versuch entsprungen sind, die suaresianische

* Aus dem Spanischen übersetzt von Felix K.E. Schmelzer.

1 Vgl. Francisco Suárez, *Commentaria una cum quaestionibus in libros Aristotelis De Anima* (= *DA*); kritische Ausgabe des lateinischen Textes von Salvador Castellote, spanische Übersetzung von Carlos Baciero und Luis Baciero, 3 Bde.; Bd. I (Madrid: Sociedad de Estudios y Publicaciones, 1978); Bd. II (Madrid: Editorial Labor, 1981); Bd. III (Madrid; Fundación Xavier Zubiri, 1991). Die *Disputationes metaphysicae* (= *DM*) werden nach dem Nachdruck der Bde. 25–26 der Pariser Ausgabe (Hildesheim: Olms, 1967) zitiert. Die restlichen Werke werden nach der Pariser Ausgabe zitiert: *Opera omnia* (= *Opera*), 28 Bde. (Parisiis: apud Ludovicum Vivès, 1856–78).

 | DOI 10.1163/9789004322707_012

Auffassung vom praktischen Intellekt ausgehend von der in *De legibus* dargelegten Theorie des Rechtes zu rekonstruieren. Ich werde vor allem versuchen, deutlich zu machen, dass die Charakterisierung der suaresianischen Position als bloße Variante des Voluntarismus der Grundorientierung sowie dem hohen Differenzierungsgrad dieser Position nicht gerecht werden kann.

2 Handlungsmotivierung und -entstehung

2.1 *Die Grundorientierung der Auffassung in De Anima*

Der mit *De anima* betitelte Traktat (1620–21) ist ein monumentales Werk, das erstmals kurz nach Suarez' Tod veröffentlicht wurde und das bisher bei Weitem nicht die ihm eigentlich gebührende Aufmerksamkeit erhielt. Das Werk präsentiert sich in traditioneller Manier als ein Kommentar zum gleichnamigen Traktat des Aristoteles. Dies darf aber nicht darüber hinwegtäuschen, dass Suárez hier im Wesentlichen versucht, eine einheitliche Systematisierung der Themen- und Problemfelder der »Psychologie« – im klassischen Sinne des Begriffes als Studium der den Lebewesen zukommenden Eigenschaften – zu erstellen, wie schon auf den ersten Blick deutlich wird. Es handelt sich also nicht um einen Aristoteleskommentar im herkömmlichen Sinne, wenngleich Suárez methodisch und thematisch eindeutig von Aristoteles ausgeht. Wie für Aristoteles, so gehört auch für Suárez die Psychologie thematisch zum Gebiet der Naturphilosophie, und gleichermaßen aristotelisch ist seine hylemorphistische Konzeption des Lebewesens als ein aus Form (Seele) und Materie (Körper) Zusammengesetztes. Ohne den durch den Hylemorphismus vorgegebenen theoretischen Rahmen zu verlassen, betont Suárez dabei speziell die relative Unabhängigkeit der somatischen Dimension sowie deren unerlässliche Bedeutung für die Erklärung der verschiedenen Lebensfunktionen. Er tut dies vor allem, um tendenziell spiritualisierenden Seelenkonzeptionen entgegenzuwirken: Durch die Betonung der sich speziell im Zusammenwirken von Psychischem und Somatischem ausdrückenden funktionellen Einheit von Seele und Körper versucht Suárez, einen Mittelweg zu finden zwischen rigorosem Dualismus und reduktionistischem Kompatibilismus, der den Körper tendenziell auf den Status eines bloßen Seeleninstrumentes reduziert. Hierbei nähert er sich gelegentlich der Vorstellung von einer Art natürlicher oder präfigurierter Harmonie zweier relativ unabhängiger Dimensionen an.[2]

2 Vgl. Salvador Castellote Cubells, *Die Anthropologie des Suárez. Beiträge zur spanischen Anthropologie des XVI. und XVII. Jahrhunderts* (Freiburg im Breisgau: Alber, 1962), pp. 76–86.

Dass die von Suárez gesuchte Art von Gleichgewicht wirklich ein probates Mittel gegen den Dualismus ist, darf bezweifelt werden. Andererseits zeigt die cartesianische Auffassung in ihrer Nähe zu Suárez mit exemplarischer Klarheit auf, dass Dualismus (in der Auffassung von der Beziehung Seele-Körper) und Spiritualismus (in der Auffassung von der Seele) gewöhnlich zwei eng miteinander verbundene und ein- und derselben Denkrichtung angehörende Aspekte sind: Im Rahmen des sich in der Opposition zwischen *res cogitans* und *res extensa* ausdrückenden streng ontologischen Dualismus ist es die aristotelische Auffassung von der Seele mit ihrem wesentlich biologischen und nur am Rande spiritualistischen Charakter, die aufgegeben werden muss, was unter anderem durch die Aufhebung der Idee einer vegetativen und sensitiven Seele geschieht. Wie Dennis Des Chene aufgezeigt hat, erhält der cartesianische Rekurs auf die automatischen Artefakte als Interpretationsmodell für die organische Einheit des Lebewesens (das Tier als sich bewegende Maschine), so wie er etwa im Traktat über den Menschen (*L'Homme*) zum Vorschein kommt, im Rahmen dieses neuen ontologischen und epistemologischen Kontextes eine mechanistische Prägung: Der Rekurs auf Teleologie wird dadurch tendenziell ausgeklammert, dass teleologisch-funktionelle Erklärungen auf rein mechanische oder quasi-mechanische Begriffe reduziert werden.[3]

Suárez' biologische und psychologische Konzeption weist keine derart dualistische und reduktionistische Orientierung auf. Sie behält die aristotelische Auffassung von der Seele als Form und Einheitsprinzip des Körpers bei und betont gleichzeitig den einheitlichen Charakter der Seele selbst. Auch und gerade im Falle der menschlichen Seele betont Suárez, dass diese ein der Vielfalt an vegetativen, sensitiven und intellektuellen Aktivitäten zu Grunde liegendes Einheitsprinzip darstelle (vgl. *DA* II, 5, 4–5). Der vereinheitlichende Ansatz zeigt sich auch in der Beschreibung der mit der Wahrnehmungsfähigkeit zusammenhängenden Fähigkeiten zweiter Ordnung: Von der scholastischen Tradition abweichend, vereint Suárez den *sensus communis*, die Vorstellungskraft, das Gedächtnis und die *vis estimativa* zu einer einzigen internen Fähigkeit (vgl. VIII, 1, 13–24). Ähnlich verfährt er in der Beschreibung der Fähigkeit des

3 Vgl. Dennis Des Chene, *Spirits and Clocks: Machine and Organism in Descartes* (Ithaca, NY: Cornell University Press, 2001), besonders pp. 13–30, 116–52. Bezüglich der Seelentheorien des späten Aristotelismus vor Descartes, siehe Dennis Des Chene, *Life's Form: Late Aristotelian Conceptions of the Soul* (Ithaca, NY: Cornell University Press, 2000) (es handelt sich hier um den ersten Teil des 2001 veröffentlichten Buches). Im Hinblick auf die Entwicklung der Naturphilosophie zwischen spätem Aristotelismus und Cartesianismus, siehe Dennis Des Chene, *Physiologia: Natural Philosophy in Late Aristotelian and Cartesian Thought* (Ithaca, NY: Cornell University Press, 1996).

Intellekts, sofern er unterstreicht, dass spekulativer und praktischer Intellekt über eine notwendige funktionelle Unterscheidung hinaus nicht als verschiedenartig angesehen werden sollten: Zwischen beiden gibt es keine wirkliche Trennung (vgl. IX, 9, 13).[4]

2.2 *Praktischer Intellekt und Begehren*

Die Unterscheidung zwischen der praktischen und der spekulativen Funktion des Intellektes bildet den Ausgangspunkt der suaresianischen Beschreibung der Handlungsmotivierung und -entstehung. Suárez konstruiert diese Unterscheidung gemäß einer Gruppe traditioneller Kriterien, die letztlich auf Aristoteles zurückgehen. Während der spekulative Intellekt in seiner Funktion die Wahrheit zum Ziel hat, welche den Intellekt selbst vervollkommnet, hat der praktische Intellekt das Werk (*opus*) zum Ziel. Der praktische Intellekt wird demnach in seiner Ausführung nicht durch sich selbst angeregt, sondern durch das durch das Werk zu erreichende Gute (vgl. IX, 9, 2). Der objektive Entfaltungsbereich des praktischen Intellektes ist der des menschlichen Handelns im eigentlichen Sinne des Wortes, d. h. die durch den Menschen kontrollierbaren Handlungsakte, wobei sich hinsichtlich der durch den Menschen kontrollierbaren Handlungsakte zweierlei Hinsichten unterscheiden lassen: zum einen bezüglich ihres Gebrauchs und ihrer Ausführung, also im Hinblick auf ihre Effizienz, zum anderen bezüglich ihrer Rechtschaffenheit oder ihres Mangels an Rechtschaffenheit, also im Hinblick auf ihre moralische Bewertung. Aus diesem Grunde fallen weder die natürlichen Dinge und Prozesse noch die willentlich nicht kontrollierbaren Handlungsakte in den Entfaltungsbereich des praktischen Intellektes. Der Gebrauch des praktischen Intellektes hat also die menschliche Handlung zum Inhalt und deren Leitung und Kontrolle zum Ziel (vgl. IX, 9, 3). Dem entsprechend richtet sich der Gebrauch des praktischen Intellektes primär am Besonderen (vgl. IX, 9, 4) und Kontingenten (vgl. IX, 9, 5) aus, der Gebrauch des spekulativen Intellektes hingegen primär am Universalen und Notwendigen. In der Erwägung seiner Gegenstände geht es dem praktischen Intellekt nicht bloß darum, deren Erklärungsprinzip zu finden, sondern vielmehr darum, ein Prinzip festzusetzen (*quasi ponens*), welches es erlaubt, die Gegenstände auf eine bestimmte Art zu konfigurieren. So gibt sich der Naturphilosoph z. B. damit zufrieden, festzustellen, wie die Gemütsbewegungen entstehen, der Moralphilosoph

4 Suárez geht sogar so weit, zu behaupten, dass die reale Einheit zwischen beiden Formen des Intellektes auch beibehalten werden müsse, wenn man schlussfolgerte, dass Aristoteles diese Einheit verneint. Trotz einiger Anzeichen zu ihren Gunsten scheint diese Schlussfolgerung allerdings für Suárez nicht zwangsläufig zu sein (vgl. IX, 9, 14).

hingegen versucht, sie mittels der Tugenden auf das rechte Maß zurückzuführen (vgl. IX, 9, 5). Zusammenfassend lässt sich sagen, dass der formale Gegenstand des Gebrauches des spekulativen Intellektes die Wahrheit als solche (*veritas ut sic*) ist, derjenige des Gebrauches des praktischen Intellektes hingegen das Machbare als solches (*operabile ut sic*) (vgl. IX, 9, 6).

Was aber bedeutet »praktischer« Intellekt genau? Suárez' Antwort auf diese Frage erscheint auf den ersten Blick grundsätzlich und leicht verständlich, in ihrer ganzen Tragweite jedoch beinhaltet sie eine Reihe von Erläuterungen, die in ihrem Zusammenspiel eine komplexe und stark ausdifferenzierte Theorie der Beziehungen zwischen Intellekt und Begehren, genauer: zwischen Intellekt und rationalem Begehren, d. h. dem Willen, ergeben. Zuerst gibt Suárez klar zu verstehen, dass der Intellekt nicht aufgrund seiner angeblichen Motivierung durch den Willen »praktisch« genannt werde, vielmehr verhalte es sich genau umgekehrt: Der Intellekt wird in dem Maße »praktisch« genannt, in dem er von sich aus dazu tendiert, das Begehren anzufachen und in seinem Handeln zu regulieren (vgl. IX, 9, 9). Suárez versucht, diese These auf eine Stelle aus Aristoteles' *De anima* (III, 10, 433a13ff.) zu stützen, obwohl dort in keinster Weise die Rede davon ist, dass der Intellekt das Begehren anfache; vielmehr wird etwas anderes bzw. genau entgegengesetztes angedeutet: Der Intellekt ist nur praktisch, wenn seine diskursive Aktivität »im Hinblick auf etwas anderes« (*ho heneká tou logizómenos*) stattfindet, d. h. im Hinblick auf das Ziel als Gegenstand des Wunsches bzw. Strebens (*órexis*). Das Aristoteleszitat stützt also seine These nicht, doch Suárez führt darüber hinaus ein unabhängiges Argument zu ihren Gunsten an: Das Begehren kann nur dem zustreben, was Gegenstand der Erkenntnis ist (*ad cognitionem*), sodass eine erste praktische Erkenntnis (*prima cognitio practica*) notwendigerweise jedem Akt des Begehrens vorausgeht, denn andernfalls würde sich der Prozess unendlich fortsetzen (vgl. IX, 9, 9).

Eine später angeführte Erklärung macht deutlich, was Suárez meint: Es kann keinerlei Art von Begehren geben, wenn nicht vorher ein bestimmter darstellender Inhalt vorhanden ist, dem das Begehren sich zuwendet, sodass das Begehren in seinem elicitiven Charakter, d. h. in seiner Fähigkeit, den entsprechenden Wunschakten unmittelbar Raum zu geben, seinen Ursprung in der Erkenntnis hat (*oritur ex cognitione*) (vgl. X, 3, 11). Aristoteles würde sicher nicht verneinen, dass der Wunsch notwendigerweise ein kognitives Element voraussetzt, sofern er aus der Perspektive der Konstitution seines Zielgegenstandes heraus notwendigerweise auf kognitiven Fähigkeiten entspringende darstellende Inhalte angewiesen ist. Alles in allem aber wird man in seinem Werk vergebens eine Bemerkung suchen, die der doktrinär gewordenen Aussage des Augustinus, der zufolge man nicht lieben kann, was man nicht kennt, entspricht. Einer auf Thomas von Aquin zurückgehenden Traditionslinie folgend macht sich Suárez diese doktrinäre Aussage zu eigen und gliedert sie auf eine spezifische Art seiner Theorie der Handlungsmotivierung und -entstehung ein.

Der genaue Sinn dieser Auffassung, die ich im Folgenden die These vom *vorstellungsmäßigen Vorrang* des Intellektes nennen werde, wird meiner Meinung nach klar, wenn man eine Reihe von Aspekten berücksichtigt. Erstens ist es laut Suárez dem Begehren in all seinen Formen zu eigen, dass sein Gegenstand stets unter dem Aspekt des Guten begehrt wird, sodass das Gute und das Begehrenswerte in diesem Sinne identisch sind: Das Böse als solches ist kein möglicher Gegenstand des Begehrens (vgl. X, 2, 3). Folglich verhält sich das Gute als Gegenstand des Begehrens zum Begehren im Allgemeinen und zum Willen im Besonderen ebenso, wie sich die Wahrheit zum Intellekt verhält (vgl. XII, 1, 1). Dabei ist aber zu berücksichtigen, dass man das Gute, obwohl koextensiv zum Sein, nur über den Zugang zum Sein, d. h. auf der Grundlage der Wahrheit, erfassen kann. Mit anderen Worten: Nur auf der Grundlage eines entsprechenden deskriptiven Inhaltes, der wiederum durch einen kognitiven Akt gegeben sein muss, kann sich etwas als gut darstellen. Aus streng metaphysischer Perspektive kann sich diese These auf die Beschreibung der Beziehung zwischen Sein und Gutem im Rahmen von Suárez' Rekonstruktion der traditionellen Doktrin der Transzendentalien gründen. Suárez konzipiert das transzendentale Gute allgemein als die »Zuträglichkeit« bzw. »Konvenienz« (*convenientia*) (vgl. DM X, 1, 12). In seinem grundlegenden Sinne ist dieser Begriff nicht relational, sondern er bezeichnet die Vollkommenheit einer Sache, sofern diese Vollkommenheit ihrerseits die Grundlage für jede mögliche Verbindung natürlicher Art mit einer anderen Sache ist (vgl. X, 1, 12): »Gutsein-in-sich« und »Gutsein-für-anderes« stellen demnach Vorder- und Rückseite ein und desselben Phänomens dar, das als transzendentales Gutes bezeichnet wird.[5] Mit anderen Worten: Aufgrund seiner deskriptiven Eigenschaften, d. h. seines »Seins«, kann etwas gleichzeitig als ein in sich und für anderes Gutes aufgefasst werden. Der Zugang zu den deskriptiven Eigenschaften einer Sache durch die Erkenntnis ist demnach eine Vorbedingung ihrer möglichen Auffassung als ein Gutes. Es ist aber offensichtlich, dass sich ein solcher Zugang nicht auf ein bloßes Registrieren der gegebenen deskriptiven Eigenschaften durch die Wahrnehmung reduzieren lässt, sondern dass er auch und notwendigerweise ein *Urteil* über die *Konvenienz* des derart gegebenen beinhalten muss, und dies wiederum auch bezüglich des Subjektes, welches den

5 Siehe Rolf Darge, *Suárez' transzendentale Seinsauslegung und die Metaphysiktradition* (Leiden: Brill, 2004), pp. 346–65.

entsprechenden Gegenstand als »gut« bewertet. In diesem Sinne betont Suárez ausdrücklich, dass in jedwedem Urteil über die Gutheit von etwas, auch wenn es sich um ein fremdes Gutes handelt, die Beziehung des über diese Gutheit urteilenden Subjektes zu dem ihm eigenen Guten beteiligt sei: Alles fremde Gute muss mir auf irgendeine Art auch als *mein* eigenes Gutes erscheinen, wenn es wirklich etwas *für mich* Begehrenswertes sein soll (vgl. *DA* x, 2, 7). Da es sich hier um ein *Urteil* handelt, ist andererseits klar, dass die Erfassung des Guten als solchem notwendigerweise einen Akt des Intellektes voraussetzt und nicht ein bloßes Erfassen des Gegenstandes durch die Wahrnehmung ist.[6] Wie Suárez' Referenz an das so genannte »erste Prinzip der praktischen Vernunft« suggeriert, geschieht es in besagtem Urteil und durch dieses, dass zum ersten Mal etwas als Gutes oder, in seinem Mangel, als Schlechtes vorgestellt werden kann, d. h. als etwas, das es zu erstreben oder zu vermeiden gilt. In diesem Rahmen kann Suárez also behaupten, dass der Akt des Intellektes als solcher eine Vorbedingung für die Möglichkeit des Begehrensaktes ist, und zwar genau im Sinne der oben genannten Theorie vom *vorstellungsmäßigen Vorrang* des Intellektes: Während die Aktualisierung der Erkenntnisfähigkeit auf Grundlage der unmittelbaren Vereinigung dieser Fähigkeit mir ihrem Gegenstand beruht, beruht die Aktualisierung der Fähigkeit des Begehrens auf der Vereinigung mit der Erkenntnisfähigkeit, durch die sich der entsprechende Gegenstand anbietet (vgl. x, 3, 11).

2.3 *Der Motivationsvorrang des Begehrens*

Nun wäre es aber ein großer Fehler, das Gesagte so zu verstehen, als ob der Intellekt durch seine Akte den unmittelbaren Antrieb für das Begehren darstellte. In seiner Beschreibung des Begehrens verneint Suárez dies klar. Die These vom *vorstellungsmäßigen Vorrang* des Intellektes ist also nur die Hälfte der Medaille, wenn es darum geht, Suárez' Auffassung von der Handlungsmotivierung und -entstehung zu verstehen. Es muss eine weitere, komplementäre These hinzugefügt werden, die ich die These vom *Motivationsvorrang* des Begehrens im Allgemeinen und des Willens im Besonderen nennen werde.

In der Beschreibung der Fähigkeiten des Begehrens (vgl. *DA* x) bemüht sich Suárez, deutlich zu machen, dass die Abhängigkeit des Begehrens vom Intellekt im Hinblick auf den entsprechenden darstellenden Inhalt nicht in dem Sinne aufzufassen ist, dass der Akt des Begehrens als solcher ohne weiteres vom Intellekt verursacht wird. Sofern bloß als solcher erkannt, verursacht der begehrte Gegenstand nicht aus sich allein heraus die Aktualisierung

6 Offensichtlich handelt es sich im Falle der Tiere um eine analoge Fähigkeit subrationalen Charakters.

des Begehrens, weder im Sinne einer Aktualisierung der entsprechenden Fähigkeit (vgl. x, 3, 6), noch im Sinne einer Beteiligung am Wesen des Aktes des Begehrensvermögens (vgl. x, 3, 7). Die natürliche Neigung des Begehrens selbst zu demjenigen hin, das sich jeweils als das Gute darstellt, regt unmittelbar die Fähigkeit des Begehrens an, nicht eine angenommene Wirkung des vorgestellten Gegenstandes (vgl. x, 3, 7). Der als begehrenswert erkannte Gegenstand, so erklärt Suárez, sei nicht im Sinne einer unmittelbaren Ursache Ursprung der Regung des Begehrens, sondern vielmehr der Endpunkt (*terminus*) dieser Regung, d. h. dasjenige, dem sie zustrebt oder auf das sie hinweist (vgl. x, 3, 9). Das Wahrnehmen des als »begehrenswert« bzw. als »gut« erkannten Gegenstandes ist also notwendig, um die Regung des Begehrens zu entfachen, aber dieses Wahrnehmen kann nicht aus sich heraus diese Regung verursachen, deren erste Ursache ja die natürliche Tendenz des Begehrens selbst ist: Es ist also die Neigung des Begehrens und nicht die bloße Vorstellung des Gegenstandes, welche die Regung der Fähigkeit des Begehrens erklärt (vgl. x, 3, 11). In diesem Sinne beruft sich Suárez auf die Autorität des Thomas von Aquin, dem zufolge der Intellekt den Willen anregt, indem er diesem den Gegenstand seiner natürlichen Neigung vorstellt (*proponendo*) (vgl. x, 3, 11).

Wie verschiedene Bemerkungen Suárez' deutlich machen, ist die Ablehnung der Möglichkeit einer direkten Verursachung des Begehrensaktes durch den Akt des Intellektes mit einer Reihe von sowohl aus psychologischer und handlungstheoretischer Sicht als auch aus Sicht einer normativen Ethik zentralen Aspekte verbunden. Einer dieser Aspekte hat mit dem grundlegend freien Charakter der Willensakte zu tun. Suárez erklärt, nur Gott könne den Willen auf direkte Art effizient beeinflussen, niemals aber könne dies ein gegebenes Objekt tun, welches auch immer (vgl. x, 3, 6). In der spezifischen Beschreibung des Willens, der rationalen Form des Begehrens, bemüht sich Suárez aufzuzeigen, dass die natürliche Neigung des Willens hin zu dem ihm vom Intellekt als »gut« Vorgestellten absolut kompatibel ist mit dem grundsätzlich freien Charakter der Willensakte. Suárez betont, dass der Intellekt nur dort elicitiv über den Willen herrschen könne, wo bereits ein vorangegangener Akt des Willens selbst gegeben sei, z. B. wenn der Intellekt auf der Grundlage des Wunsches nach einem bestimmten Gegenstand dem Willen imperativisch die dafür notwendigen Mittel anzeigt (vgl. xii, 1, 7). In der Tat richtet sich laut Suárez der Willensakt primär an den Zielen und nur sekundär an den Mitteln aus, sofern die Mittel, wenn nicht um ihrer selbst Willen gewünscht, nur erstrebenswert erscheinen, weil sie zum Ziel führen (vgl. xii, 1, 4). Dennoch setzt die Feststellung der Eignung der Mittel für das Ziel ein Urteil des Intellektes voraus. Suárez erklärt, der freie Charakter des Willens stehe mit der Vollkommenheit des Intellektes in Verbindung, der dazu fähig sei, die Konvenienz jeder Sache getrennt zu betrachten und so deren Grad an Gutheit oder Schlechtheit einzuschätzen: Die Freiheit des Intellektes, die wahrnehmbaren Objekte unter verschiedenen Gesichtspunkten zu betrachten und so vergleichend ihre verschiedenen Eigenschaften zu erwägen, ist also die Grundlage der Freiheit des Willens, der immer dem Urteil des Intellektes folgt (vgl. XII, 2, 10). Dennoch gilt die Ablehnung der Möglichkeit einer direkten Anregung des Begehrens durch den Intellekt Suárez zufolge nicht nur für das rationale, sondern auch, auf eine andere Art, für das sinnliche Begehren. Weder im Falle der freien Akte noch im Falle der bloß natürlichen kann das Begehren durch den Gegenstand einer anderen Fähigkeit effizient angeregt werden (vgl. X, 3, 9). Gewiss ist das sinnliche Begehren dem Willen unterworfen, es handelt sich aber hierbei um eine Unterwerfung, die Suárez als »politische« und nicht etwa als »despotische« bezeichnet, da die Möglichkeit eines Widerspruchs zum »Nein« des Willens nicht ausgeschlossen wird (vgl. XI, 3, 2–3). Streng genommen allerdings ist dieser letzte Punkt nur eine bestimmte Redeweise. In einer nachfolgenden Passage präzisiert Suárez, Thomas von Aquin folgend, die Beziehung zwischen Willen und sinnlichem Begehren aus motivationsspezifischer Sicht heraus. In diesem Kontext sind drei verschiedene mögliche Szenarien aufzuzählen: 1) Der Wille kann sich dem sinnlichen Begehren entgegen gerichtet bewegen; 2) anderwärtige Hindernisse, etwa pathologische Veränderungen oder Unreife, einmal ausgeklammert, kann sich das sinnliche Begehren nicht dem Willen entgegengesetzt bewegen; hingegen kann sich 3) das sinnliche Begehren aus sich heraus bewegen, wenn der Wille sich ihm nicht entgegenstellt (vgl. XIII, 1, 10).

Im allgemeinen kann man sagen, dass Suárez' Konzeption im Wesentlichen darauf hinausläuft, wie der vom Intellekt vorgestellte und als gut bewertete Gegenstand einer neuen Kausalkette eingegliedert wird, die der Intellekt von sich aus allein nicht in Gang setzten kann, d. h. wenn sich ihm nicht die dem Begehren zu eigene Neigung hinzugesellt. Dieses Begehren ist es, das unmittelbar zur Handlung führt. In diesem Sinne kann man von einem *Motivationsprimat* des Begehrens sprechen. Die Position von Suárez scheint hier einen zentralen Aspekt der aristotelischen Auffassung von der Motivation wieder aufzunehmen, denn in seiner Polemik gegen den sokratischen Intellektualismus betont Aristoteles, dass der Intellekt für sich alleine gar nichts bewege.[7] Paradoxerweise besteht der Unterschied zu Aristoteles in der

7 Bezüglich einer Rekonstruktion der aristotelischen Position im Hinblick auf den sokratischen Intellektualismus erlaube ich mir, auf Alejandro G. Vigo, *Estudios aristotélicos* (Pamplona: Ediciones Universidad de Navarra, 2006) pp. 325–362 zu verweisen, wo vor allem

Tatsache, dass Suárez, einer über Thomas von Aquin auf Augustinus zurückführenden Traditionslinie folgend, viel stärker als Aristoteles selbst die kognitiven Voraussetzungen des Begehrensaktes im allgemeinen und des Willens im Besonderen unterstreicht. Gleichzeitig versucht er jedoch, jeglichen Rückfall in eine bloß intellektualistische Auffassung der Motivation, welcher Art auch immer, zu vermeiden.

2.4 *Die Entstehung der Handlung*

Ein letzter wichtiger Punkt geht damit einher, wie Suárez die Entstehung des Handelns erklärt. Von rein innerlichen Akten abgesehen muss die durch eine Intervention des Begehrens initiierte Kausalkette zur Entstehung konkreter Handlungen führen, und dies offensichtlicherweise durch die Körperbewegung des Handelnden. Im Falle des Willens geht Suárez konkret von der traditionellen Unterscheidung zwischen elicitiven Akten, welche der Wille unmittelbar aus sich heraus hervorbringt, und imperierten Akten, die zu einer anderen Fähigkeit gehören, aber unter Einfluss des Willens durchgeführt werden, aus (vgl. XII, 1, 5). Im Falle des sinnlichen Begehrens wird keine analoge Unterscheidung gemacht, obwohl alles darauf hindeutet, dass eine solche zu Grunde gelegt werden muss. Die Bewegungen der verschiedenen Körperteile und -glieder, sofern in unserer Macht stehend, können in dem Sinne als willentlich aufgefasst werden, dass sie durch den Willen beherrscht werden. Gleiches gilt für die Akte der äußeren und inneren Sinne, sofern diese der Kontrolle des Willens unterworfen sind (vgl. XII, 1, 5). In seiner Beschreibung des Problems der Entstehung von Willensakten durch die Körperbewegung (vgl. XIII) folgt Suárez eng der Grundauffassung, die Aristoteles in seinem Traktat *De motu animalium* entwickelt. Die treibende Kraft wird im allgemeinen mit der Funktion des Herzens in Verbindung gebracht (vgl. XII, 1, 2). Aus der Perspektive des Kausalmodelles, das sowohl Aristoteles als auch Suárez im Blick haben, ist die Unterscheidung zwischen den ungewollt entstehenden körperlichen Bewegungen einerseits und den in ihrer Entstehung nur durch Vermittlung der Erkenntnis erklärbaren willentlichen Bewegungen andererseits grundlegend. Auch in der Entstehung willentlicher Bewegungen existiert freilich eine Erklärungsdimension, die auf das Zusammenziehen und Ausdehnen von Muskeln und Sehnen verweist sowie auf die Rolle der Gelenke bei der Übermittlung der Bewegung (vgl. XII, 1, 3). Das davon abweichende Element ergibt sich aus der Eingliederung des der Wahrnehmung, Erinnerung, Vorstellung und dem Intellekt entspringenden Vorstellungsinhaltes in

das mit der sokratischen Ablehnung der Unbeherrschtheit (*akrasia*) einhergehende Problem behandelt wird.

die Kausalkette, welche den Ursprung der Bewegung selbst erklärt: Es ist die kognitive Vermittlung, die das Objekt vorstellt, das als Ziel die Richtung der Bewegung bestimmt (vgl. XII, 1, 3). Alles in allem erklärt sich die Eingliederung des Vorstellungsinhaltes in eine neue und zur Inbewegungsetzung des Körpers fähige Kausalkette durch seine Beziehung zum Begehren. Aristoteles streng folgend beharrt Suárez erneut auf der Tatsache, dass das unmittelbare Prinzip der Bewegung nicht in der Erkenntnis als solcher zu suchen sei, sondern im Begehren, das sich bezüglich der Bewegungsfähigkeit als bestimmend erweist. Es ist das Begehren, nicht die Bewegungsfähigkeit, das als wahre Ursache der Bewegung angesehen werden muss, da sich ja letztere bezüglich ersterer als rein passiv erweist (vgl. XIII, 1, 4). Eine derartige Auffassung passt in den Rahmen, der durch die Verbindung der zwei bereits erwähnten Grundthesen – der These vom *vorstellungsmäßigen Vorrang* des Intellektes und der vom *Motivationsvorrang* des Begehrens – vorgegebenen ist.

3 Die moralische Bewertung der Handlung

3.1 *Suárez gegenüber dem Voluntarismusvorwurf*

Im Lichte des Gesagten erscheint es schwer nachvollziehbar, dass die suaresianische Auffassung so häufig dem Vorwurf ausgesetzt gewesen ist, einem nicht vertretbaren Voluntarismus Boden zu bereiten oder zumindest die Tore zu öffnen.[8] Eine solche Kritik bezieht sich natürlich zumeist ausschließlich oder zumindest größtenteils auf die in *De legibus* entwickelte Auffassung vom Gesetz und nicht auf die in DA entwickelte psychologische und handlungstheoretische Auffassung. In ihrem allgemeinen Anspruch jedoch ist diese Kritik nicht einmal ohne weiteres auf die suaresianische Gesetzesauffassung anwendbar, denn obwohl Suárez hier den Schwerpunkt auf die Beziehung zwischen dem Willen des (göttlichen oder menschlichen) Gesetzgebers und dem Willen des Adressaten der gesetzlichen Beherrschungsintention setzt, betont er ebenfalls ausdrücklich, dass jedes wahre Gesetz seinen Inhalt betreffend

8 In diesem Zusammenhang sei, um einige zeitgenössische Arbeiten zu zitieren, auf Michel Bastit, *Naissance de la loi moderne. La pensée de la loi de saint Thomas à Suárez* (Paris: Presses universitaires de France, 1990), pp. 305–59; Jean-François Courtine, *Nature et empire de la loi. Études suaréziennes* (Paris: Éd. de l'École des hautes études en sciences sociales: J. Vrin, 1999), pp. 91–114; und Jean-Paul Coujou, »La reformulation de la question de la loi naturelle chez Suárez,« in *Francisco Suárez – »Der ist der Mann« (Heidegger). Apéndice: Francisco Suárez, De generatione et corruptione. Homenaje al Prof. Salvador Castellote*, Hrsg. von der Facultad de Teología San Vicente Ferrer (Valencia, 2004), pp. 105–32 verwiesen.

notwendigerweise gerecht und demnach auch im Einklang mit der Vernunft sein müsse (vgl. *De legibus*, I, 9, 1–7).

In jedem Falle bin ich der Auffassung, dass die meisten Vereinfachungen, die gemeinhin zu einer solchen Kritik führen, hätten verhindert werden können, wenn die in *DA* erarbeitete Handlungskonzeption sowie die in dem sogenannten *Tractatus Quartus* (*Opera* IV 454–512)[9] entwickelte Tugendlehre stärker berücksichtigt worden wären. Vom rein systematischen Standpunkt aus ist ja bereits deutlich geworden, dass das suaresianische Konzept der Handlungsmotivierung und -entstehung versucht, auf eine einheitliche Art Aspekte zu formulieren, die sowohl die ermöglichende Funktion der Akte des Intellekts bezüglich des Begehrens im Allgemeinen und des Willens im Besonderen als auch die nicht delegierbare Motivierungsfunktion des Begehrens im Sinne einer unmittelbaren Handlungsursache berücksichtigen. Wie ebenfalls bereits deutlich wurde, sorgt Suárez' entschiedene Betonung der mit den kognitiven Voraussetzungen des Begehrens zusammenhängenden Aspekte sogar dafür, dass sein Gesamtkonzept einen in gewisser Weise stärker intellektualistisch geprägten Charakter aufweist als die aristotelische Auffassung, ohne dass dies jedoch eine simple Rückkehr zu einem *Motivationsintellektualismus* sokratischer Prägung impliziert.

Sogar noch deutlicher wird der intellektualistische Schwerpunkt dort, wo Suárez das Problem der moralischen Bewertung des Handelns berührt, und zwar aus dem einfachen Grund, dass man in diesem Punkt nicht einmal mehr scharf zwischen sokratischen Auffassungen einerseits und aristotelisch-thomistisch geprägten Auffassungen andererseits trennen kann. Suárez folgt hier eng Thomas von Aquin und Aristoteles und behält so in seiner eigenen Auffassung die in beiden Autoren präsenten intellektualistischen Elemente sokratischer Prägung bei. Dass es sich hierbei um Elemente handelt, die als ursprünglich sokratisch aufgefasst werden können, darf nicht falsch verstanden werden. Offensichtlich ist hiermit nicht die sokratische Idee gemeint, der zufolge die moralische Erkenntnis, sofern wirklich präsent, notwendigerweise ausreichend motivierende Kraft besitzt, um das Handeln des Subjektes in die Richtung zu lenken, die diese Erkenntnis vorschreibt. Dies ist genau die Hauptthese des *Motivationsintellektualismus*, von der sich Suárez, Aristoteles und Thomas von Aquin folgend, in aller Deutlichkeit durch die Theorie vom

9 Die suarezianische Doktrin von der Tugend im Allgemeinen betreffend, siehe Wilhelm Ernst, *Die Tugendlehre des Franz Suárez* (Leipzig: St. Benno-Verlag, 1964), der darüber hinaus eine kritische Textedition des *De habitibus in communi* betitelten Opusculums aus dem Jahre 1582, welches eine frühe Version der in den *Disputationes metaphysicae* XLIV dargelegten Doktrin darstellt, beifügt (siehe S. 226–66).

Motivationsvorrang des Begehrens distanziert. Die sozusagen immer noch vorhandenen »sokratischen« Elemente haben, man wird es im Folgenden sehen, vielmehr damit zu tun, wie Suárez die Grundlagen der moralischen Bewertung, genauer gesagt des »Gutseins« der Handlung erklärt, und auch, auf eine andere Art, mit bestimmten Aspekten seiner Beschreibung des moralischen Fehlers und der mit dem Motivationskonflikt einhergehenden Phänomene. Betrachten wir zu aller erst ganz kurz Suárez' Position zu den Grundlagen der moralischen Bewertung der Handlung.

3.2 *Rechtfertigungsintellektualismus und moralische Bewertung der Handlung*

An dieser Stelle ist hoffentlich klar geworden, dass die von mir so genannte These vom *vorstellungsmäßigen Vorrang* des Intellektes wesentlich im Bereich der Psychologie und Handlungstheorie verankert ist und nicht im Bereich der normativen Ethik. Dass das Begehren im Allgemeinen und der Wille im Besonderen sich nur dem zuwenden können, was sich ihnen mittels der entsprechenden kognitiven Fähigkeiten *als gut* vorstellt, kann in der Tat nicht ohne weiteres implizieren wollen, dass alle willentlichen Akte auf das hinauslaufen, was man wirklich in jedem Falle als *das wahrhaft Gute* des Handelnden auffassen kann. Die traditionelle These, der zufolge das Ziel des Handelns stets *unter dem Aspekt des Guten* erstrebt wird, wurde nie verstanden als Ausschluss der Möglichkeit, das Schlechte zu wählen und darauf aufbauend Handlungen, die aus dem Blickwinkel einer moralischen Bewertung heraus als falsch oder schlecht charakterisiert werden müssten, durchzuführen – auch nicht von Sokrates, der als Urheber dieser These gilt.[10] Der Grund hierfür ist ganz einfach: Es handelt sich um eine These, welche die Handlung aus Sicht der ersten Person beschreibt und die somit darauf abzielt, den Anforderungen der *internen Rationalität* Rechnung zu tragen, die jede Zuschreibung von Willentlichkeit oder Absichtlichkeit notwendigerweise mit sich bringt. Als willentlich oder absichtlich kann eine Handlung nur angesehen werden, wenn man annehmen kann, dass der Handelnde sich für sie entschieden hat, doch

---

10 Die Diskussion über den Ursprung der These im sokratischen Ausspruch *nemo sua sponte peccat* und ihre späteren Projektionen in platonischen und aristotelischen Konzeptionen betreffend, erlaube ich mir, auf Alejandro G. Vigo, »Autodistanciamiento y progreso moral. Reflexiones a partir de un motivo de la ética socrática,« *Diadokhé* 5.1–2 (2002), 65–101 zu verweisen. Bezüglich einer Verteidigung der Auffassung, der zufolge der so genannte »sokratische Intellektualismus« eine primär im Bereich der Handlungstheorie und nicht im Bereich der normativen Ethik verankerte Position darstellt, siehe Alfonso Gómez Lobo, *La ética de Sócrates* (Santiago de Chile: Editorial Andrés Bello, 1998), 32ff.

eine solche Annahme wiederum kann nur gemacht werden, wenn man dem Handelnden selbst den Glauben daran zuschreiben kann, dass er das, wofür er sich entschieden hat, für gut oder besser als etwas anderes hält, zumindest im Rahmen der Bedingungen seiner Entscheidung.[11] Da nun aber dieser Glaube nicht unbedingt untrüglich ist, ist allein aus der These, der zufolge das Ziel der Handlung stets unter dem Aspekt des Guten erstrebt wird, nicht zwingend eine moralische Unfehlbarkeit der rationalen Handelnden ableitbar. Vielmehr ist diese These auf diverse Arten mit diversen Formen von moralischen Fehlern kompatibel. Im Rahmen all dieser Formen von moralischen Fehlern wird der Handelnde das Ziel seiner Handlung, zumindest unter dem Blickwinkel seiner Wahl, stets unter dem Aspekt des Guten anpeilen. Dies kann aber nicht verhindern, dass ein anderer Handelnder, oder sogar ein und derselbe Handelnde aus einer anderen Perspektive heraus (z. B. retrospektiv), dieses fälschlicherweise in einem bestimmten Handlungskontext ausgewählte oder vorgezogene »Gute« als ein lediglich »scheinbares« und nicht »reales Gutes« ansehen wird, sofern es überhaupt kein Gutes ist oder sich zumindest als nicht besser sondern schlechter erweist als ein anderes, das der Handelnde gleichermaßen hätte auswählen können.

Wie deutlich wurde, verweist Suárez auf das erste Prinzip der praktischen Vernunft im Sinne einer Regel, an der sich das Urteil des Intellektes, durch das dem Begehren, genauer: dem Willen eine bestimmte Sache aufgrund der

11 Ich gebrauche den Begriff der internen Rationalität im Sinne der Handlungstheorien zeitgenössischer Autoren wie Donald Davidson, der auf die *interne Konsistenz* aller Wünsche und Glaubensvorstellungen eines Handelnden sowie der diesen entspringenden Entscheidungen und Handlungen abzielt. Demnach ist eine Entscheidung oder Handlung *intern rational* oder *intern irrational*, je nachdem, ob sie mit den Wünschen und Glaubensvorstellungen des Handelnden bezüglich der Wahl, Entscheidung und/oder Handlung, die für ihn am besten wäre, übereinstimmt oder nicht. Der Begriff der internen Rationalität drückt also eine Grund- oder Minimalforderung an die Rationalität aus, die für sich allein noch nicht den propositionalen Inhalt der beteiligten Wünsche und Glaubensvorstellungen mitberücksichtigt, außer just in dem Maße, das nötig ist, um festzustellen, ob diese untereinander konsistent sind oder nicht. Auf diesen letzten, mit der Bewertung und Beurteilung der Glaubensvorstellungen im Hinblick auf deren spezifischen propositionalen Inhalt zusammenhängenden Aspekt deutet vielmehr der Begriff der *externen Rationalität* hin, der insofern größeren Anforderungen genügt, als er im Rahmen der Bewertung der Wünsche und Glaubensvorstellungen eines Handelnden Rationalitätsmaßstäbe einführt, die den Anspruch haben, intersubjektiv gültig zu sein. Bezüglich der Begriffe interne Rationalität und externe Rationalität im angeführten Sinne, siehe Donald Davidson, "Paradoxes of Irrationality," in *Philosophical Essays on Freud*, Hrsg. von Richard Wollheim, James Hopkins (Cambridge: Cambridge University Press, 1982), pp. 289–305.

Erwägung ihrer Konvenienz – im präzisen Sinne, den Suárez diesem Begriff zukommen lässt – als gut oder besser als eine andere vorgestellt wird, irgendwie orientiert. Schließt diese Erklärung aus, dass jemand sich für dasjenige entscheiden kann, was in Wirklichkeit als schlecht oder schlechter als ein anderes angesehen werden muss? Offensichtlich nicht, denn dafür müsste man zumindest eine von zwei zusätzlichen Annahmen machen: 1) dass das Urteil des Handelnden über den konkreten Gegenstand seiner Handlung niemals falsch sein kann, oder 2) dass der Handelnde niemals seinem eigenen Urteil über das, was das Beste für ihn ist, entgegengesetzt handeln kann. Meiner Meinung nach akzeptiert Suárez keine dieser beiden Annahmen.

Ich werde später auf diesen Punkt zurückkommen. Fürs erste reicht es aus zu zeigen, dass Suárez sicherlich dem Kriterium der Konformität der Handlung mit demjenigen, was der Intellekt, sofern nicht durch andere Hindernisse interner oder externer Art in seinem Operieren beeinflusst, in jedem Falle als gut oder besser als etwas anderes beurteilt, zuneigt. Mit der Fesstellung, dass eine solche Konformität das Kriterium für die moralische »Richtigkeit« oder das »Gutsein« der Handlungen liefert, folgt Suárez bekanntlich einer langen Tradition. In diesem Sinne wurde bereits gesagt, dass Suárez in *DA* die Freiheit des Willens auf die Vollkommenheit des Intellektes gründet. Nun ist spezifizierend hinzuzufügen, dass Suárez in seiner Tugendlehre die aristotelisch-thomistische Vorstellung vom rechten Maß unverändert übernimmt, mit der entsprechenden Referenz auf den Begriff der *recta ratio*.[12] Thomas von Aquin folgend erklärt Suárez, dass sich das durch die *recta ratio* bestimmte Gutsein moralischen Handelns letztlich auf das Gutsein des Handlungsgegenstandes und, damit einhergehend, auf dessen Konformität mit dem Ziel und der Natur des Menschseins gründet.[13] Natürlich erhält das Handeln dieses Gutsein nicht durch die unter Zuhilfenahme der *recta ratio* durchgeführte Bestimmung eines Mittelweges, es geschieht vielmehr das genaue Gegenteil: Durch die *recta ratio* beurteilt man, ob eine bestimmte Handlung (z. B. das Geben von Almosen) durchgeführt werden soll, *weil* man sie als gute erkennt.[14] Das Erkennen des Gutseins des Handlungsgegenstandes durch den Intellekt ist also die *erste*

12 Vgl. *Tractatus Quartus, disp.* III, *sec.* VI = *Opera* IV 489–92; siehe vor allem *art.* 3 = IV 489f.: »*ratio virtutis in hoc consistit, ut attingat objectum eo modo, quo recta ratio dictat, atque adeo, ut nec excedat, nec deficiat.*«

13 Vgl. *Tractatus Tertius, disp.* II, *sec.* I–II = *Opera* IV 288–97.

14 Vgl. *Tractatus Tertius, disp.* I, *sec.* II, *art.* 12 = *Opera* IV 283: »*ut dare eleemosynam non ideo est honestum, quia recta ratio judicat esse dandam, sed potius ideo ratio judicat esse dandam, quia in eo objecto invenit honestatem et quamdam conformitatem cum fine et natura hominis.*«

notwendige Voraussetzung für das Gutsein der Handlung selbst. »Notwendige« und nicht »hinreichende Voraussetzung«, weil auch die entsprechenden subjektiven Voraussetzungen für die Realisierungsart des entsprechenden Handlungsaktes mitspielen müssen, wenn die Handlung aus moralischer Sicht wirklich gut werden soll;[15] »erste« und nicht »zweite Voraussetzung« jedoch, weil in ihr die Ursache des Gutseins des Aktes wurzelt, dort, wo sich die übrigen notwendigen Begleiterscheinungen ergeben. Die Aufrichtigkeit des Willens ihrerseits ist ebenfalls eine notwendige Bedingung für das Gutsein der Handlung, aber nicht »erste«, sondern »zweite«, denn sie fügt der Handlung keine neues Element des Gutseins hinzu, da dieses als solches sich ja vom Gegenstand herleitet. Ein Mangel an Aufrichtigkeit des Willens jedoch reicht aus, die Handlung in ihrem Gutsein zu beeinflussen, sogar dort, wo der Gegenstand gut ist.[16] In diesem Sinne zitiert Suárez das »sehr bekannte Prinzip« des Thomas von Aquin, dem zufolge »das Gute von seiner integeren Ursache, das Schlechte von jedwedem Defekt kommt« (»*bonum ex integra causa, malum ex quocumque defectu*«).[17] Da die subjektiven Voraussetzungen für den Willensakt nicht die Ursache für dessen Gutsein sind, sondern nur notwendige Voraussetzungen zweiter Ordnung, und da der Ursprung des Gutseins der Handlung primär im Gutsein des Gegenstandes liegt, so wie dieser sich dem Intellekt zeigt, kann man meiner Meinung nach Suárez mit vollem Recht einen *Rechtfertigungsintellektualismus* zuschreiben, und zwar in dem gleichen Sinne wie, jeweils variierend, Thomas von Aquin, Aristoteles, ja sogar Platon und Sokrates.

Insofern unterscheidet sich die bis jetzt skizzierte Situation gemeinhin nicht stark von derjenigen, die man bei Aristoteles und Thomas von Aquin vorfinden könnte. Sie ist bestimmt durch eine scheinbar überraschende, aber nur auf den ersten Blick paradox anmutende Verbindung von intellektualistischen und anti-intellektualistischen Aspekten. Man versteht, dass hier keine unlösbare Schwierigkeit vorliegt, wenn man sich vor Augen führt, dass im Hinblick auf die moralische Bewertung einer Handlung die Annahme eines bestimmten *Rechtfertigungsintellektualismus* absolut kompatibel ist mit der Ablehnung eines *Motivationsintellektualismus*, zumindest in seiner elementarsten und unspezifischsten Form, die von der *Hinlänglichkeit* der bloßen Erkenntnis des Guten für die Hervorbringung von mit dieser Erkenntnis übereinstimmenden Akten ausgeht. Das bis hierhin skizzierte Bild kann durch eine kurze Erwägung

15 Vgl. *Tractatus Tertius, disp.* III = *Opera* IV 305–319.

16 Vgl. *Tractatus Tertius, disp.* III, *sec.* III, *art.* 14–21 = *Opera* IV 313–16; *disp.* IV, *sec.* I–II = *Opera* IV 319–329.

17 Vgl. *Tractatus Tertius, disp.* III, *sec.* III, *art.* 21 = *Opera* IV 315.

der Art und Weise, in der Suárez den moralischen Fehler und die mit dem Motivationskonflikt einhergehenden Phänomene behandelt, komplettiert werden, um so ein wenig mehr Licht auf die wahre Tragweite des suaresianischen Gesamtkonzeptes zu werfen.

3.3 *Moralischer Fehler und Motivationskonflikt*

Dass die bloße Erkenntnis des Guten nicht ausreicht, um mit dieser Erkenntnis übereinstimmende Handlungen zu motivieren, ist eine These, die zweifelsfrei Suárez zuzuschreiben ist, schon allein aufgrund der eindeutig aristotelischen Orientierung seiner Tugendlehre. Damit einhergehend ist aus streng metaphysischer Sicht Suárez' Interesse bedeutsam, entgegen der Meinungen eines Aureolus, Durandus und anderer der Gewohnheit eine genuin kausale Wirkung zuzuschreiben, die nicht eine bloße Intensivierung der Akte einer bestimmten Potenz verursacht, sondern die Substanz dieser Akte selbst (vgl. *DM* XLIV, 5, 3–10). Obwohl dies für alle Arten der Gewohnheit gilt, ist es im Falle der mit dem Willen zusammenhängenden praktischen Gewohnheiten aus systematischer Sicht besonders bedeutsam, wenn es sich um fehler- oder sündhafte Gewohnheiten handelt, denn durch diese wird besonders klar, dass die kausale Wirkung der Gewohnheit, ihre spezifische motivierende Kraft, als solche nicht notwendig in der Erkenntnis gründen muss. Es kann also nicht sehr überraschen, dass Suárez den Leidenschaften, sündhaften Gewohnheiten und den Sünden besondere Aufmerksamkeit widmet (vgl. *Tractactus Quartus, disp.* IV; *Tractatus Quintus*).

Bezüglich des moralischen Fehlers ist die grundsätzliche Frage, wie Suárez dessen Natur und Struktur erklärt in Anbetracht der Tatsache, dass es sich um Handlungen handeln muss, die willentlich gegen die Vorschriften der *recta ratio* verstoßen, die aber gleichzeitig auf irgendeine Art in der Erkenntnis verankert sein müssen, so wie es die These vom *vorstellungsmäßigen Vorrang* des Intellektes gegenüber dem Begehren fordert. In diesem Kontext folgt Suárez' Erklärung grundsätzlich dem durch die aristotelische Beschreibung der Freiwilligkeit und Unfreiwilligkeit der Handlung (*EN* III 1–3) sowie deren Weiterentwicklung durch Thomas von Aquin geebneten Weg. Der Kernpunkt der aristotelischen Strategie, der Suárez folgt, besteht darin, diejenige Unwissenheit, welche die Unfreiwilligkeit der Handlung verursacht, von derjenigen Unwissenheit, auf der die moralische Schlechtheit der Handlung gründet, scharf zu trennen. Jede Wahl setzt eine *gewisse* Erkenntnis voraus, denn es kann keinen willentlichen Akt geben, der in kompletter Unwissenheit vollzogen wird.[18] Im Gegensatz zu den Thomisten betont Suárez darüber hinaus,

18 Vgl. *Tractatus Secundus, disp.* VI, *sec.* IV, *art.* 2 = *Opera* IV 245.

dass die Art von Erkenntnis, die hier vorausgesetzt wird, nicht bloß imaginativ sein könne, sondern dass sie, zumindest in gewisser Weise, sogar auf dem Urteil des Intellektes gegründet sein müsse, da ja der ersehnte Gegenstand im Vorfeld als ein guter erwogen werden muss.[19] Das bedeutet, dass sich die erforderliche Erkenntnis hier nicht auf das beschränkt, was man die »technische« Struktur der Handlung nennen könnte, die Eignung der Mittel für ein gegebenes Ziel, und ebenso wenig auf die bloßen Handlungsumstände, sondern dass sie ebenfalls eine beurteilende Komponente enthält, die sich speziell auf das Ziel bezieht, und zwar genau in dem Maße, in dem dieses *als gut* angenommen wird. Im Falle des moralisch verwerflichen Aktes handelt es sich hingegen genau genommen um eine Unkenntnis, oder besser noch um eine Nichterwägung dieses letztgenannten Aspektes, der notwendig in dem Urteil der *recta ratio* beinhaltet ist, und zwar genau in dem Maße, in dem die Entscheidung zugunsten eines solchen Aktes sich willentlich *gegen* das besagte Vernunfturteil wendet.[20] Dies geschieht, wenn das sinnliche oder nichtrationale Begehren einen solchen Einfluss ausübt, dass der Wille sozusagen passiv wird und somit nicht von Anfang an, d. h. ausgehend vom Hinweis auf das vom Intellekt vorgestellte Ziel, die zu verfolgende Handlungsrichtung bestimmt. Folglich schlägt die Handlung eine Richtung ein, die gegenläufig zu derjenigen ist, welche der Wille von sich aus vorschreiben würde, denn der Wille bleibt hier auf die bloße Auswahl der Mittel beschränkt. Unter diesen Bedingungen ist der Willensakt dennoch nicht schlecht an sich, sondern nur schlecht insofern, als er einem Gegenstand entgegen strebt, der sich einerseits als verschieden von demjenigen entpuppt, welchen der Intellekt mittels des integralen Urteils als guten aufzeigen würde, der aber andererseits selbst auch unter dem Aspekt des Guten erscheint, so fern er Gegenstand des sinnlichen und nicht rationalen Begehrens ist und durch das Urteil des Intellektes über die entsprechenden Mittel erreichbar erscheint. Unter solchen Umständen wird der Wille gewissermaßen in seiner vollen Entfaltung beschnitten: Er sündigt aufgrund eines Fehlers oder einer Unterlassung, da er sich nicht auflehnt, obwohl er dies tun könnte und sollte, und liefert somit den Intellekt sozusagen der Motivationskraft des sinnlichen oder nicht rationalen Begehrens aus, da sich die Funktion des Intellektes nunmehr auf die bloße Bestimmung der Mittel für das Erreichen eines Zieles beschränkt, das verschieden von dem ist, das er selbst dem Willen aufzeigen würde.

Einer Traditionslinie folgend, die über Thomas von Aquin bis zu Platon und Aristoteles zurückführt, sieht Suárez die psychologischen Grundlagen

19 Vgl. *Tractatus Secundus*, *disp.* VI, *sec.* V, *art.* 1–2 = *Opera* IV 246f.

20 Vgl. *Tractatus Tertius*, *disp.* VII, *sec.* 1, *art.* 9 = *Opera* IV 374.

dieser Auffassung vom moralischen Fehler letztlich in der Theorie der verschiedenen »Teile« oder »Funktionen« der Seele und in der auf dieser Theorie aufbauenden Erklärung der Möglichkeit eines Motivationskonfliktes. Der sinnliche Teil der Seele kann sich dem Willen entgegenstellen, also direkt in Opposition treten zu demjenigen, was der Wille angeordnet hätte, wenn er sich voll entfaltet hätte. Der dem sinnlichen Teil der Seele zukommende Gegenstand ist das Wonnevolle (*bonum delectabile, bonum concupiscibile*), so dass das sinnliche Begehren ausschließlich auf der Basis des Gegensatzes angenehm-unangenehm operiert. Der jähzornige Teil der Seele steht seinerseits dem sinnlichen Teil nicht eigentlich, d. h. im Hinblick auf den ihm zu eigenen Gegenstand, entgegen, sondern er ist wesentlich am selben Gegenstand orientiert, was laut Suárez gleichbedeutend ist mit der Aussage, der jähzornige Teil der Seele unterscheide sich nicht *wirklich* (*realiter*) von dem sinnlichen. Der Unterschied zwischen beiden ist also ein perspektivischer im Hinblick auf ein und denselben Gegenstand, das Wonnevolle, und zwar in so fern, als der jähzornige Teil auch die möglichen Mittel und Hindernisse bezüglich des Erreichens dieses Zieles erwägt und dabei den Unterschied zwischen dem zeitlich nahen und dem zeitlich fernen berücksichtigt, d. h. zwischen der kurz-, mittel- und langfristigen Perspektive (vgl. *DA* XI, 1, 2–4). Davon ausgehend denkt Suárez nun, dass der Ursprung des moralischen Fehlers in einer Verdeckung der globalen Perspektive auf das Gute liege, welches der dem Willen zukommende Gegenstand ist. Diese globale Perspektive beinhaltet notwendigerweise die Erwägung von Zielen, die sich von dem bloß Wonnevollen unterscheiden, etwa von solchen, die mit den verschiedenen Typen des nützlichen und des anständigen Guten korrespondieren. Im Falle des moralischen Fehlers neigt die Erwägung des Gutseins dazu, sich unter der Führung des sinnlichen oder nicht rationalen Begehrens ausschließlich auf einen einzigen Aspekt der Zweckmäßigkeit zu konzentrieren, wobei andere, ebenso wichtige oder sogar noch wichtigere Aspekte außer Acht gelassen werden. Im Übrigen verweist diese Verdeckung der globalen Perspektive ihrerseits auf eine kognitive Dimension und hat Konsequenzen kognitiver Art, denn sie bringt eine gewisse Ignoranz mit sich, die sogar nur vorübergehend sein kann, wie im Falle der Unbeherrschtheit. Die Gründe dieser Verdeckung der globalen Perspektive auf das Gute jedoch sind normalerweise nicht kognitiver Art. Sie verbinden sich mit dem Einfluss der nicht rationalen Begehren und Leidenschaften, der auftritt, wenn es keine gefestigten habituellen Dispositionen gibt, die einen adäquaten Umgang mit diesen ermöglichen. Hier kommt also erneut die These vom *Motivationsvorrang* des Begehrens, sei es rational oder bloß sinnlich, zum Tragen: Nur adäquate habituelle Dispositionen des Willens bilden eine notwendige motivationale Stütze für die unterscheidende Kraft des Denkens, das über die Zweckmäßigkeit oder Unzweckmäßigkeit derjenigen Gegenstände, auf welche die Wünsche und Handlungen abzielen, entscheiden muss.

Bibliographie

Bastit, Michel. *Naissance de la loi moderne. La pensée de la loi de saint Thomas à Suárez* (Paris: Presses universitaires de France, 1990).

Castellote Cubells, Salvador. *Die Anthropologie des Suárez. Beiträge zur spanischen Anthropologie des XVI. und XVII. Jahrhunderts* (Freiburg im Breisgau: Alber, 1962).

Coujou, Jean-Paul. »La reformulation de la question de la loi naturelle chez Suárez,« in *Francisco Suárez – »Der ist der Mann« (Heidegger). Apéndice: Francisco Suárez, De generatione et corruptione. Homenaje al Prof. Salvador Castellote. Hrsg. von der* (Facultad de Teología San Vicente Ferrer. Valencia, 2004), 105–32.

Courtine, Jean-François. *Nature et empire de la loi. Études suaréziennes* (Paris: J. Vrin, 1999).

Darge, Rolf. *Suárez' transzendentale Seinsauslegung und die Metaphysiktradition* (Leiden: Brill, 2004).

Davidson, Donald. "Paradoxes of Irrationality," in *Philosophical Essays on Freud*, Hrsg. von Richard Wollheim und James Hopkins (Cambridge: Cambridge University Press, 1982), 289–305; erneut publiziert in Donald Davidson, *Problems of Rationality* (Oxford: Clarendon Press, 2004), 169–87.

———. *Problems of Rationality*, Collected Essays Band 4 (Oxford: Clarendon Press, 2004).

Des Chene, Dennis. *Life's Form: Late Aristotelian Conceptions of the Soul* (Ithaca, NY: Cornell University Press, 2000).

———. *Physiologia: Natural Philosophy in Late Aristotelian and Cartesian Thought* (Ithaca, NY: Cornell University Press, 1996).

———. *Spirits and Clocks: Machine and Organism in Descartes* (Ithaca, NY: Cornell University Press, 2001).

Ernst, Wilhelm. *Die Tugendlehre des Franz Suárez* (Leipzig: St. Benno-Verlag, 1964).

Gómez Lobo, Alfonso. *La ética de Sócrates* (México: Fondo de Cultura Económica, 1989. [Stimmen diese Angaben? Die Edition aus Santiago de Chile habe ich nicht gefunden. Siehe auch Fußnote 9.]

Vigo, Alejandro G. »Autodistanciamiento y progreso moral. Reflexiones a partir de un motivo de la ética socrática,« *Diadokhé* 5. 1–2 (2002), 65–101.

———. *Estudios aristotélicos* (Pamplona: Ediciones Universidad de Navarra, 2006).

———. »Incontinencia, carácter y razón,« in *Estudios aristotélicos* (Pamplona: Ediciones Universidad de Navarra, 2006), 325–62.

CHAPTER 11

Metaphysics and Psychology of the Making of Law in Francisco Suárez

Mauricio Lecón

The aim of this paper is to follow Suárez's metaphysical analysis of action and its relation to the law in order to solve the problems that law poses to human freedom from an ontological standpoint. For this purpose, I will first review Suárez's account of action, described as a mode intrinsically related to an efficient principle. Then, I will try to show how a human action is a contingent mode, and I will describe the psychological processes whereby it is produced. After stating that the making of law is a human action and therefore a contingent mode, I will discuss whether the law may be considered as a threat to human freedom, for it produces an obligation and introduces some sort of necessity affecting other human actions. Lastly, I will explain how the law guides the citizens by the obligation it produces without harming the contingent existence of their actions.

1

According to Francisco Suárez, action is something that pertains to the realm of efficiency but is in fact distinct from the efficient cause, the effect, and the relation that arises between them.[1] Instead, Suárez initially defines action as the causality of an efficient cause. In other words, action is the essential and positive influx by which an external principle gives being to something else.[2]

1 Action is really different from the efficient cause, for the latter can exist without acting; furthermore, it is also distinguished from the effect and the relation itself of the cause and the effect, because the effect is posterior to action and the relation only arises through the production of a mode in either the cause or the effect. Cf. Francisco Suárez, *Disputationae Metaphysicae*, in: idem, *Opera Omnia*, ed. Carolo Bertono (Paris: Vivès, 1856–77), vols. 25–26. Henceforth, I will cite this work by the abbreviation DM, followed by disputation, section, and paragraph numbers. If the translation is not mine, I will identify the translator and edition; otherwise, the translation is mine, and I will include the Latin text. DM XLVIII, I, 7.

2 Cf. DM XVIII, X, 5. Cf. Tad M. Schmaltz, *Descartes on Causation* (New York: Oxford University Press, 2008), p. 237: "In identifying the action with the causality of the cause, Suárez offers—

 | DOI 10.1163/9789004322707_013

On the basis of this description, Suárez conceives the essence of action as a real disposition or tendency toward something else, and therefore as something intrinsically relational. On the one hand, action is ordered to its efficient principle, for there is no causality that is not related to its cause. Otherwise, action could hardly be conceived of or distinguished from passion, since both pertain to one real mode and are only distinguished by *ratio rationata* based on the proximate relation that the efficient principle has with each of them.[3]

On the other hand, Suárez also describes action as the terminus's special dependence on its efficient cause. This implies that action also possesses a relation with its terminus insofar as it is the emanation of a form from an active power and cannot be conceived of without something being produced through it.[4] Thus, action cannot stop—so to speak—in itself, but instead must produce something different, whether it be a form or another action.[5] Hence, the essence of every action or efficient causation consists in a twofold relation: one toward the principle from which it emanates and one toward the terminus it modifies.[6] These relations must be transcendental and not categorical,[7]

---

characteristically enough—a middle way between the views of Thomistic extreme realists and nominalists. On the one hand, he holds against the nominalists that an action is something distinct in reality from the agent, its power, and the effect is in the patient. On the other hand, he holds against the Thomists that causality is not something over and above the action of an agent, but is identical to this action, which itself exists as a mode of the effect."

3 Cf. DM XLIX, I, 6–10: "[A]ctionem dicere respectum secundum dici, quia actio et passio non tantum distinguuntur secundum dici aut significari, sed in ipsa ratione formali significata; et non distinguuntur nisi in respectu." See also DM XLVIII, I, 3.

4 Cf. DM XLVIII, II, 16. This is true for transient actions, but also for immanent actions, since they too have a terminus: its act—which Suárez describes as a quality, at least modally different from action—that informs the power.

5 Cf. DM XLVIII, II, 18.

6 "Causality is the relationship of the cause to the effect, its influence on the effect. Dependence is the relationship of the effect to the cause. Each of these two relationships is constituted by two transcendental relations—one to the cause as origin and one to the effect as term (*sic*). Actually, these two relations to cause and effect constitute both the causality of the agent and the dependence of the effect". James P. Burns, "Action in Suárez". In: *The New Scholasticism* 37 (1964), 457.

7 DM XLVII, IV, 3: "[R]elatio praedicamentalis est quaedam forma accidentalis, adveniens fundamento plene constituto in suo esse essentiali et absoluto, ad quod comparatur ut completa forma in suo accidentali genere, afficiens ipsum, et referens ad aliud. Respectus vero transcendentalis nec comparatur ut accidens, neque ut completa forma ad illam rem quam proxime actuat, et ejus est respectus; sed comparatur ut essentialis differentia, et consequenter ut ens incompletum in illo genere ad quod pertinet illa res quam actuat

since action is a category by itself and "a thing in one category cannot be constituted through another. Otherwise, the categories would not be unmixed nor would action be a thing that is *per se* one; rather it would be an aggregate of multiple things."[8]

Thus, for Suárez action is an accident whose essence is metaphysically constituted by two different dispositions. This makes action one of the relational categories, along with quantity, quality, and passion.[9] However, Suárez also acknowledges that action exists as a mode. This does not mean that action is essentially a mode, since the ontological consistency of action is greater than that of union or inherence,[10] which are modes in an absolute sense.

> A mode of X may be placed reductively in the same category as X if it pertains to the 'constitution and completion' of X (as do the union of form and matter, the mode of subsistence, and the mode of existence, if there is one), or if it contributes to X's exercising its formal effect on its subject (as does the mode of inherence). But if the mode (like the figure or *ubi*) comes to modify an X already 'constituted and complete,' then the mode is an accident of X (or a new accident inhering ultimately in X's subject), and belongs *per se* to some accidental category of its own.[11]

So, what Suárez claims is that action exists in reality as a modification of a substance's or accident's existence, but without pertaining to its essence. Action

vel constituit, eamque non proprie refert ad aliud per modum physicae formae, sed illam constituit per modum metaphysicae differentiae, ut ordinatam vel relatam ad aliud."

8 DM, XLVIII, I, 13. Translation: Sydney Penner, Personal site: http://www.sydneypenner.ca/SuarTr.shtml.

9 DM XLVII, XI, 4 and 11.

10 The accident's inherence in a substance affects and determines its existence without adding another entity; instead, it only modifies the entity that the accident already had. Cf. DM VII, I, 17. "Suárez does not explicitly say why, if the inherence were 'an entirely new entity,' it would 'require something by which to be united to the subject and the quantity.' The reason is that if the inherence were a res, it would be something created by God, and God could by his absolute power conserve this res in existence by itself; and so again we could distinguish the res of the inherence from its mode of inhering in its subject. But since inherence is just a mode, it is not properly created by God; it exists, not because God makes it, but because it is the way God makes the res to be, and it cannot exist except as belonging to this res (and so it is really identical with its own inherence)." Stephen Menn, "Suárez, Nominalism, and Modes," in *Hispanic Philosophy in the Age of Discovery*, ed. Kevin White (Washington, D.C.: Catholic University of America Press, 1997), p. 240.

11 Menn, "Suárez, Nominalism, and Modes," p. 249.

thus belongs to a group of modal accidents, among figure and place, to which the name 'accident' is applied in an improper and figurative way.

Now, then, the accident of action has two special features. First, it exists as a mode of the terminus to which action is transcendentally related, and not of the cause from which it flows.[12] In spite of action being the ultimate act of the active power, it does not complete it, and neither is it an intrinsic perfection of it. This means that action does not exist in the principle from which it emanates, but rather only denominates that principle as being an agent insofar as it produces the form by which something else is modified. Action, then, pertains to the terminus as a modification of its existence—specifically, as its dependence upon an efficient cause

> for without this dependence it is impossible to conceive that the ratio of an effect is in one of those things and the ratio of an acting cause in the other. But once this dependence is posited—apart from all other real things or modes—the dependent thing is necessarily effected. And what it depends on is the acting agent.[13]

Thus, the action of heating wood exists as a mode of the wood and not of the fire.

Second, action exists as a mode of its terminus without inhering in it as if it were its subject. The terminus modified by an action may require that a subject exist and therefore the action may also happen to be in it, since "the action is identified with the terminus as a mode of it; therefore, the action will also be in that subject in which the terminus is in."[14] However, it does not pertain to the concept of "action" to inform or be intimately joined to something else; instead, it flows from an efficient principle and adheres to the thing produced, modifying its existence.[15] Hence, formally speaking, it is not proper to action to have a subject or to have the mode of inherence. The "action qua action is a denominative external form, and hence it does not properly require an

---

12 For further reading on Suárez's account of modes, see: J. Ignacio Alcorta, *La teoría de los modos en Suárez* (Madrid: Consejo Superior de Investigaciones Científicas, 1949).

13 DM XLVIII, I, 15. Translation: Sydney Penner, Personal site: http://www.sydneypenner.ca/SuarTr.shtml.

14 DM XLVIII, IV, 14: "Denique ostensum est actionem identificari termino ut modum eius; ergo in quo subiecto fuerit terminus, erit etiam actio." The translation is mine.

15 Cf. DM XLVIII, IV, 18.

inhesion, but rather a relation that suffices for that mode of denomination and quasi external information."[16]

Action is clearly an accident in a very improper way,[17] for it is a form that is not *in* something, but flows from the agent.[18] However, Suárez's notion of "accident" as some kind of substantial affection[19] is analogous enough to include (1) forms which are *in* the substance and are truly informative, e.g. quantity or quality; (2) forms that do not inhere in the substance but surround it, like having or where; and (3) forms that *proceed* from a substance, as is the case with action.[20]

2

Given its ontological background, it is clear that action is a modal accident that affects any effect of an efficient cause. Hence, the Suarezian notion of "action" has a meaning broad enough to be applied either to contexts related to a strictly human mode of operation or to contexts related to movements caused in a purely mechanical way.[21] Thus, expressions such as "the action of the water drilled the stone," "the door opens by means of the action of a hydraulic mechanism," or "the thief was punished for his actions" are valid, since the relation by which something is denominated an agent is the same in all of this cases.

Therefore, a human action is just an instance of this accident, but it is not a species or kind of action, since actions are specified by their *termini*. The real species of action are first divided between those whose terminus is either a substance or an accident, "since in things nothing can be done that is neither a substance nor an accident [...] and each one of them can be produced by itself and by a proper action."[22] The subspecies of substantial actions are

16 DM XXXVII, II, 14: "[A]ctionem, ut actio est, esse formam extrinsecus denominantem, et ideo ut sic non requirere propriam inhaerentiam, sed talem habitudinem, quae ad illum modum denominationis et quasi extrinsecae informationis sufficiat." The translation is mine.

17 Cf. DM XLVIII, IV, 15–16.

18 Cf. DM XXXIX, II, 38 and III, 12.

19 Cf. DM XXXVII, II, 11.

20 Cf. DM XXXIX, III.

21 Cf. Alejandro Vigo, "Prâxis como modo de ser del hombre," in *Filosofia de la acción*, ed. Gustavo Leyva (Madrid: Síntesis, Universidad Autónoma Metropolitana, 2008), p. 57.

22 DM XLVIII, VI, 2: "[I]n rebus enim nihil fieri potest nisi substantia aut accidens, [...] utrumque autem horum potest per se et per propriam actionem fieri." The translation is mine.

classified into actions produced with subjects and actions produced without subjects, just as in production and creation, respectively. In turn, the subspecies of accidental actions includes the classical division between immanent actions and transitive actions.[23]

Hence, a human action is a mode which the accidental mode of action may have, specifically when there is a dependence of the terminus caused by a rational and corporeal agent. This human mode of acting, also called "freedom," consists of efficiently causing something in a contingent and self-controlled fashion. In contrast with this, the actions of irrational agents are called "natural," for they always happen in a necessary fashion, whenever certain conditions are present.[24]

In order for an action to occur, the following conditions are necessary and sufficient:

- the cause should have full and sufficient power to act;
- there must be a patient that is proportionate, is proximate, and must not have the form that the agent is able to effect;[25]
- if there is a medium between the agent and the patient, it should be suitable and susceptible of carrying the agent's action;
- there shall be nothing with equal or greater virtue that impedes the action;
- if another action is a natural prerequisite, then it should have occurred;
- the first cause must concur with the action.[26]

Prima facie, if these conditions are met, then inevitably an action happens. However, sometimes the presence of these conditions is not sufficient to drag the agent toward acting. This is the case with those rational creatures which are said to be free, precisely because they are able to not actualise their active power, even if everything is ready for acting. On the other hand, non-rational agents are called "necessary causes," since they always act when the conditions are successfully met.[27] As a result of this, the human way of acting freely is

23 Cf. DM XLVIII, VI, 9–10.

24 Cf. Jean-Paul Coujou, "Causalité libre et moralité de l'action chez Suárez," in *Causality in Early Modern Philosophy*, eds. Cruz González Ayesta and Ráquel Lázaro (Hildesheim: Georg Olms Verlag, 2013), pp. 91–93.

25 Cf. DM XVIII, VII, 1.

26 Cf. DM XIX, I, 2–4.

27 DM XIX, V, 1: "Et quidem de causis principalibus seu operantibus ut quod, facilis est resolutio ex dictis; ostendimus enim res omnes ratione carentes carere etiam libertate ob imperfectionem suam. Quo fit ut e contrario omnia agentia rationalia seu intellectualia sint etiam agentia libera; nam illa negatio usus rationis est sufficiens et adaequata

modally denominated as "contingent." That is to say, "something in between the necessary and the impossible. It is in this sense that logicians claim that the contingent comprises that which is at one and the same time able to exist and able not to exist."[28]

The contingency of certain actions of natural agents is only external and does not qualify as freedom, since it is caused by some external hitch that stops them either from happening or reaching their terminus. So, if a seed does not turn into a tree it is only on account of a flawed condition. Likewise, miracles are not an exemption to necessity, but a deliberate omission of God whereby He withholds his concurrence and prevents the conditions from being met.[29] Hence, rational agency constitutes the only crack in a system governed by necessity. The world of nature is a web of necessary causal interactions in which rational agency is the only source of spontaneity in the system.[30] Rational agents introduce real contingency into the physical world because they depend less on material things for acting. Accordingly, the primary efficient principle of a free action is always a spiritual substance, and its proximate principle is a power that belongs to an intellectual soul.[31]

In the particular case of human beings, the spiritual power in which freedom formally rests is the will, which has two main features. First, it can trigger or cancel its own action by itself; second, it is a power that may not actualise itself when all the requirements for acting are given.

> Hence, for the sake of clarity we can distinguish within a free power two separate powers or, as it were, two parts of a single power. One is the power to will or to exercise the act; the other is the power not to will or to withhold the action.[32]

---

ratio carentiae libertatis; ergo opposita affirmatio est etiam adaequata ratio oppositae affirmationis. Et confirmatur; nam ostensum est in particulari hominem esse agens liberum, licet in gradu intellectuali sit infimum omnium; ergo a fortiori dicendum est omnia agentia creata quae intellectum habent habere etiam libertatem."

28 DM XIX, X, 1: Francisco Suárez, *On Efficient Causality: 'Metaphysical Disputations' 17, 18 and 19*, trans. and introduction by Alfred Freddoso (New Haven: Yale University Press, 1994).

29 Cf. DM XXII, I, 11. For a further explanation regarding the subject, see Alfred Freddoso, "God's General Concurrence with Secondary Causes: Why Conservation is not Enough," *Philosophical Perspectives* 5 (1991), 553–85.

30 Cf. Alfred Freddoso, "The Necessity of Nature," *Midwest Studies in Philosophy* 11 (1986), 215–42.

31 Cf. DM XIX, V, 2–3.

32 DM XIX, IV, 8.

Thus, in contrast to any other mode of action, the will's ability to control its own act becomes the main condition for human acting, whereas the relevance of the other external requirements is lessened, although they are still necessary. Hence, its control of its acts produces an indifference of the will that enables it to take control over the exercise and specification of its own acts. This indifference may be summarised in four disjunctions:[33]

1. the possibility of willing or not willing $\Diamond[Dfp \vee \neg Dfp]$,
2. the possibility of eliciting different acts regarding one single object—for instance, to both love and reject a medicine—$\Diamond[Dfp \vee Ofp]$,[34]
3. the possibility of willing or not willing a given object $\Diamond[Dfp \vee Df\neg p]$,
4. the possibility of willing one thing or another $\Diamond[Dfp \vee Dfq]$.[35]

The disjunctions (1) and (2) refer to the acts of the free will, while possibilities (3) and (4) concern its specification. The freedom to exercise or not exercise its own act is a positive perfection of the will. However, this perfection always occurs as a negation or lack of act.

> For that reason, morally—that is, ordinarily—speaking, this absence of an appetitive act will not be exercised without some positive act that is either (i) an act of willing against, whereby one rejects either the proposed object or some other act with respect to that object—for example the act of loving it or an act of intending it, or else (ii) an act of turning to some incompatible or different object.[36]

---

33 DM XIX, II, 8: "Quamvis haec quaestio generalis sit de omnibus causis creatis, immo extendi etiam possit ad increatam, specialiter tamen illam tractabimus de humanis actionibus, tum quia et nobis notiores sunt et de illis frequentius disputatur, tum etiam quia de omnibus inferioribus agentibus supponimus non habere in eis locum aliam modum agendi nisi ex necessitate, ut sectione praecedenti tactum est; de superioribus vero non possumus nos philosophari nisi secundum quamdam proportionem ad res nostras, quatenus cum eis intellectu et voluntate convenimus."

34 DM XIX, IV, 9: "Praeter quam potest alia intercedere in ordine ad contrarios actus respectu eiusdem obiecti, quatenus potest vel libere amari vel etiam odio haberi."

35 Cf. Walter Redmond, *El albedrío: proyección del tema de la libertad desde el Siglo de Oro español* (Pamplona: Unav, 2007), p. 192.

36 DM XIX, IV, 8.

Thereby, the will's indifference to the exercise of its acts always occurs in the form of an objective freedom or a freedom regarding the specification:[37] not-willing, then, is always an instance of the will-to-not-will.[38]

Thus, the only free actions are those whose remote or proximate efficient principle is the will. For not only are the elicited acts[39] of the will free, but so are those whose immediate principle is a non-free power that is commanded by the will,[40] just as when someone voluntarily thinks of something or moves his or her limbs for walking. This turns the will into a kind of prime mover and its elicited acts into the ultimate elements into which a free action can be broken down.[41]

---

37 DM XIX, IV, 9: "Atque isto modo nunquam est libertas quoad exercitium sine aliqua libertate quoad specificationem, nam quotiescumque potest voluntas libere non amare, potest etiam elicere aliquem actum, secundum suam rationem et speciem repugnantem amori, et ita est ibi aliqua indifferentia quoad specificationem actus."

38 The disjunctions (3) and (4) consist in the indifference that a single act possesses regarding its objects. Both may be considered, in an intuitionist approach, as equivalent, since $\neg p$ may stand for anything different from p, including q, for instance. Yet, I think it is important to distinguish between both of them, since the opposition in each case is different: it is not the same "to will willing or to will not-willing" $\Diamond[Dfp^{\vee}Df\neg p]$ and "to will willing or to will hating" $\Diamond[Dfp^{\vee}\neg Dfq]$. So the reflexive feature through which the will can theoretically dominate its own acts and is able to not-will is always as a positive act of willing not-will $[\Diamond\neg Dfp = \Diamond Df\neg p]$. And the same goes for the nolitions (Ofp) included in (2). "Si dicamus omnes actus, qui a nobis explicantur per modum nolitionis et fugae, reipsa esse volitiones quasdam, si ad propria objecta comparentur, et inductione hoc explicatur, nam odium alterius, est actus per modum fugae, et dicitur esse nolitio quaedam, et tamen revera est velle illi mallu, et similiter dolor de peccatis". Francisco Suárez, "De voluntario et involuntario," in idem, *Opera Omnia*, ed. Carolo Bertono, vol. 4 (Paris: Vivès, 1856–77). Henceforth, I will cite this work by the abbreviation DVI followed by disputation, section, and paragraph numbers. DVI, I, I, 8.

39 Cf. DVI I, I, 9–10.

40 Cf. DM XIX, V, 3. See also DVI, I, I, 8: "Ex quibus colligitur distinctio illa communis de actu voluntatis, elicito scilicet et imperato. Ille est qui ab ipsa voluntate immediate fit. Imperatus est actus alterius potentiae humanae, quae subditur usui et motioni voluntatis, nam actus partis vegetativae et motus cordis continuus non sunt actus imperati, quia non sunt in potestate nostra." Cf. also Francisco Suárez, *Commentaria una cum quaestionibus in libros Aristotelis 'De Anima'*, vol. 3, ed. and trans. Salvador Castellote Cubells (Madrid: Sociedad de Estudios y Publicaciones, 1978), p. 375. Hereafter, I will cite the text as DA followed by the disputation, question, and paragraph. DA XII, I, 5.

41 Cf. Ibid., XIII, I, 10.

3

Still, the human mode of acting cannot be reduced to the indifference and self-produced act of the will. Instead, freedom in human actions can only be achieved with the help of reason. The will is an appetite and its proper object is the good. As a result, the self-produced act of the will cannot move toward anything that is not recognised as some species of good.[42] The will is not able to give itself its object, for it cannot make anything good or bad; rather, it only tends towards or away from something, depending on the amount of goodness the reason discovers in it.[43] Therefore, Suárez claims that reason is the root of freedom even though the will is the formal free power,

> since a vital appetitive faculty takes cognition as a guide, and so a more perfect sort of appetitive faculty accompanies a more perfect sort of cognition. Therefore, a cognition that is universal and in its own way indifferent guides an appetitive faculty that is likewise universal and indifferent.[44]

Reason guides the will, enabling its universal and indifferent willing by means of perfect cognition. Even though this seems to be a contradiction, reason gives rise to freedom, whereas being gives rise to natural power.[45] The practical use of reason has an objective indifference whereby it can propose to the will several descriptions of one single object or of many. Through its practical use, reason can assess a thing's goodness or badness, usefulness or unsuitability, and can judge whether something deserves to be loved or desired.[46] The judgement of reason by which it determines the appropriateness of an object is called "practical action" because it is not ordered to the theoretical cognition of the perfection of an object, but rather to establishing that it is appropriate to act in a certain sense. The practical action of reason guides the undetermined

---

42 DM XIX, VI, 1: "[V]oluntas non potest ferri nisi in obiectum cognitum et per rationem propositum, cum sit appetitus rationalis". Cf. Alejandro Vigo, "Intelecto, deseo y acción en Francisco Suárez," in *Razón práctica y derecho. Cuestiones filosófico-jurídicas en el Siglo de Oro español*, ed. Juan Cruz Cruz (Pamplona: Eunsa, 2011), pp. 15–23.

43 Cf. DM XXIII, V, 5.

44 DM XIX, III, 17.

45 Cf. DM XIX, IV, 4 and V, 21.

46 DVI VIII, IV, 11: "[L]ibertatem oriri ex ratione, non solum quia potest judicare hoc esse melius illo, sed maxime quia potest perpendere uniuscujusque boni pondus: propterea potest voluntas illo perfecto modo amare, id est, eo gradu, et modo, quo ipsum est amabile."

act of the will, so that the will can love or desire an object in accordance with the degree of goodness that it is judged to have.

> Therefore, an appetitive faculty that takes this sort of condition as a guide has a corresponding sort of indifference—that is, complete power—in its desiring, with the result that it does not necessarily desire every good or every means but instead desires each in accordance with the degree of goodness that is judged to be in it. Therefore, a good which is judged to be indifferent and not necessary is loved freely and not necessarily.[47]

Now, it is important to stress that when reason directs the will with its practical action, it does not determine or influence the production of the act of the will. The judgement cannot move the will by itself because that would surpass the intellect's function, which is to illuminate and regulate the operations of the will. Only the will can move other powers in a physical manner. "Therefore, it cannot be the case that the intellect, which is moved by the will as by an efficient cause, should in turn move the will in the same manner."[48]

Instead, the intellect moves the will through its object. Besides God, no other object imposes a necessity on the will or determines it to one effect, for the goodness of all created objects is not absolutely necessary but is mixed with some contingency. Hence, the intellect may find in any contingent object some disadvantage or evilness and represent it accordingly, thus preventing the will from loving it or enabling it to loathe it. "And from the same root it happens that the end, even if good in reality, if it is not cognised as such but falsely apprehended as bad, does not entice but rather causes the will to withdraw."[49]

In this way, the will can always refrain from pursuing the practical action or move in a different direction, provided that it is guided by a description (or practical judgement) made by the intellect.[50] In any case, the will always produces its act by its own virtue and moves (or refrains from moving) by giving heed to one practical judgement or another. But the fact that reason is at the helm of human action does not imply that it has an effective influence on the will, since "the practical action is not that from which an effect of the

47 DM XIX, III, 17.

48 DM XIX, VI, 7.

49 DM XXIII, VII, 3. Translation: Sydney Penner, Personal site: http://www.sydneypenner.ca/SuarTr.shtml.

50 Cf. DA II, III, 18.

will may result [...], but that which by its own nature tends to direct the will's operation."[51]

When an action is performed by a human agent but without the guidance of practical judgement, the will moves itself toward something imperfectly cognised. For this reason, such an action is said to be human in its substance but not in its mode (i.e. the actions of the cogitative or the vital actions).[52] This means that it pertains to the genus of humans, but its mode is necessary and not free. This does not contradict the claim that an action is denominated "human" due to its mode, for Suárez refers to all intellectual and sensitive actions—as long as they are considered in conjunction with human rationality—as actions of the human, instead of human actions. Thus, the human mode of acting can only be attained through the exercise of an undetermined power which is rationally guided.[53]

The rational guidance of an action must be understood as being the result of the teleological orientation of the will, for "the will cannot move itself except by having been moved by the end in some manner, and therefore it can only be guided by a previous cognition."[54] Such guidance is only possible by positing

51 DA IX, IX, 10: "[A]ctio practica non dicitur illa qua potest aliquis effectus sequi in voluntate [...], sed illa quae est directiva operum voluntatis, et ad hoc tendit ex genere suo." The translation is mine.

52 Those actions may be voluntary, but they are not free unless they are guided by the practical action of reason. Hence, while every free action must be a voluntary action, it is not true the other way around.

53 The loving of God on the part of the blessed poses a tough case, for it is an elicited act of the will, truly produced for the sake of an end that was previously cognised by the reason. And while it is necessary—i.e. the agent cannot cease to love God when the right conditions are given—its necessity derives from the supreme perfection of its object. Cf. Francisco Suárez, "De fine hominis," in idem, *Opera Omnia*, vol. 4, ed. Carolo Bertono (Paris: Vivès, 1856–77). Henceforth, I will cite this work by the abbreviation DFH followed by the disputation, question, and section. DFH II, II, 8. Ultimately, Suárez admits that what is at stake is not what a human action is, but instead a linguistic matter regarding the predication of the name "human" of an action. Cf. DFH II, II, 9: "Mihi autem in hac re videntur hæc duo: primum, prædictam controversiam magis pertinere ad modum loquendi, quam ad rem: nam si per actionem humanam intelligamus moralem, et dignam laude, aut reprehensione, sic sola actio libera est humana [...] si autem per actionem humanam intelligamus perfecte, rationaliter, et ab intrinseco procedentem ex plena hominis voluntate, sic actus beatitudinis dici potest actus humanas." And the predication's correctness depends on whether the action is considered in the midst of life here or hereafter.

54 DM XXIII, VII, 5. The translation is mine.

an ultimate end in accordance with the agent's intermediate ends, and thus avoids an infinite regress when determining the end of any action.

> [I]n every series or intention and action on account of an end, some ultimate end must necessarily be given, either negatively, that is, one which is not ordered to another end in that series, or by the strength of that intention, or also positively secundum quid, or in that series, because, namely, everything which pertains to that is referred to such an end and stops here.[55]

Thus, an ultimate end is a necessary condition to properly cognise the *ratio* of means and ends, and therefore to determine whether something is, or can be, an object of the will and to what extent. Natural beings and animals are not able to act this way because the former do not participate in causality at all[56] and the latter do so only improperly. Animals

> do not formally tend to an end as an end, to a means as a means, or to an end for its own sake, or to a means for the sake of the end, to an end for its own sake, or to a means for the sake of the end. Rather, insofar as they are proceeding in their [natural] way of acting they tend equally to either [the end or the means] and therefore are rightly said to act materially for the sake of the end rather than formally.[57]

Thus, human action, insofar as it is a free mode, "is founded on a natural concord and sympathy between the intellect and will, which cannot be understood except by intermediate acts of such powers. For as long as they do not operate, neither will they move nor are they moved nor do they have any vital concord."[58] Suárez refers to the human mode of acting as "praxis" insofar as it consists of an undetermined act of the will that is rationally guided. "There

55 DM XXIV, I, 2. Translation: Sydney Penner., Personal site: http://www.sydneypenner.ca/SuarTr.shtml.

56 Natural beings' actions have a terminus or limit but are not caused by an end; in order to move, the end must previously be cognised. It can only be said that those actions are related to an end if they are considered to be coming from God and being guided by Him. Cf. Dennis Des Chene, "On Laws and Ends. A Response to Hattab and Menn," *Perspectives on Science* 8.2 (2000), 144–63.

57 DM XXIII, X, 15. Translation: Sydney Penner, Personal site: http://www.sydneypenner.ca/SuarTr.shtml.

58 DM XXIII, VII, 2. Translation: Sydney Penner, Personal site: http://www.sydneypenner.ca/SuarTr.shtml.

is no doubt indeed that *praxis* means an act or an action, due to the meaning of the Greek term by itself. πράξις [also] means in Greek an action or an act, for it comes from πράττω which means to make [ago] or to produce [facio]."[59] Nonetheless, we may later distinguish an action from a production based on whether the effect remains or vanishes after the efficient influx.[60] The former is the set of productive actions (*factiones*) which is solely composed of transitory actions, but not all of them—only those which leave behind them an effective trace. Productions, on the other hand, are the set of actions (*actiones*), properly speaking, which includes not only all immanent actions, but also some transitory ones, such as singing or playing the zither, whose effect does not last when the effective influx disappears. "Whatever the case may be about the distinction between action and production, regarding the matter at hand [i.e. what *praxis* is], both fall under the name of 'praxis,' since each of them is a human, voluntary and reason-regulated action."[61]

In addition, it is also possible to make a twofold assessment of *praxis* with regard to its moral righteousness or its technical correctness.[62] The former considers the virtue of *praxis* in accordance with the absolute good of human beings, whereas the latter concerns the excellence of the human action in a certain sphere.[63] According to Suárez, both criteria may be assessed simultaneously in one single action and may produce divergent results. For if someone paints beautifully but without an upright intention, then the *praxis* is not morally correct in spite of being excellent from the technical standpoint; and the same goes for the other way around.[64] In any case, the production of a certain kind of effect is not essential to the concept of "praxis"—either lasting or not—nor is it constrained to the rules imposed by a certain habit—either prudence or art[65]—since it refers to the human mode of action in general.

59 DM XLIV, XIII, 20. The translation is mine.

60 DA IX, IX, 17: "[I]nter operationes humanas quaedam sunt quae transeunt in exteriorem materiam, et per quas fit aliquid manes, transacta actiones. Aliae vero sunt operationes quae non transeunt in exteriorem materiam."

61 DM XLIV, XIII, 30: "Quicquid vero sit de hac distinctione actionis et factionis, quod ad præsens spectat, utraque comprehenditur sub nomine praxis, quia utraque est actio humana, voluntaria, et regulabilis per rationem." The translation is mine.

62 Cf. Jean-Paul Coujou, "La question de l'expérience de la praxis chez Suárez," *Bulletin de Littérature Ecclésiastique*, 111 (2010), 394–400.

63 Cf. DA IX, IX, 16.

64 Cf. DM XLIV, XIII, 39.

65 Cf. DA IX, IX, 17: "Et priores artes distinguuntur a prudentia, nam prudentia versatur circa agibile simpliciter, dirigendo bonitatem et rectitudinem simpliciter actionis. Artes vero sunt circa agibile secundum quid."

On the psychological level, *praxis* is performed through a sequence of voluntary and intellectual acts in which some stages freely tend to the objects proposed by the other. "[B]efore every act of the will a judgment of the intellect appropriate to it ought to precede it, by which it is directed and illuminated."[66] Each one of the elicited acts of the will can be distinguished based on the *ratio* of goodness they are ordered to and on the kind of cognition that must precede each of them. As a result, every action of the will refers to an end or a means, and does so through either desiring or attaining.

> From this a twofold order arises, comprised of acts of the will and of the practical intellect, which governs the will in morals. Prior to all these acts it contains those which are necessary for the proximate election of a means; these are will, intention, deliberation, consent, and election. The first three concern the end, while the final two concern the means. As a result of the election having been made, moreover, the will proceeds to a free execution. And this is the second order, in which there are only two acts: command and use. Following on these two acts there is also enjoyment, which is not an action of desiring or pursuing an appointed end, but rather soon follows on an end that has been attained.[67]

The name "praxis" refers neither to any of these acts in particular nor to a segment of the logical and natural sequence with which they are performed. *Praxis* refers to the collection of all of those acts considered as a unit on behalf of the sole efficient impulse that produces them,[68] together with the end to which all of them tend.[69] Hence, *praxis* formally signifies one single thing but is materially constituted by a plexus made up of free acts of the will and practical actions of reason.

---

66 DVI IX, III, 4. Translation: Sydney Penner, Personal site: http://www.sydneypenner.ca/SuarTr.shtml.

67 DVI IX, III, int. Translation: Sydney Penner, Personal site: http://www.sydneypenner.ca/SuarTr.shtml.

68 Cf. Teresa Rinaldi, "L'azione volontaria e la libertà nel pensiero di Francisco Suárez. Una questione antropologica," in *Francisco Suárez. ›Der ist der Mann‹. Homenaje al Prof. Salvador Castellote*, ed. Jacob Schmutz (Valencia: Facultad de Teología San Vicente Ferrer, 2004), pp. 307–14: "L'atto interno e l'atto esterno sono un solo e uncio atto. Sebbne essi possono distinguersi in un certo senso quasi fisicamente, tuttavia l'atto esterno, paragonata a quello interno come il materiale al formale, comporta in ogni caso che esse costituiscano un solo atto volontario, scaturente da una sola forza liberta motrice, che abbia una sola bontà o malizia dell'intenzione."

69 "L'unite de l'action requiert l'unité de la fin précisement déterminée para la pénsee." Coujou, "La question de l'expérience de la praxis chez Suárez," p. 379.

4

The making of human law is an instance of *praxis*. This means that it is an action in which both the intellect and the will intervene. The making of law follows the same psychological circuit as other human actions, for it consists in a sequence of voluntary and intellectual acts that are framed by a final end. Nevertheless, it must be stressed that paradoxically the making of law is not an action performed for the sake of law itself, for it is not the regulative end of the sovereign, but is only a means for a greater good, namely the common good (or some other good related to it). The latter constitutes the legislator's real final end *simpliciter*.

> [L]aw is the common rule of moral operations; consequently, the first principle of moral operations should also be the first principle of law; but their final end—that is to say, happiness—is the first principle of moral operations, since in moral matters the end to be attained is the principle of action, so that the final end is [also] the first principle of such acts; in turn, the common good, or happiness of the state, is the final end of that state, in its own sphere; hence, this common good should be the first principle of [human] law; and therefore, law should exist for the sake of the common good.[70]

Having said that, it is clear that the making of law is initiated with the lawmaker's intention to act in favour of the common welfare, which immediately makes his intellect deliberate on whether this or that possible law is suitable for the commonwealth. Then, an act of judgement appears through which the lawmaker determines that a given provision is advisable for the commonwealth and should be observed by all.[71] Afterward, an act is required on the part of the sovereign's will by which he elects and wills that the citizens be obedient to that which the intellect judged as convenient; in other words, the sovereign's will to oblige his subjects.[72] Subsequently, after the aforementioned act of the will, an act of the intellect is necessary to communicate the

70 Francisco Suárez, "De legibus," in idem, *Opera Omnia*, ed. Carolo Bertono (Paris: Vivès, 1856–77), vols. 5–6. Henceforth, I will cite this work by the abbreviation DL followed by book, chapter, and paragraph numbers. If the translation is not mine, I will provide the translator and edition; otherwise, the translation is mine, and I will include the Latin text. DL I, VII, 4.

71 Cf. DL I, IV, 6.

72 Cf. DL I, IV, 7–8.

sovereign's election or will, and in consequence, a new act of the will may be necessary to produce some sign which will make manifest the previous act of the will.[73] Finally, "the only necessary requisite, following the act of will on the part of the lawmaker as I have explained above, is that the lawmaker should manifest, indicate or intimate this decree and judgment of his to the subjects to whom the law itself relates."[74]

This complex psychological process by which law is made is nothing more—ontologically speaking—than an accident that exists as a contingent dependence of the law upon its legislator. However, this human action has an additional feature, i.e. the fact that by means of it, the lawmaker influences other human actions (i.e. accidental modes that exist as free modes). Law is (so to speak) an instrument by which the ruler attains the common good. And this is so because from the law an obligation stems by which the ruler can morally influence the citizen's actions.[75]

Obligation is the proximate and adequate effect of law, since every law produces it by itself and it cannot be attained by any other means.[76] According to Suárez, an obligation is a "certain necessity to act or not to act."[77] Hence, from an ontological standpoint, obligation is a mode—namely a necessity—that affects the free actions of each of the members of the community. So, the making of law is the production of a mode, since when the legislator issues a law, he does not advise the citizens to act in a certain manner—rather, he obliges

73 Cf. DL I, IV, 14.

74 DL I, IV, 12. Francisco Suárez, *Selections from Three Works of Francisco Suárez S.J.*, vol. 2, eds. and trans. Gwladys L. Williams et al. (Oxford: Clarendon Press, 1944).

75 Law's power to oblige comes from the legislator's will to do so. That is, the aforementioned legislator's desire to submit the community to its command empowers law to order or forbid an action. Cf. DL I, VII, 5.

76 Cf. DL I, XIV, 1. Law can produce other effects such as to command, to forbid, to permit, or to punish. To command and to forbid are effects that are directly pursued by the law. But while command imposes the obligation to act in certain circumstances, prohibition obliges one to always refrain from doing an action. Cf. DL I, XV, 4. On the other hand, to permit and to punish are law's accessory effects, for they are meant to aid the former two. Permissive laws refer exclusively to actions that are morally indifferent, and they permit an action by obliging the agent to perform it, by obliging the judges not to condemn it. Cf. DL I, XV, 12. Punishment is an effect of criminal law that comes after breaking a law. Criminal law obliges both the judge to apply the punishment and the criminal to suffer it. Cf. DL I, XVI, 6. In any case, all these effects are not the law's main purpose, for they are attained through the imposition of an obligation.

77 DL I, XIV, 4: "[N]ecessitatem quamdam operandi vel non operandi." The translation is mine.

them. That is to say, he turns an action or inaction into something necessary that compels the citizens to act or not act in a certain manner.

> Although the external sphere is different from the internal sphere and that of the conscience—with regard to execution and judgment—when a law about a certain action is externally given an opposite judgment about that same action springs in the [agent's] conscience. For such law has the power (*vis*) to turn that action or omission into something necessary for virtue or vice. And once this moral transformation is complete, the conscience dictates that doing or omitting that action is a sin.[78]

However, we must understand that law is not a coercive element in a physical sense, for its obligational force is merely a moral necessity. Law directs the free actions of the citizens without turning them into necessary actions, for the legal obligation does not affect the freedom of the citizens. Specifically, it does not determine the exercise of the will, but influences the citizens through their practical rationality. Otherwise, law would not even be able to exist:

> [T]he ordinary way of performing and guiding human actions is through advice, through laws and precepts, through exhortations and censures, through promises of reward and threats of punishment. All this would be superfluous if human beings operated by necessity of nature and not by their own freedom.[79]

The legal obligation imposes upon reason a necessary practical judgement about the appropriateness/inappropriateness of an object or about the disadvantages of trespassing against the law. Law guides the actions of the citizens not in a physical fashion, but in a moral one. This means that law allows agents to freely obey or disobey it, since legal obligation does not keep the will from determining itself to act, not being necessitated by any practical action of

78 DL III, XXI, 11: "[E]tiamsi forum externum quoad executionem et judicium distinctum sit a foro interno et conscientiae, nihilominus ex lege exterius posita de aliquo actu redundare diversum iudicium in foro conscientiae de eodem actu, quia talis lex habit vim constituendi talem actionem, vel omissionem in materia necessaria virtutis vel vitii, qua morali mutatione facta, conscientia dictat hoc facere vel omittere esse peccatum." The translation is mine.

79 DM XIX, II, 13.

reason.[80] For instance, in a moral agent, the precept "thou shalt not kill" provides a counterweight against any intention to kill, but it does not prevent the will from willing such an action, nor does it force the will to reject it. On the contrary,, some agents are moved to break the law by performing an action that is legally prohibited, in which case the agent deserves punishment.[81]

As a bottom line, legal obligation affects the actions of a rational agent by modifying something in the practical use of reason, but not in the undetermined exercise of the will. That is to say, obligation bursts into the process of producing a free action in the form of a necessary proposition to be taken into account in the agent's deliberation. Thus, the mode or necessity produced by law affects some practical judgement of reason but does not modify the mode of action itself, since the will remains able to freely choose or elect the object of such judgement.

Conclusion

Action is an accident that possesses a modal existence. The modes are a metaphysical tool that enables Suárez to explain the dynamism of reality and the causal interaction between substances. For on the one hand, the modes give the Suárezian ontology a certain plasticity, since they comprise all the realities whose subtle *entitas* prevents them from being considered a substance or an

80 See Thomas Pink, "Reason and Obligation in Suárez," in *The Philosophy of Francisco Suárez*, eds. Benjamin Hill and Henrik Lagerlund (Oxford: Oxford University Press, 2012), p. 180: "Legal obligatoriness does seem to be a legislatively created feature of an outcome, the property of being required by a legislative or legal authority. And this is a feature which we often see as helping justify our production of an outcome, as giving us a reason to produce it, If the law-abiding are asked why they are now driving below thirty KPH, they will give as their immediate reason that thirty is the new speed limit and that is now what the law requires. The law-abiding will treat the existence of the legal obligation as part of the reason or justification which they have for doing what is legally obligatory. People respond to this justification and obey the law by noting the existence of the legal obligation, deciding to produce the outcome that it obliges and justifies, and then producing this outcome on the basis of that decision."

81 Reward and punishment can only be conceived in the light of freedom. See DM XIX, II, 16: "Unde etiam constat poenam et praemium non conferri homini solum propter subsequentes actiones, scilicet ut ad illas vel alliciatur vel ab eis retrahatur, sed etiam praecise ac per se propter bonum vel malum quod in eis operatus est. Et propter eamdem causam censetur homo dignus laude et honore ob actiones suas, quae omnia sine libertate intelligi non possunt."

accident—as is the case with inhesion. On the other hand, Suárez's account of modes allows him to explain the complexity of certain realities based on the modes' recursivity, according to which one mode can affect another. In summary, the Suárezian modal theory is the key to understanding human action because in its light, human action is revealed to be an accident that exists as a mode modified by another mode: namely, as the contingent dependence of a terminus upon its free or rational efficient cause.

The making of law is a human action and therefore, as described in this paper, it has the same ontological structure as action. However, the making of law is also an action by which the legislator influences other human actions, for its effect is the command of acting or not acting in a certain way. Consequently, through the making of law the legislator produces a mode that governs the modal and contingent existence of other human actions. However, it must be stressed that the mode that derives from the law only affects the citizens' actions in a moral and not in a physical way, since it does not disturb the will's power of self-determination, but only the practical reasoning by which it is regulated. Therefore, by giving a law, the legislator introduces a modal operator into a practical judgement; namely, the function of necessity being added to the proposition regarding the appropriateness (or inappropriateness) of the commanded action for the citizens.

Bibliography

Suárez's Works

Complete Works

Opera Omnia, 26 vols., ed. Carolo Bertono (Paris: Vivès, 1856–77).

Translations

Castellote Cubells, Salvador. *Commentaria una cum quaestionibus in libros Aristotelis De Anima*, vol. 3 (Madrid: Fundación Xavier Zubiri, 1991).

Doyle, John P. *On Real Relation* (*Disputatio Metaphysica XLVII*) (Milwaukee: Marquette University Press, 2006).

Freddoso, Alfred J. *On Efficient Causality: Metaphysical Disputations 17, 18 and 19* (New Haven: Yale University Press, 1994).

Penner, Sydney. Suarez in English Translation (personal Web site). http://www.sydneypenner.ca/SuarTr.shtml.

Williams, Gladys, et al. *Selections from Three Works of Francisco Suárez S.J.*, vol. 2 (Oxford: Clarendon Press, 1944).

Secondary Sources

Alcorta, J. Ignacio. *La teoría de los modos en Suárez* (Madrid: Consejo Superior de Investigaciones Científicas, 1949).

Burns, James P. "Action in Suárez," *The New Scholasticism* 37 (1964), 453–72.

Coujou, Jean-Paul. "Causalité libre et moralité de l'action chez Suárez," in *Causality in Early Modern Philosophy*, eds. Cruz González Ayesta and Ráquel Lázaro. (Hildesheim: Georg Olms Verlag, 2013), pp. 89–98.

———. "La question de l'expérience de la praxis chez Suárez," *Bulletin de Littérature Ecclésiastique* 111 (2010), 394–400.

Des Chene, Dennis. "On Laws and Ends: A Response to Hattab and Menn," *Perspectives on Science* 8.2 (2000), 144–63.

Freddoso, Alfred. "God's General Concurrence with Secondary Causes: Why Conservation Is Not Enough," *Philosophical Perspectives* 5 (1991), 553–85.

———. "The Necessity of Nature," *Midwest Studies in Philosophy* 11 (1986), 215–42.

Menn, Stephen. "Suárez, Nominalism, and Modes," in *Hispanic Philosophy in the Age of Discovery*, ed. Kevin White (Washington, D.C.: Catholic University of America Press, 1997), pp. 119–43.

Pink, Thomas. "Reason and Obligation in Suárez," in *The Philosophy of Francisco Suárez*, eds. Benjamin Hill and Henrik Lagerlund (Oxford: Oxford University Press, 2012), pp. 175–208.

Redmond, Walter. *El albedrío: proyección del tema de la libertad desde el Siglo de Oro español* (Pamplona: Unav, 2007).

Rinaldi, Teresa. "L'azione volontaria e la libertà nel pensiero di Francisco Suárez. Una questione antropologica," in *Francisco Suárez. 'Der ist der Mann'. Homenaje al Prof. Salvador Castellote*, ed. Jacob Schmutz (Valencia: Facultad de Teología San Vicente Ferrer, 2004), pp. 307–22.

Schmaltz, Tad M. *Descartes on Causation* (New York: Oxford University Press, 2008).

Vigo, Alejandro. "Intelecto, deseo y acción en Francisco Suárez," in *Razón práctica y derecho. Cuestiones filosófico-jurídicas en el Siglo de Oro español*, ed. Juan Cruz Cruz (Pamplona: Eunsa, 2011), pp. 15–23.

———. "Prâxis como modo de ser del hombre," in *Filosofia de la acción*, ed. Gustavo Leyva (Madrid, Mexico: Síntesis, Universidad Autónoma Metropolitana, 2008), pp. 53–85.

Index

Printed in the United States
By Bookmasters